AF283165

Nihil saudeas mihi vana

EL ÁRBOL DE HUELLAS
(Findings and Determinations)

El libro solidario

Maese Mercader en

EL ÁRBOL DE HUELLAS
(Findings and Determinations)

.

FEDERICO DILLA MAÑAS
CONSUELO SÁNCHEZ-CASTRO DÍAZ-GUERRA

I.S.B.N.: 979-84-19887-47-4

Depósito Legal: TO-336-2024

© Del texto: Los autores

© De la edición: Editorial LEDORIA - Jesús Muñoz Romero

Toledo, 45006

Teléfono: 363 56 030 70

* Calle Fuente del Moro, 6

Toledo, 45006

Correo electrónico de contacto: info@editorial-ledoria.com

www.editorial-ledoria.com

CAPÍTULO 1

¿El Tiempo Vuela? Entonces ¡que hable la vida¡ "Cuando crezcas, descubrirás que ya defendiste mentiras, te engañaste a ti mismo o sufriste por dar todo. Yo también soy tu. Si te necesitan, te buscan para que les defiendas, creíste sus "te quieros", y sufriste por dárselo todo. Ahora dirán "¡cuídate¡" Por eso, para mí, escribir no es una cuestión de libre albedrío, es un acto de supervivencia, de unión con mi musa y donde soy verdaderamente libre". (**Maese Mercader**).

Me despierto en una habitación. Desconozco el lugar porque nunca estuve aquí. Hoy es la primera vez, aunque estuviera dos veces a punto de ingresar. Observo el terreno. Compruebo que solamente hay una habitación con todo lo que se puede esperar de ella; una cama, una mesilla, una cómoda, un armario, una lámpara en el techo, un flexo en la mesilla, un crucifijo en mi cabecera y una ventana sin cortinas ni visillos. Tampoco existe ni alfombra, ni alfombrilla. Sonrío al comprobar que tampoco hay orinal debajo de la cama, pero si están mis zapatillas. No huele a nada. No se oye nada. No se siente nada en especial. Tampoco hay olor a café y menos aún a churritos o tostadas. ¡Vaya¡ ¡qué lástima¡ Traigo a mi memoria la última escena de mi vida, con ese dolor en el pecho producido por los disparos de un delincuente al que estaba persiguiendo y la consecutiva parada cardiaca. También recuerdo lo que dije por última vez en mi habitación de Londres. Me siento en el borde de la cama con ligera tristeza y con arrepentimiento recuerdo mis propias palabras… Estoy cansado de trabajar y de ver la misma gente, la misma cara en el espejo, los mismos políticos corruptos y caciques que gobiernan países y barrios. Camino a mi trabajo todos los días para no perder el contacto con la madre tierra. Regreso a mi casa, o quizás ese día no regreso, ¿quién lo sabe? Cientos de posibilidades de morir nos aguardan cada día sin que seamos conscientes de ello y más aún con esta profesión de policía que he elegido para el final de mi vida. A veces regreso acompañado de alguna chica. Unas veces compañeras de trabajo, otras conocidas en un bar y las más, profesionales del amor. Hace tiempo que decidí no dormir más en soledad. Cenamos lo que haya en la nevera. Me gusta cocinar para ellas y de paso para mí. Anoche no me salió muy bien la dorada a la sal y no me gustó mucho que digamos, pero tengo que cenar aunque no me guste, porque se supone que debo seguir viviendo aunque no tengo claro para qué. Hace años me molestaba que cuando iba a entrar en el baño, mi hija de apenas año y medio no me dejara porque quería jugar conmigo, sin entender que estaba cansado y quería entrar al baño. Hoy en día la echo de menos. Después de hacer el amor, cojo una revista para leerla en mi sillón favorito enfrente de la chimenea y sale la chica de turno con su... ¿no vienes a la cama? O con su… ¿Qué tal me ves?, me arreglé para ti. Le contesto elegantemente, mirándola de arriba abajo y de abajo arriba, haciendo que gire en su rededor… que está perfecta. Regreso los ojos a la revista. Casi siempre se enfadan conmigo porque dicen que no las comprendo y que nunca las escucho. No sé por qué se enojan si pongo toda mi atención en ser cortés. A veces quisiera estar sólo y no escuchar nada. Estoy cansado de vivir. Ya tuve demasiadas experiencias, suficientes problemas y entre las vergüenzas de la humanidad y del ser humano, he comprendido lo que somos y seremos estos que nos llamamos personas. Quiero descansar, quiero paz. Soy católico y por lo tanto descarto el suicidio aunque reconozco que en varias ocasiones tuve el cañón de mi pistola en la sien mientras jugueteaba con el gatillo. Recuerdo que en cierta ocasión apreté, pero el arma no se disparó porque el destino o Dios quisieron que tuviera puesto el seguro. Me río cuando lo recuerdo pues fue el primer gatillazo de mi vida. Luego ya vinieron más de ámbito sexual que recompongo con las pastillas azules de turno, pues ninguna mujer me satisface desde que el amor de mi vida me traicionó. Yo le juraba amor eterno mientras ella estaba con un amor de juventud. Lo único bueno que tengo es el sueño. Al cerrar los ojos siento un gran alivio olvidándome de todo y todos... Me imagino estar muerto teniendo que hacer el repaso de mi vida y luego esperar el veredicto de dónde me quedaré la eternidad hasta que llegue el momento del Juicio Final. A veces envidio a los no creyentes pues ellos pueden suicidarse más libremente que yo. Imagino a un ángel venir a buscarme mientras me dice ¡Hola, vengo por ti¡ ¿Eh? ¿Quién eres tú? ¿Cómo entraste? – le digo en ese sueño. Me manda Dios por ti – me contesta y continúa - que escuchó tus quejas y tienes razón, es hora de descansar. Me imagino estar muerto para poder tener esta conversación mientras el ser celestial me dice - Así es, lo estás, ya no te preocuparás por ver a la misma gente. Por caminar, ni por aguantar que te moleste nadie. Y ¿qué va a pasar con todo…con mi trabajo, con los seres que quiero? – le replico al instante siendo consciente de lo que dejo atrás y no volveré a tener. Temo oír la contestación pues lo más lógico es que me respondan - No te preocupes. En tu empresa ya contrataron a otra persona para ocupar tu puesto y por cierto, está muy feliz porque no tenía trabajo. A tu ex esposa le fue dado un buen hombre que la quiere, respeta y admira por las cualidades que tú nunca observaste en ella y siempre juegan juntos con el hijo que tienen ambos. Son muy felices. - ¡No¡ ¡no puede ser¡... ¡No!, ¡no!, ¡no puedo estar muerto! – Me desespero y protesto - Eso significa que jamás volveré a besar, ni decir te quiero a nadie, ni darle un abrazo a los amigos, ni a acariciar ningún animal, ni oler ninguna flor. Ya no volveré a vivir, ya no existiré más. Nunca más escucharé las palabras que me decían "estoy orgulloso de ti". - El ángel me podría contestar - ¡Lo siento¡ la decisión ya fue tomada. ¿No es lo que querías?... ¡descansar¡. Ahora ya tienes tu eterno descanso. Duerme para siempre. - Es cierto que estoy muy cansado de la vida. – Me lamento al oírlo de otro ser - Solo pienso en que morir sería lo más agradable que podría pasarme ¿o no? – Me relajo y dejo que los acontecimientos sigan su curso, resignándome a mi destino - ¡Ufff¡ Ahora sabré la verdad, pues creo que los dolores que tenía, son consecuencia de sendos disparos de bala. ¡Me han disparado¡.

Salto de la cama. Aún no ha amanecido, si es que aquí amanece o anochece alguna vez. Me asomo a la ventana para comprobar que efectivamente estoy en el paraíso. Aspiro los aromas a mar y montaña; a flores y pinos de este paso intermedio que hay entre lo terrestre y el Más Allá. Sé que alguien de blanco vendrá a evaluar mi paso por la tierra. Por mis ojos pasarán imágenes de mi vida. Sentiré el dolor y la alegría de los que hice mal y bien. Al final, yo mismo sabré el veredicto que me van a aplicar y si definitivamente obtendré el infierno, el cielo, o el punto intermedio del Limbo, que será lo más probable. Vuelvo a la cama porque hace frío y allí estoy caliente. ¿Tendré que hacer una presentación mía, al tipo de blanco que se acerque a evaluarme?. ¿Para qué cambiar la que hice siempre?...Le diré así: ¡En fin¡ Antes de nada, por hacer honor a la educación que mis progenitores se esforzaron que tuviese, permítame presentarme, mi nombre es… bueno, mi nombre, realmente no importa y supongo que lo sabrá de sobra. Todo el mundo me conoce por Maese Mercader, de modo que pueden llamarme Maese, o si lo prefieren, en este caso me haré llamar Kent Logan, en recuerdo de mi paso por Scotland Yard, como inspector de policía, que es lo que estaba haciendo en estos días.

Supero ya los cincuenta años de edad y he conseguido acumular en ellos un alto nivel de experiencia en múltiples campos de la vida. El mundo comercial no me oculta, ni me ha ocultado nada. Me ha arruinado en cuatro ocasiones, eso sí, pero en la actualidad apenas me lacera ya, y disfruto de una firme situación. Para llegar a acumular tanta experiencia he sido, y sigo siendo comerciante, viajero, psicólogo, matemático, inspector de policía, biólogo y sobre todo, observador... No sé si esto servirá de algo aquí o no, ya lo veré... Sé ver bien las fragilidades ajenas y satisfacerlas cuando quiero o me pagan por ello. Llego también, por propio patrocinio, a razonarlas y a simpatizarlas, como si fueran características destacables. El concepto convencional que tengo de la vida viene a exteriorizarme, en cierto modo, como un filósofo al que le gusta ilustrar, poniendo ironía y humor en todo lo que hace, pero aportando siempre una instrucción útil. Aunque vivía la mayor parte de mi tiempo en Toledo, me encantó viajar. Ya sé que Toledo es un buen lugar para vivir, porque ha sido el centro del mundo desde los griegos hasta hoy, pasando por serlo del imperio romano, del reino visigodo, del musulmán y del imperio cristiano. ¡Qué lugar tan pequeño y tan rico en arte y en cultura! ¡Qué amenidad al pasear por sus calles y disfrutar de sus leyendas! En este pequeño reducto se puede contemplar, al mismo tiempo, la segunda naumaquia romana del mundo, los baños árabes, la gran Catedral cristiana, la gran Sinagoga del Tránsito, la incomparable Mezquita del Cristo de la Luz sin salir de noventa hectáreas de terreno. Y qué decir de la emoción de pisar las calles que un día pisaron El Greco, o Cervantes, Garcilaso o Chillida, el Cid o Carlomagno. Puedes imaginar cómo Juanelo, con su ingenio abastecía de agua a la ciudad, o puedes recobrar fuerzas degustando su mazapán, mientras disfrutas de la elaboración de piezas de damasquino, o de unas perdices a la toledana, claro está, trinchándola con el acero más famoso de Europa, el mismo con el que los Tercios españoles conquistaron media Europa y medio mundo. A Toledo le llaman de las tres culturas, pero, en realidad, son más de siete. En los cimientos de una misma casa puedes hallar restos de la prehistoria, de los iberos, de los visigodos, de los romanos, de los árabes, de los judíos y de los cristianos... Disculpe esta digresión, pero es oír el nombre de Toledo y desencadenarse en mí una devoción incontenible, es involuntario..

¡Bueno¡ ¡Veamos¡ ¿dónde estábamos? ¡Ah, sí¡ He aparecido en esta habitación tras el colapso cardiaco que me han producido los disparos de un delincuente al que estaba persiguiendo en Londres. Me percato del hecho de que estoy esperando que alguien venga a revisar mi vida y haga una primera evaluación de la misma. Aprovecharé el tiempo aseándome un poco en un lavabo que acabo de descubrir. Al acercarme compruebo que hay un libro encima de la mesilla que antes no estaba. ¡Ufff, esto va a ser complicado para mi, ya que no me gustan las sorpresas¡ Lo ojeo. Es el Eclesiastés. ¡Bueno¡ si no hay otra cosa me entretendré con su lectura. Me levanto y leo Eclesiastés (Qohelet-Kohelet) cuando dice: *"Vanidad de vanidades, todo es vanidad"*. Es la más famosa frase que parece encapsular el mensaje fundamental de Eclesiastés, libro bíblico que la tradición judía relaciona con el rey Salomón. El rollo de Kohelet se lee el Shabat de Sucot. Leo: *"Palabras del Predicador, hijo de David, rey en Jerusalén. Vanidad de vanidades, dijo el Predicador; vanidad de vanidades, todo es vanidad. **¿Qué provecho tiene el hombre de todo su trabajo con que se afana debajo del sol?** Generación va, y generación viene: más la tierra siempre permanece. Y sale el sol, y pónese el sol, y con deseo vuelve a su lugar donde torna a nacer. El viento tira hacia el mediodía, y rodea al norte; va girando de continuo, y a sus giros torna el viento de nuevo. Los ríos todos van a la mar, y la mar no se hinche; al lugar de donde los ríos vinieron, allí tornan para correr de nuevo. Todas las cosas andan en trabajo más que el hombre pueda decir: ni los ojos viendo se hartan de ver, ni los oídos se hinchen de oír. ¿Qué es lo que fue? Lo mismo que será. ¿Qué es lo que ha sido hecho? Lo mismo que se hará: y nada hay nuevo debajo del sol. **¿Hay algo de que se pueda decir: He aquí esto es nuevo?** Ya fue en los siglos que nos han precedido. No hay memoria de lo que* *precedió, ni tampoco de lo que sucederá habrá memoria en los que serán después. Yo el Predicador fui rey sobre Israel en Jerusalén. Y di mi corazón a inquirir y buscar con sabiduría sobre todo lo que se hace debajo del cielo: este penoso trabajo dio Dios a los hijos de los hombres, en que se ocupen. Yo miré todas las obras que se hacen debajo del sol; y he aquí, todo ello es vanidad y aflicción de espíritu. Lo torcido no se puede enderezar; y lo falto no puede contarse. Hablé yo con mi corazón, diciendo: He aquí hállome yo engrandecido, y he crecido en sabiduría sobre todos los que fueron antes de mí en Jerusalén; y mi corazón ha percibido muchedumbre de sabiduría y ciencia. Y di mi corazón a conocer la sabiduría, y también a entender las locuras y los desvaríos: conocí que aún esto era aflicción de espíritu. Porque en la mucha sabiduría hay mucha molestia; y quien añade ciencia, añade dolor".*

Detengo la lectura porque noto una nueva presencia en la habitación. Levanto la vista del libro. Veo una figura femenina que se me acerca desde otra cama que no había visto hasta ahora. Claramente no es el ángel, o espíritu que dicen que viene a repasar tu vida. Más bien se asemeja a mí mismo pero en mujer. Supongo que es una chica que como yo acaba de morir y está tan despistada como yo. ¡Bueno¡ al menos, este trago de la espera no lo pasaremos ninguno de los dos en soledad. ¡Vaya¡ ¡es preciosa¡ ¡lástima haberla conocido ahora y no diez años atrás¡ El tipo de blanco se hace rogar y se retrasa. La chica se acerca hasta quedar justo enfrente de mí.

- ¡Hola¡ - me dice sonriendo.
- ¡Hola¡ - le contesto poniéndome en pie como me educaron. – Kent Logan – me presento -.
- Kate – me responde.

Pasamos un rato conociéndonos. Decir un rato, no es decir mucho en nuestra situación, pues aquí no hay forma de medir el tiempo. Estando en tan grata compañía no importa, pienso para mis adentros. Según me va relatando, Cathy es una mujer nacida en Pakistán que vive en la ciudad de Londres. Desciende del seno de una familia de padre inglés y madre pakistaní. Debido a este peculiar mix de culturas ha heredado los mejores rasgos de ambos mundos. Recibió una esmerada educación que junto con sus estancias en el extranjero, por la profesión de diplomático de su padre, le han otorgado una extensa cultura, aunque tuvo una infancia de pobreza y miseria. Actualmente ejerce como médico en "The Royal London Hospital", siendo una excelente profesional entregada a su vocación sanitaria. Es una mujer romántica y sentimental, que a sus treinta años ha alcanzado la plenitud de una madurez equilibrada. Esta armonía se refleja en su belleza serena. Le caracteriza su larga melena morena que le cae por los hombros hasta la mitad de su espalda. Su mirada exótica y soñadora recuerda la singularidad de sus orígenes orientales. De dulce sonrisa enmarcada en sensuales labios carnosos, llena de contrastes físicos, que te hacen saber, que te encuentras delante de una mujer encantadora, sorprendente y con ganas de disfrutar la vida, pero con el velo de un peculiar misticismo. Aunque su cuerpo es de estilo árabe y de mediana estatura, su esbelta cintura junto con la armonía de sus formas le hace parecer perfecta. Sus gráciles andares le perpetúan como una preciosa mujer llena de donaire, elegancia y encantos ocultos. En definitiva, encarna el misterio y misticismo de oriente en una preciosa belleza serena llena de discrepes. Según me cuenta, también le han disparado en el mismo tiroteo que yo y por eso coincidimos en esta habitación de tránsito al otro mundo. ¡Vaya¡ siento no haberme adelantado yo tiroteando al malo y haber evitado la desgracia de Kate.

- Creo que lo mejor será que aprovechemos este tiempo para repasar los principales temas que hemos tratado en la vida y expresar nuestras respectivas opiniones, por si estamos a tiempo de cambiarlas para cuando estemos ante el examen final. - Le digo sin mucho entusiasmo ante la idea de repasar un inminente examen vital, que determinará dónde pasaremos el resto de la eternidad.- Comienzo yo mismo, por uno cualquiera y seguiremos según nos vayamos acordando. ¿Te parece? – Le pregunto con temor ante la posibilidad que me tache de mandón.

- Será lo mejor que podamos hacer. Además, tampoco tenemos otras alternativas en esta habitación. – Me contesta mientras se dispone a coger una silla y situarse enfrente de mí.

- ¿Sabes? Me hubiera gustado tener una oportunidad semejante a esta en mi vida. – le digo.

- ¿Cuál?

- Me refiero a la posibilidad de hacer un alto de vez en cuando, para repasar lo que has hecho hasta ese momento y plantearte objetivos a otro plazo. – le contesto más animado – Imagina todos los temas y asuntos que hemos tenido entre manos, disfrutado y soportado en la vida. Seguramente seremos unos privilegiados por haberlos vivido y sin embargo, nos creíamos desgraciados mientras lo teníamos. – le remarco intentando hacerme comprender mejor de la importancia de mis palabras.

- Me alegro de que ahora estés más animado, pues antes te he oído meditar en voz alta y me apenaba mucho oírte decir que querías morirte. "No pidas, no te lo vayan a conceder", me decían de pequeña y ¡vaya¡ a ti te lo han concedido. Te voy a pedir que seas tú el que vaya introduciendo los temas a repasar pues la verdad… no me encuentro muy animada para ello. – me contesta retirándose con la mano el mechón de cabello que le cubría media cara.

-    ¡Ufff¡ visto de ese modo se me ponen los pelos de punta al pensar que los deseos se cumplan hasta ese extremo. – le contesto reflexionando en el suceso que acabo de vivir, o de morir, pues no sé bien cómo se diría en este momento. Lo cierto es que antes de salir de casa vivía en depresión.

-    ¿Por qué? si la vida es bella.- me reprocha Kate.

-    Para cuando desde tu posición privilegiada te deprimas, piensa que mi vida es: Levantarse sin ilusiones, vestirse sin esperanza, caminar solo y sin amor, arrastrar la enfermedad y la culpa, acostarse arruinado y depender de la fe. Mi madre me enchiqueró, mientras mi padre me abucheaba. Mi mujer me lidió, mientras los amigos me banderilleaban y la enfermedad me ponía las puyas. Mi familia me apuntilló. Mis hijos me degollaron y el amor de mi vida me descuartizó. Finalmente la iglesia me rechazó y hacienda me digirió con sus impuestos para mantener ¡corruptos! Es decir, las personas en que confié y más he querido me han destrozado la vida ¿Entonces de qué te quejas tú? Piensa en el hecho de que sin amor, ni salud, ni dinero, ni Dios, ni familia, el vacío de la existencia es insoportable. Estos diez últimos años han acabado conmigo. He perdido todo y aunque he intentado ser una buena persona, un buen padre, marido, hijo, gerente y amigo, ahora no sé cómo no tengo nada. Pagué las hipotecas e hice un patrimonio que ha ido creciendo y ahora, en lugar de tener un premio y seguridad, es un lastre que me ha hundido. He cuidado a mi padre, madre, esposa e hijos, familia y amigos, así como a muchos más, en todo lo que pude y supe, pero según parece, lo hice tan mal que estoy solo. Dejé trabajos por estar con ellos y ahora solo soy policía, y no les tengo a ellos. Los impuestos me comen de tal forma que me han arruinado. Los políticos nos llevaron a tal crisis, que ni puedo alquilar, ni puedo vender, ni siquiera cerrar la empresa porque no queda nada con los precios tan bajos de venta o alquiler, o los impuestos al cerrar. Si hubiera dinero para pagar esos impuestos del cierre, tendría para mantener la empresa diez años. !Absurdo! De tantas preocupaciones estoy enfermo y el dinero que tengo es también para impuestos de sucesiones y plusvalías sin que pueda arreglarme los dientes o cambiar de coche, que ya tiene trece años. Pago dieciocho tipos de impuestos diferentes. Las tensiones me llevaron a perder hasta mis hijos que no me hablan, a pesar de haber hecho todo lo posible por ellos !pues son mi vida! No me dan trabajo porque tengo más de cuarenta y cinco años. Estoy sin amor, sin dinero, sin familia y sin ingresos a pesar de todo lo que he ahorrado. La iglesia no me ayuda ni me acepta por estar divorciado y tener hijos menores de edad. Me pide que antes obtenga la nulidad, con un coste de seis mil euros, que no tengo. Me encuentro demasiado solo y con demasiadas cargas. Sé que muerto valgo más que vivo, al menos mis hijos tendrán algo de dinero, que de otra manera, yo me voy a gastar para sobrevivir sin saber muy bien para qué va a servirme ese esfuerzo en soledad y terminar con un cáncer que por genética me está concedido. Estoy muy triste y sin ganas de vivir, defraudado por todos, desde familia a iglesia pasando por amigos y políticos. El supuesto amor de mi vida no me quiere tampoco, ni quiere ayudarme. De ella solo obtuve dolor, falsas promesas de futuro, muchos "te quieros con locura" que fueron mentiras, una musa para algunos escritos y un mes de felicidad en treinta años de espera. Dicho de otra manera: más veces he visto razonar a un lagarto, que no reír o llorar. ¿Acaso llore o ría por dentro? No lo sé, pero por dentro acaso también el centollo resuelva ecuaciones logarítmicas ¿no?. Solo digo a quien me quiera escuchar y de mi quiera saber: "Y cuanto más te miro, más seguro estoy, que a ti te debo el ser como soy." Para mí, escribir no es una cuestión de libre albedrío, es un acto de supervivencia mental, de unión con mi musa y donde soy verdaderamente libre. Alguien me advirtió cuando yo era muy joven de mi destino, diciéndome: "Cuando crezcas, descubrirás que ya defendiste mentiras, te engañaste a ti mismo o sufriste por dar todo. Yo también soy tú. Si te necesitan, te buscan para que les defiendas. Creíste sus "te quiero", y sufriste por dárselo todo. Ahora dirán "¡cuídate¡". Si supiera lo que me acuerdo de él...- le contesto desahogándome como si estuviera en el psiquiatra.

- De verdad que lamento mucho oírte hablar de este modo.- me responde en un vano intento de consuelo - Pero ¿has pensado que ahora tendrás el infinito? ¿Qué harás con él? – insiste en que me anime y recomponga.

- Personalmente defiendo la teoría de que la suma de infinito más infinito es igual a infinito, pero te pregunto ¿dónde está el cero que marca el límite entre lo positivo y lo negativo cuando estamos hablando del infinito?

- No te entiendo – me contesta estupefacta en un intento de seguirme.

- Me explico – le digo animado ante su cara de interés – ahora se supone que estamos muertos y en espera de destino según sean los resultados de nuestros respectivos exámenes ¿no? – ella asiente con la cabeza sin pronunciar ninguna palabra – pero además, se nos dice que podremos estar en el cielo, en el infierno o quedarnos en el limbo ¿no? – Kate sigue con sus movimientos asertivos – entonces, yo lo veo como en las matemáticas, el cielo lo identifico con la parte positiva, el infierno con la negativa y el limbo con el punto de inflexión entre ambos o el equivalente cero.

- ¡Ahhh¡ vale, ya te voy comprendiendo – me responde Kate más comprensiva. – luego es como mezclar la religión, con los gráficos matemáticos y las teorías del bien y del mal ¿no es eso? – me continua diciendo mientras se recompone en su silla en un estado más animado, pues ambos somos conscientes de dónde estamos y a qué nos enfrentamos, pero con algo más de racionalidad que es nuestro mundo y en donde nos encontramos más cómodos. - ¡Bueno¡, positivo es algo que añade y agrega valor y negativo algo que resta y reduce valor.

-   Ok – le digo – entonces si cero es equivalente a la nada y nada es igual a eso mismo "nada", se cumple que la suma de infinitos "infinitos" es cero y no infinito como te dije antes.

-   Me he perdido totalmente – me reprocha.

-   Imagina que pones un eje de coordenadas en donde dibujas el símbolo del infinito ∞ que se cruzan en el punto de inserción, o simplemente le haces girar, al final, la figura que componen es un O, que es como representamos al cero y el cero lo asemejamos a la nada. – le explico mientras dibujo en un papel con un lápiz que de repente han apareció en mi mano sin saber cómo ni por qué. - Que existan distintos ceros, también viene determinado por el punto de vista que comentas. Pero no todo se puede analizar desde todos los aspectos (matemática, física, moral, lógica y religión). Entiendo que quieres llegar a una teoría aplicable desde todos estos puntos de vista. Por ejemplo, sobre uno de mis ejemplos "ruptura de una relación", desde luego es indicativo de que algo se ha roto, ¿Está bien o está mal?. El juicio moral sobre esto puede ser muy distinto, dependiendo del enfoque. Imagínate que la ruptura se produce porque se ha puesto fin a un sentimiento. ¿Está bien?. Y ¿si la ruptura se produce por una situación de malos tratos, por una infidelidad, por el fallecimiento de la otra persona.?. Si además entramos a valorar desde un enfoque religioso o ético, llegaríamos a distintas valoraciones. –le sigo explicando al tiempo que detecto una dilatación pupilar en sus ojos como síntoma de interés por lo que digo aunque no se bien si llega a entenderlo o no.

-   La respuesta es fantástica en cuanto a lógica y matemática se refiere, siempre que cero sea igual a neutro. Pero si cero es igual a nada, o a vacío, como me planteas, entonces ya no se cumple tu planteamiento y menos en un intento de asemejarlo al limbo. Y si cero es igual al sumatorio de eternos infinitos que se unan en un mismo eje, como defiendes, la lógica se derrumba. – me intenta enterrar antes de tiempo junto con mi planteamiento. - Eso además, sin definir positivo y negativo. Entiendo que lo que pretendes como objetivo, no es atacar la religión, sino entenderla llegando a definir otra visión o teoría filosófica que la explique. – Kate me está comprendiendo y ayudando.

   -    Teniendo en cuenta el significado de "Cero", aplicado a una escala de valor (positivo, negativo....), para mí es el neutro, el inicio, el comienzo de la escala y lo que permite la transición. Como en cualquier escala, existe un orden correlativo de valor y ¿De qué depende ese orden? El orden dependerá de la valoración objetiva pero también subjetiva de los resultados de una acción o decisión. Pensemos por ejemplo que nuestro punto de partida es un nuevo trabajo, el inicio de una carrera, una nueva relación, un nuevo negocio. Parece razonable pensar que la valoración de esta decisión puede ser positiva, indicando un valor superior, una nueva transición en la escala (proyección profesional, una titulación, un proyecto de pareja, una mejora económica y de posición). En este caso el orden será Cero-Positivo. Por el contrario la decisión adoptada nos puede llevar a la situación anterior, al punto de partida (frustración profesional o pérdida del trabajo, el fracaso universitario o la frustración por un error de decisión, la ruptura sentimental, la quiebra). En esta situación volveríamos al punto de partida, después de haber pasado por una situación negativa. En este caso, el orden sería Cero- Negativo- Cero. Por tanto, el Cero puede estar por delante o por detrás. Para hacerme comprender mejor cambiaríamos (positivo, cero y negativo) por los términos (bien, limbo y mal), entonces se unen matemáticas, sociedad, física, moral, lógica y religión, que hasta ahora tienen un "cero" diferente. – resumo agradeciéndole de este modo su apoyo. – me vacío de esta manera en un vano intento de crear una filosofía que agrupe y de explicación a todo.

- ¡Ufff¡ profesionalmente te diagnosticaría una patología obsesiva compulsiva y te mandaría al psiquiatra, pero sé que hubo mucha gente obsesionada por dar explicaciones al infinito. – me dice a caballo de la comprensión y la lógica – vienen a mi mente gente y teorías tales como que algunos componentes de la vida en la tierra pudieron llegar desde el infinito, o que la imagen más lejana y profunda del universo como por ejemplo el anillo que cruza la vía láctea, · la materia oscura, la propulsión infinita, la dimensión espacio-tiempo, la teoría del caos, Einstein y los universos paralelos, la neuroplasticidad del cerebro humano, el triángulo de Pascal, el universo oscilante y el Bjg Bounce, la catástrofe ultravioleta de Rayleigh-Jeans, la espiral clotoide de Cornu, la paradoja de Olbers, William Pepperell y el éter, la paradoja de la fuerza imparable, la fluctuación del vacío, el péndulo de Foucault, el mar de Dirac, el universo infinito de Isaac Newton, las unidades de Planck, los agujeros blancos, la energía del punto cero, la superfluidez del helio, el vacío cuántico, el ácido desoxirribonucleico, los agujeros negros, la teoría de las cuerdas, la microbiota infinita, la divisibilidad del átomo, el efecto túnel cuántico, el modelo atómico de Bohr-Rutherford, las olas, la indestructibilidad de la materia, el ciclo del carbono, la hipótesis de Galk, el cálculo infinitesimal de Leibniz, el cubo de Menger, el número e, el teorema de los cuatro colores y los infinitos países, el teorema de los infinitos monos, Georg Cantor y la teoría de conjuntos, el número áureo, la cinta de Móbius, la espiral de Arquímedes, la espiral de Durero, la espiral logarítmica, la sucesión de Fibonacci, los fractales de Mandelbrot, la paradoja del hotel infinito, la trompeta de Torricelli, las loxodromias de Pedro Nunes, el número de Avogadro, la curva de Gosper, la división por cero, la teoría de la probabilidad, el propio juego lego, la interconectabilidad infinita, el Gúgol y el Gúgolplex, el teorema de Euclides, los números primos de Mersenne, la cuadratura del círculo, el teorema inédito de Pierre de Fermat, el cálculo diferencial de Ehópital, la espiral de Fermat, las cadenas de Markov, el plano hiperbólico de Poincaré, el número de leviatán, los lagos de Wada, los teoremas de la incomplenitud de Gódel, o el copo de nieve de koch.- me enumera dejándome atónito por la cantidad de conocimientos que tiene a su corta edad.

-   ¡Ufff¡ me has dejado de piedra, pero solo has enumerado lo que respecta a la ciencia. – le digo a caballo entre la admiración que siento por ella tanto a nivel físico como intelectual y la necesidad de enseñar que genéticamente tengo – Si me dejas seguir enumerando, verás que también afecta a gente de tecnología y filosofía, manteniendo dos constantes en todos ellos. La primera el ansia de explicar el universo, la tierra y la existencia de Dios uniendo lo eterno con lo infinito. Y la segunda que la aplicación de la lemniscata (∞) se ha hecho a todo lo que con nosotros comparte el espacio. Al almacenamiento de la energía solar, a sacar un combustible a partir de la fotosíntesis, al propio átomo, a la mecánica infinita, a vivir infinitamente mediante la programación del bucle infinito, el lápiz metálico sin tinta, la bombilla que nunca se apaga, el reactor de fusión nuclear, la energía eólica, el gran colisionador, la carretera solar, el cubo de Rubik, la nanotecnología, los códigos, la memoria usb con capacidad infinita, la precisión atómica, la ingeniería de tejidos, Isáac Asimov y la red de cerebros conectados, el grafeno, la barrera del sonido, Anaximandro y la cosmología del infinito, Copérnico y la visión heliocéntrica, Giordano Bruno y el infinito, Kant y la antinumia del infinito, la dialéctica de la infinitud de Hegel, Pascal y los dos infinitos, René Descartes y el infinito - dios, Zenón y la paradoja infinita, Epicuro, el vacío y el infinito, Spinoza y la teoría de los modos infinitos, la física aristotélica del infinito,

Voltaire y el infinito, el intuicionismo, el tao, Schopenhauer y la voluntad, el eterno retorno.- le replico mientras hago una pausa para comprobar si a estas alturas ha abandonado mi atención o me sigue. Veo que sus ojos brillan fijos en los míos. Compruebo que le encanta el desafío y parece que no le desagrado físicamente porque aproxima su silla a la mía. Me animo y zanjo el tema para no cansarla recordando la innumerable cantidad de símbolos que nos han rodeado en nuestra vida con el eterno y el infinito como obsesión – Y si me permites – le digo – zanjamos el tema con la simbología con la que hemos convivido, tales como el nudo infinito del budismo tibetano, los mandalas, el laberinto, la piedra del sol azteca, el uro boros, el nudo Borromeo, el jeroglífico egipcio del ojo de Horus, el trísquel celta, el islam y el infinito, Heh el dios de la eternidad, el limbo, el karma que predica aquello de que quien siembra, recoge, y remato con dos chascarrillos, el ave fénix y la fuente de la eterna juventud.

-    Si ya entramos a hablar de simbología, entonces solamente con la cabalística, la mágica y la astrológica ya llenaríamos esta espera que tenemos que hacer y no repasaríamos otros temas.- me dice dándome a entender que ya se aburre de teorías del infinito. Quizás tenga razón, pues estando a las puertas de vivir la eternidad, veremos claramente cuán errados o acertados hemos estado en la vida.

-    Y no te olvides de la ciencia alquímica de la que derivó Paracelso todo un lenguaje poligráfico reconociendo un principio supremo llamado Yliaster, de quien proceden lo positivo, lo negativo y lo neutro, análogos en el macro y microcosmos, y que son simbolizados por el azufre, el mercurio y la sal, a partir de los cuales es dispuesto el cuaternario de la creación en la multiplicidad de las formas.- le digo introduciendo el oscurantismo, la masonería y la alquimia en un momento en el que las verdades van a esclarecerse o a barrérseme de la mente.

- Tritemio, que practicaba la "Esteganografía", o especie de arte cabalístico adaptado al latín, cuya combinación de letras y números permitía hallar en las cosas nombradas, su naturaleza simbólica velada a ojos superficiales. - ¡Ufff¡ ¿yo creyendo que se había perdido? ¿y yo decía chorradas?.

Desde luego Kate me sorprende cada vez más.

- "La primera recuerda lo que la segunda entiende y lo que la tercera quiere. La segunda entiende lo que la primera recuerda y lo que la tercera quiere. La tercera quiere lo que la primera recuerda y la segunda entiende." Decía Llul y es lo que podría resumir la obligación que tenemos en esta habitación de repasar nuestras respectivas vidas. – remato la cuestión del infinito.

Vengo unos momentos a mi propio interior para pensar en la inmensidad de luchas diferentes que tenemos en la vida, pero que en realidad se condensan en variaciones con repetición de tres elementos tomados de infinito, en infinito. Me refiero al amor, al dinero y a la salud. Dejo a Kate sentada en aquel improvisado salón de tertulias para pasear por la estancia meditando en la profundidad de las palabras de Unamuno cuando preguntaba aquello de "¿Por qué peleó don Quijote?" Él mismo respondía "No por Iseo, que es la carne eterna; no por Beatriz, que es la teología; no por Margarita, que es el pueblo; no por Helena, que es la cultura. Peleó por Dulcinea, y la logró". Regreso junto a Kate. Me acerco más aún la silla a su costado para percibir su perfume de Lancôme y la ironía del destino en esta situación con él.

-¿Estás de viaje? – le pregunto a bocajarro.

- Quizás te parecerá extraña esta contestación, pero mi vida es un eterno viaje en el que sigo flotando, en el que no encuentro el destino final. Aquel en el que me sienta tranquila, segura y satisfecha con todo realizado, con todo lo vivido. Aquel lugar donde me reconozca a mi misma y halle un remanso de paz que ansío alcanzar, y que confío en que se pueda dar antes de morir.

- ¿De dónde vienes? – insisto en averiguar.

- Vengo de una batalla pasada en la que quedaron cicatrices y falta de confianza en mí misma y en los demás. De una historia de pesadilla en la que me sentía encerrada en mi misma, y sin encontrar la verdadera libertad. Vengo de un lugar por donde hubiese preferido no tener que pasar, de muchas soledades sin poder ser compartidas con los demás por el miedo a sentir el rechazo y el juicio antes de hablar. Supongo que es mi naturaleza.

- ¿Tu naturaleza? – Le pregunto con tono de reproche por sentir un ligero menosprecio hacia sí misma - Supongo que lo dices por tu inclinación y tu manera natural de ser. ¿Ves? Aquí nos encontramos con otro de los problemas que me he planteado toda mi vida para cuando llegase este momento.

-    ¿A qué te refieres Kent?

-    A la riqueza del idioma español. Me explico. Imagina que una de las preguntas del ángel en el examen sea por ejemplo ¿Qué naturaleza tienes? O ¿Qué opinas de la naturaleza? ¡Ufff¡ no sabría bien qué responder pues si me atengo al diccionario podrían ser muchas cosas diferentes las que el ángel me preguntara.

-    Creo que te entiendo Kent. Y si lo pienso bien, eso mismo podría ocurrirnos con cada tema. ¡Ufff¡ ¡vaya papelón¡

-    Si te parece, cada vez que vayamos analizando los diferentes temas en esta preparación al examen, podríamos enumerar algunas de estas posibilidades. – le propongo.

27

-   Me parece pesado pero necesario. – me replica. - ¿Por cuál comenzamos?

-   Por esta misma palabra, por ¡la naturaleza¡. ¿Te parece? Kate. De este modo nos haremos una idea más exacta del problema.

-   ¡Si¡

-   Naturaleza puede ser. – leo uno de los diccionarios que sin saber cómo han aparecido en una estantería que tampoco estaba anteriormente.- Conjunto de las cosas y de las fuerzas que componen el universo y que no han sido hechas por el ser humano. Principio universal que se considera que gobierna y dispone todas las cosas. Manera de ser o de comportarse una persona: su naturaleza violenta le hizo ganar enemigos. Complexión o constitución física de una persona. Propiedad o conjunto de propiedades características de un ser o de una cosa: la muerte forma parte de la naturaleza humana. Especie, género, clase o tipo al que pertenece una cosa: los ciclones y los huracanes son fenómenos de la misma naturaleza. Documento o mecanismo legal que da derecho a una persona a ser considerada como natural de un país: ejemplo: varios marroquíes pidieron la naturaleza española. Origen de una persona según el país de nacimiento. Y si amplío a los giros lingüísticos entonces ya es la repanocha de posibilidades. Por ejemplo si decimos naturaleza muerta, entonces no es que nos hayamos muerto como nosotros ahora, sino que se refiere a un cuadro que representa animales muertos, frutas, flores u objetos sin vida. bodegón.

-   ¡Vaya¡ ahora te entiendo Kent y veo lo complicado de saber responder bien a la pregunta. En resumen, diríamos que naturaleza es la esencia y propiedad características de cada ser. Pero a su vez puede ser equivalente a virtud, calidad o propiedad de las cosas. Fuerza o actividad natural, como contrapuesta a la sobrenatural. Origen que uno tiene según la ciudad o país en que ha nacido. Calidad que da derecho a ser tenido por natural de un pueblo, para ciertos efectos civiles. Especie, género, clase.

- Y si seguimos con los modismos lingüísticos y decimos por ejemplo "naturaleza humana", nos referimos al conjunto de todos los hombres. O incluso al conjunto de cosas y seres naturales que forman el universo y cuyo estudio es el objeto de las llamadas ciencias naturales. En sentido restringido se refiere al conjunto de seres y cosas que integran la tierra. Pero si me meto en el plano filosófico entonces ya hablamos de sustancia (panteísmo) o fuerza única (estoicismo); de orden necesario de los hechos o las cosas opuesto al orden del espíritu, o a la libertad (Kant), al azar (Aristóteles), o al orden de Dios, que postulan las escuelas espiritualistas e idealistas. – le digo mientras ella se lleva las manos a la cabeza pensando en la barbaridad de caminos que se abren ante cada pregunta.

- Dicho de otra manera Kent, que este sustantivo femenino ¿puede ser respondido desde el aspecto de índole, de calidad, de calaña, de condición, de natural, de carácter y de no sé cuántas cosas más?. – Kate me apoya, manteniendo las manos en la cabeza como símbolo de enormidad de posibilidades, mientras yo asiento con la cabeza de manera afligida porque al fin alguien entiende mis pesares y frustración en esta vida y en este examen final.

Muevo las piernas. Las cambio de posición. Ella las cruza también. Se acaricia los cabellos. Me mira con nostalgia y con la sensación de que pronto perderemos los cinco sentidos fisiológicos pero ganaremos en el sexto y más común de ellos. Comprendo que no volveremos a oler una flor, ni a oír el trino del pájaro, ni saborear el tiramisú, ni ver un anochecer y menos a sentir el roce de la piel del ser amado. Recojo sus manos entre las mías y le digo al oído que recuerde lo que dice Mario Benedetti: "No te rindas, por favor no cedas aunque el frío queme, aunque el miedo muerda, aunque el sol se ponga y se calle el viento. Aún hay fuego en tu alma, aún hay vida en tus sueños, porque cada día es un comienzo nuevo, porque ésta es la hora y el mejor momento"

- ¿Adónde vas en ese tu viaje? – le planteo a bocajarro.
- La verdad, si soy profundamente sincera, voy hacia donde la vida me quiera llevar, aunque sé que esa no es la mejor fórmula en una vida terrenal. Algunas pequeñas metas que alcanzar me movilizan para mejorar, pero no vislumbro una misión final. Confío en encontrar la guía que me conduzca hacia ese destino propio, un destino completo. Un destino que merezca ser vivido y que sea compartido con los demás.
- ¿Con quién viajas? – quiero saber su equipaje y de paso averiguar si está soltera, ¡nunca se sabe¡
- En la mayoría de las ocasiones me siento viajando sola conmigo misma en mi barca hacia algún lugar, confiando en mis sentidos y la brújula de mi intuición que observan, sienten, y escuchan a la gente. ¡Ufff¡ Cuántas veces me he guiado por los símbolos y señales que he encontrado en ese camino. Cuántas veces he intentando contactar con ese Dios que intento encontrar dentro de mí. ¡Qué pocas son realmente las personas que acompañan mi viaje! - contesta Kate bajando la cabeza mientras el pelo le cubre la cara por la vergüenza. – Me falta confianza en mí misma y en los demás – certifica esta chica de manera rotunda.
- ¿Confianza? Eso es lo que nos mueve con la familia, con las amistades y con la religión. ¿Confías en Dios? – le pregunto – Entonces, es como decir que te fías de Él. ¿Ves? Esta es otra cuestión que tiene varias posibilidades. – le digo mientras ella se recupera de su depresión. – Puede ser la impresión u opinión firme que se tiene de que una persona o cosa será o se desarrollará según las expectativas que se tenían de ella, por

buena fe o intuición más que por pruebas materiales de ello: tener confianza en el porvenir; la confianza de un amigo. También se aplica a la cercanía, la facilidad y la sinceridad en el trato entre amigos, parientes u otras personas: en verano cogí confianza con las chicas del hotel. Si lo aplicamos en plural, toma un cariz diferente. Conjunto de rasgos en el trato con una persona que denotan una excesiva familiaridad o libertad: mi vecino se toma demasiadas confianzas conmigo. Si le anteponemos la preposición, entonces queda "de confianza" que se aplica a la persona en quien se puede confiar: un médico de confianza. O "en confianza", entonces hablamos de secretos y de forma particular: me dijo en confianza que era heredero de una fortuna. – le digo.

-    Es decir, que se reúnen conceptos diversos y los agrupa en uno solo. – me sigue. – Hablas de esperanza, de seguridad, de familiaridad, de ánimo, de vigor, de naturalidad y de tranquilidad. ¡Ufff¡ ¿quién se hubiera parado a pensarlo?

-    ¡Kate¡, hablo también de expansión, efusión, comunicación y hasta de desahogo. – le ratifico como refuerzo a lo anterior para que se percate de la importancia de este término.

Respondo sus cuestiones al tiempo que pienso en voz alta para reforzar las mías. Pongo en orden ideas y anotaciones que durante años anduve escribiendo aquí y allí para cuando fuera la hora de tomar decisiones y ésta ha llegado. Reflexiono en la idea de la necesidad de hacer este tipo de examen en vida, por nosotros mismos de vez en cuando o la necesidad de tener un tutor de preparación a este examen final de la vida que nos recordase parte de algunos relatos sobre cómo influyen las decisiones o la falta de las mismas en el camino a tu destino. Si no existe el destino, si sólo es predestinación, si debo forjarme mi propio destino y tomar las decisiones más adecuadas para conseguir mi salvación, la salvación del alma. ¿Cómo se explica que una decisión del último momento cambie totalmente el rumbo de nuestra vida, o incluso permita que nos libremos de una muerte segura? ¿Tiene que ver con la predestinación? ¿Es sólo azar? ¿Es libre albedrío? ¿Es una nueva oportunidad?. Pero es más... si esta situación se ha repetido en más de una ocasión ¿Cómo se explica?. ¿El azar de nuevo? ¿Una nueva oportunidad? ...¿Por qué unos tenemos la oportunidad de cambiar las cosas y otros en cambio no? o ¿Por qué tenemos la oportunidad de cambiarlo en algunos momentos y en otros no?, es acaso un sexto sentido o un don.- Me dirijo a Kate.

-   ¿A quién dejas atrás en tu viaje? – de igual modo me interesa saber su pasado y sus lastres. A fin de cuentas puede que tenga que compartir con ella la eternidad, ¿no?

-   Siento que es más lo que dejo atrás que lo que me acompaña. Atrás quedaron muchos amigos, a los que abandoné o me dejaron porque sus vidas tomaban otras direcciones. Dejo atrás muchos sueños incumplidos e ilusiones sin realizar, muchos me gustaría haber vivido..... Dejo atrás la droga y las horas malgastadas, los remordimientos y la infelicidad. Dejo atrás los vacíos de una etapa de desiertos, a veces tan baldía. – responde mientras deja que su cara se oculte entre sus manos y con un gesto rápido despliega su melena hacia atrás liberando su rostro.

-   ¿Qué te espera cuando llegues al destino que te hayas propuesto? – le pregunto mientras sonrío para mi mismo por lo ridículo que pueda parecer el intento de coqueteo. Lo siento. No lo puedo evitar. Forma parte de mis genes y estoy convencido de que será una asignatura que suspenderé en este examen vital al que me preparo. Intentaré, al menos, no perjudicarla a ella con proposiciones de otra índole, aunque la chica está impresionante.

-   Cuando llegue a esa meta final, me imagino que me espera una conversación cara a cara con Dios en el silencio de su paz. Si fuese hoy o mañana ese momento, creo que me sobrecogería con un nudo de emoción en la garganta, y las lágrimas de insatisfacción se derramarían ante él por no haber completado mi vida. Espero en ese momento que sonría ante mi ignorancia, encontrar verdadero consuelo y sobretodo su perdón. Quizás nos espere una segunda oportunidad. – Kate se recompone ante la ilusión de una segunda oportunidad y despliega de nuevo su preciosa sonrisa.

- Es decir, que sentirás mucha alegría cuando consigas llegar ¿no?

- Naturalmente que lo sentiré. – me contesta mirándome directamente a los ojos con un gesto que parece sorprenderse por la obviedad de mi pregunta.

- ¡Ufff¡ .- le respondo moviendo la cabeza de un lado a otro dando la impresión que tengo serias dudas.

- Kent, por favor no me digas que también ese término reúne otras acepciones. – me dice con ligera preocupación de haber metido la pata en algo tan obvio.

- ¡Pues sí¡ - le suelto sin anestesia. - Efectivamente es un sentimiento de placer que tiene una persona cuando se produce un suceso favorable o cuando obtiene una cosa que deseaba, y que suele expresarse externamente con una sonrisa, con risas, etc. felicidad. tristeza. Y también implica una falta de responsabilidad o de preocupación, por ejemplo, si dices "Su alegría llevó la empresa a la quiebra". Luego es un término que no es como para tratarlo con tanta alegría.

Creo que Kate comienza a entenderme. Empieza a comprender mi preocupación porque el ángel y nosotros hablemos el mismo idioma y nos comprendamos bien, pues lo que es una riqueza idiomática, implica una falta de comunicación en muchas ocasiones.

33

Conduzco la conversación por deferencia a Kate, pero realmente yo también necesitaría un tutor que me guiara a mí. Reflexiono en que en mi vida siempre he estado en soledad. Por una u otra cuestión siempre he tenido que tomar la iniciativa del grupo en los momentos más difíciles pero tengo muchas dudas sin resolver y muchas preguntas sin contestar. Personalmente creo que necesitaría dos vidas más para conseguir obtener esas respuestas pero estoy muy cansado de vivir de este modo. Cuando nos forjamos nuestro propio destino, es lógico que marquemos objetivos y metas que en muchas ocasiones se convierten en necesidades u obsesiones. Muchas veces los esfuerzos, la preparación no necesariamente nos ayudan a alcanzar esa meta o incluso nos desvían del propio objetivo. Sin embargo, hay pequeños detalles, pequeñas situaciones que ayudan unas veces y otras no. Por ejemplo conocer a una persona en un momento determinado, estar en el lugar y momento adecuado, ¿Esto de qué es fruto? ¿De nuevo el azar? ¿Cómo influye una decisión en el tiempo? ¿Acaso tenemos la posibilidad de elegir, el momento? ¿Qué es lo que determina que elijamos ese momento? ¡Y es más¡. Si tengo la capacidad de elegir el momento ¿Por qué me equivoco y tomo decisiones que no son acertadas, meto la pata y malogro esa decisión? Siempre se dice que el hombre es el único animal que tropieza dos veces en el mismo sitio. A mí me ha sucedido en varias ocasiones que aún tomando caminos distintos, vuelves a cruzarte una y otra vez con las mismas situaciones o incluso con algunas personas que creías habían salido de tu vida. ¿Esto no es destino? ¿Qué es si no? ¿Es aprendizaje? ¿Forma parte de la predestinación? ¿Es acaso mi elección o es la de los dos? Y lo que es más importante ¿por qué sólo sucede con algunas personas o situaciones?.

- Por un lado me has abierto los ojos para que reflexione y piense bien las contestaciones que debo darle al ángel, pero te admito, que por otro lado me estas metiendo miedo en el cuerpo a que falle en las respuestas. – me dice Kate con cara pálida sacándome de mi introspección.

- Es normal que ante una situación nueva sintamos desequilibrio y temamos esa nueva posición que nos está desestabilizando. Tranquilízate, porque este nuevo término también tiene acepciones positivas y negativas.

- ¿Me estás diciendo que miedo pude ser positivo? me vas a volver loca.

- Relájate, solamente te enseño a pensar. Y efectivamente, miedo, es la sensación de angustia provocada por la presencia de un peligro real o imaginario. O el sentimiento de desconfianza que impulsa a creer que ocurrirá un hecho contrario a lo que se desea: tenía miedo de que la fiesta saliera mal. Pero fíjate cuando le anteponemos la preposición y decimos "de miedo", entonces puede ser que nos refiramos a algo muy grande o muy acentuado, o que es muy bueno o que tiene gran calidad (la comida está de miedo), y si me apuras es hasta un piropo. – le digo con cara de pícaro. –

- ¿Un piropo? – me responde incrédula.

- ¡Kate¡ ¡estás de miedo¡ .- le piropeo en tanto uno mis manos con las suyas por primera vez y ella las aguanta sonrojada por no haberse dado cuenta antes y por mi atrevimiento. - ¡Tanto¡ que contigo lo estoy pasando de miedo. – le continúo y ella se ríe por primera vez bien a gusto, haciendo que ambos olvidemos por primera vez nuestra condición de muertos y en preparación del examen final. - «El miedo es la aprehensión viva del peligro que sobrecoge y ocupa el ánimo. El temor es el convencimiento del ánimo, el efecto de la reflexión, que le hace prever y le inclina a huir del peligro. Un niño tiene miedo de quedarse solo o a oscuras. Un hombre que va solo, y sin armas, tiene temor de encontrar ladrones en un camino. De aquí que el miedo siempre es despreciable, pero no lo es siempre el temor; y así se dice: el temor de Dios, y no el miedo. Es noble el temor de la deshonra, que hace perder al soldado el vergonzoso miedo al enemigo.» decía José López de la Huerta. – le remato y zanjo el tema del término asustadizo sin que en ningún momento sus manos se hayan despegado de las mías.

Estudio la escena que Kate y yo estamos formando como si de un teatro se tratara y me pregunto ¿Qué harás con ella? ¿La sacarás de tu vida o la meterás definitivamente en ella? o ¿renuncias a rehacer tu vida? ¿Seguiré creyendo que lo real, lo realmente real, es irracional y que la razón se construye sobre las irracionalidades? Creo firmemente que Dios creó este mundo. Personalmente estoy convencido de que pretendió reconstruir el universo con parábolas, con cartas, con relatos, con experiencias y con definiciones, pero como aquel sargento de artillería que decía que se construyeran los cañones tomando un agujero y recubriéndolo de hierro. Es decir, en un idioma demasiado encriptado para los israelitas de hace más de dos mil años y para los humanos de ahora.

- Todos tenemos ojos en la cara y las relaciones entre géneros están a la orden del día ¿En qué te fijas primero en una mujer y en qué en un hombre?- le pregunto desafiante para cambiar de tema yendo al terreno personal y por si hubiera alguna posibilidad de que me adjudique algún piropo.
- Es curioso que siempre te hagas esa pregunta cuando eres un adolescente y comienzan a gustarte los chicos. – me responde saliéndose por las ramas y retrocediendo hasta la adolescencia para protegerse - Ahora con algo más de experiencia y madurez, me doy cuenta que hay rasgos comunes en los que me fijo por igual en el caso de un hombre y una mujer y los rasgos físicos han pasado a ser menos importantes. Busco que sean personas en quienes confiar, comunicativas, y honestas

principalmente. Si estuviésemos hablando de un rasgo físico, son los ojos en los que primero reparo, no solo porque admiro su belleza, sino porque en la forma de mirar se revelan preciosos rasgos de personalidad y estados de ánimo. Para que lo entiendas, la alegría, la tristeza, la bondad, el deseo se muestran a través de ellos y comunican todos los estados de ánimo con total sinceridad. En el peor de los casos es la ira la que aflora. Hablas de la ira refiriéndote a una especie de pasión violenta que mueve a indignación y enojo. Me dice Kate.

- La ira tiene muchas posibles interpretaciones y la usamos también de maneras simbólicas y metafóricas diferentes de lo que aparentemente serían. – le contesto. – solemos identificarlo con el lógico enfado muy grande o violento en el que la persona pierde el dominio sobre sí misma y siente indignación y enojo, puede referirse a la violencia de los elementos de la naturaleza.

- Tienes razón, yo también la he visto traducir como el deseo de venganza, según orden de justicia.

- Si pero de injusta venganza. – le puntualizo. – y como metáfora, simbologismo, o como quieras decirlo, podemos recordar al IRA (Siglas de Irish Republican Army, Ejército Republicano Irlandés).

- ¡Ufff¡ ¡ Si¡ no me lo recuerdes que asistí a algunos heridos de Belfast cuando ponían bombas.

- Yo también he detenido a alguno de estos terroristas.- le digo con nostalgia y pesar de una época terrorista como la que soporté en España con la ETA, el GRAPO y similares el IRA era una organización nacionalista irlandesa de tipo extremista. En 1999 anunció un alto el fuego definitivo y en 2000 aceptó el control de sus arsenales que se inició en 2001 (suspendido entre 2002 y 2003, y en 2005). En 2005, el IRA anunció formalmente el cese de las operaciones y emprendió la lucha política para alcanzar sus objetivos de forma pacífica: la reunificación de Irlanda y el fin de la autoridad británica sobre Irlanda del Norte.

-	También emplean esas mismas siglas, por ejemplo el Instituto Riva-Agüero, o la Interconexión Radioeléctrica Autorizada.- Me dice.

-	Supongo que cualquiera de todos ellos, en alguna ocasión habrán provocado furor, furia, rabia, cólera, irritación, enojo, indignación, coraje, enfado, o crujir los dientes a más de uno. – le digo sonriente por la broma mientras ella se ríe.

-	Dentro de esas relaciones personales y siendo tan bonita ¿Qué tienes más, amigas o amigos? – le interrogo a ver si averiguo su estado civil, si está casada o no.

-	Normalmente tengo más amigas que amigos, y es una constante durante toda mi vida, el que suelo tener una buena amiga en la que confiar mis cuestiones más personales. – me responde echándose para atrás en el respaldo dando la sensación que la pregunta le trae buenos recuerdos. - No siempre es la misma persona, esto varía con las etapas de mi vida, pero todas ellas tienen en común el haber compartido muchas horas de café, teléfono o paseos por parques contando los avatares de nuestras vidas. Con esta persona se crea un lazo muy especial, que aún en la lejanía siempre perdura. También he tenido buenos amigos, pero lo normal es que ellos desaparecen de mi vida cuando encuentran una esposa o mujer con la que comparten la vida, entonces la relación se vuelve meramente formal y pasan a ser conocidos. ¡Qué ascoi

-	Lo mencionas como una sensación de disgusto o rechazo causada por una persona o cosa.- le comento.-

-	Lo que realmente noto es una especie de alteración en el estómago causada por algo desagradable que produce ganas de vomitar o repugnancia.- me responde.- ¡debo estar hecho un ascoi

-	Estando muerta no es que tengas un aspecto radiante, pero tampoco estás muy sucia o mal arreglada que digamos, como el niño del anuncio que se ha caído en un charco y está hecho un asco.

- ¡Ja, ja, ja¡ estando muerta como yo, tampoco puedo achacar el asco a que esté embarazada, ni muestro repugnancia, especialmente de manera injustificada.

- Ya que mencionas el asco y jugamos con los diferentes sentidos que tiene, te recuerdo que botánicamente se refiere a cada una de las células reproductoras de los hongos ascomicetes en el interior de las cuales se forman las esporas (ascosporas haploides).

- ¡Qué asco de científicos que estamos hechos¡ ¿no te parece?.- Me responde.

Quemo las negatividades. Apago las cenizas del asco y de la ira para ser capaz de evolucionar y no pensar en que son los denominadores comunes de la vida en contra del amor que tanto se predica pero es más escaso. Miro a la vida y por tanto hacia atrás y veo una figura que lo maneja todo por encargo divino que es el ser humano. Si, ese que llamamos hombre en genérico. ¡Hombre¡ Y el hombre, esta cosa, ¿es una cosa? La verdad es que podría haberlo sido y de este modo a muchas especies, razas y medios ambientes les hubiera ido mejor. Esta cosa, que no es cosa, sino humano, mal llamado "rey de la naturaleza" se pasa la vida queriendo ser otro hombre que no es. Se pasa los años cambiándose física y mentalmente por envidia de otro congénere. Delibero sobre el hecho de que querer ser otro, es querer dejar de ser uno el que es. Me explico. Que uno desee tener lo que otro tiene, sus riquezas o sus conocimientos parece lógico y perdonable si no lo consigue mediante el uso de la fuerza; pero ser otro, es cosa que no me la explico de esta cosa llamada "hombre". Simplemente hay que fijarse en que ninguno pensamos, ni razonamos, por igual. Para pensar cual tú, sólo es preciso no tener nada más que inteligencia. Decía Unamuno.

Regreso con Kate que vuelve de hacer algo por su lado que supongo pero no aseguro.

- Si tuvieras que destacar algo de ti, ¿cuál sería tu característica más femenina? – le pregunto de nuevo para averiguar más datos de ella.

- La verdad, - me responde dejando que los cabellos tapen su cara cuando baja la cabeza. - es difícil contestar esta pregunta, y hay tantas cualidades que describen la femineidad, que quedarme con una sola se me antoja bastante complicado. No me puedo quedar tan solo con una cualidad, porque me parece incompleto, así que te voy a destacar tres que son la delicadeza, la sensibilidad, y la comprensión. Pero me gustaría que después de esta conversación y cuando me conocieses algo más, fueses tú el que me contestase a esta pregunta. – me remata con claro síntoma de tristeza.

- Veo que te has puesto triste.- le digo.- ¿Te ha molestado algo?

- Si te refieres a ese sentimiento de melancolía que provoca falta de ánimo y de alegría e ilusión por las cosas, y que se manifiesta a veces con tendencia al llanto, pesar y que aleja la alegría, por supuesto.- me contesta radical.

- Sientes pena. Sientes hasta dolor en el ánimo y las lágrimas inundan tus ojos.

- Cuando tenía que hacer guardia en el hospital, las noches en soledad lo llenaban de tristeza.

- Lo comprendo porque yo he estado así muchos años seguidos. En los momentos más bajos repetía una frase de José March que dice «La tristeza es una situación continuada del ánimo ocupado por alguna pena o disgusto. La aflicción es la situación del ánimo en lo más fuerte del dolor. El infeliz ocupado continuamente de su desgracia, está triste. Una buena madre se aflige siempre que se acuerda de la temprana pérdida de un hijo.»

- Yo lo hago con José López de la Huerta cuando dice: «La tristeza es comúnmente una consecuencia de grandes aflicciones. La melancolía, un efecto del temperamento. Una mala nueva nos pondrá tristes. Una indisposición del cuerpo nos pondrá melancólicos.» ahora eres tú el que se pone triste. Me dice Kate.

- Estaba recordando unas notas que le mandé al amor e mi vida, cuatro años después de que dejáramos de vernos. Decía así: "Discúlpame por el desliz que he tenido al final de la conversación, dejando escapar mis sentimientos hacia ti. Los tuyos se pasaron hacia mí, pero los míos no hay quien los borre y siguen creciendo a pesar de dolores, rechazos y pasados. Eres, has sido y serás el amor de mi vida, ¡imposible, doloroso y destructor¡... ¡Si¡, pero también ¡absoluto, cierto, total e incondicional¡. Todavía hay veces que noto tu presencia deambulando por casa. No sé si son imaginaciones mías, ecos del pasado o realidades, tú sabrás. Hago esfuerzos por no pensar en ti, ni proyectarme para no molestarte, pero es imposible, y a veces, sobre todo cuando necesito abrazarme a ti mientras duermo, buscar ese refugio del guerrero que tanto decías y nunca entendía en aquel momento, ahora, soy yo quien lo necesita, anhela y busca. Discúlpame, por este atrevimiento de de ahondar más el desliz anterior. Te agradezco el ofrecimiento de dinero que me haces y supongo que será sincero, pero ¿cómo podría aceptarlo? Estuve tentado de mandarte flores para mañana, porque lo necesitaba, pero alguien me advirtió que sigues estando con otro y quiero tanto que seas feliz que tampoco lo haré este año. ¡Eso si¡ por favor, resérvame un rato en la eternidad. Discúlpame por tercera vez porque seguiré diciéndote aquello de "hasta mi final"".

- Quizás tengas suerte y os lo concedan. – me dice.- dentro de poco lo sabrás.

-   Espero que aún le queden a ella muchos años de vida y los disfrute al máximo.- le contesto.- eso sí, cuando venga, saldré a recibirla para que este tránsito le sea más leve. ¿Cuál es tu característica más masculina? – le interrogo cambiando de tema y de gesto con una sonrisa, a pesar de que la pregunta encripta una carga de profundidad.

-   ¡Oye¡ ¿has pensado que a ninguna mujer le gusta reconocer que tiene rasgos masculinos, en sí misma?, y sin embargo la sociedad y nuestra incorporación a la vida laboral nos ha hecho que estas cualidades sean también altamente valoradas por las mujeres. En mi caso, las cualidades de fuerza, o dominio no se identifican con mi personalidad, más bien me inclinaría a decir que las cualidades de análisis o lógica son mis rasgos más masculinos. – me remata de nuevo pero esta vez con claros síntomas de soledad.

-   Me ha dado la impresión de que te acabas de sentir muy sola.- le digo.- la soledad, la falta de compañía. El pesar y la tristeza que se siente por la falta, muerte o ausencia de una persona, por el abandono, la indiferencia o la falta de apoyo de los que pueden ayudarte, es de los sentimientos más duros que se pueden vivir.

-   Tienes razón, me siento sola y disculpa por estar tú. Eres lo único que alivia este tránsito.- me dice.- esta melancolía, mezclada con nostalgia sería horrible en esta situación.

-   Ya lo es en la vida, imagina en esta habitación sin alguien con el que compartir este examen.

-   Hasta Dios dijo que el hombre no podía estar solo y creó a la mujer.-me contesta.

-   La soledad se encuentra en un lugar desierto o que no está habitado, del mismo modo que rodeados de gente. Salvo que el mayor dolor proviene de cuando estás solo entre las personas que quieres tú, pero ellos a ti no. Curiosamente la soledad (soleá) es una forma musical española. Es una copla que se canta, y se danza, que se baila con esta música. Suele constar de tres versos octosílabos que riman en asonante el primero con el tercero, y el segundo queda libre.

- Cuando la oí por primera vez me sobrecogió porque es una tonada andaluza de carácter melancólico. ¡Melancolíanostalgia¡ ¡qué término más bonito y qué duro de vivir¡

- Ten en cuenta que en la soledad se crea, se reza, se reflexiona, se medita, se recoge lo fundamental de la vida, aunque también se sufre cuando es impuesta.

Cocino estos momentos junto a Kate pero en soledad. Del mismo modo hice con mi vida. Cocinaba en soledad aunque fuera para treinta comensales y celebráramos mi cumpleaños. ¿Contradicción? Seguramente sí. En esto consiste la vida, en nacer solos, morir solos y vivir solos aunque nos tiendan una mano o estemos rodeados de gente. Me imagino el pensamiento racional de los animales cuando observan la conducta humana. Matamos a los hijos no natos y a los malformados, o ancianos decrépitos porque nos estorban, pero los guardamos en fosas, enterrándolos como un perro lo hace con su comida para que no se la quiten o como decimos los hombres, por "honrar a los muertos", a los que deshonramos en vida. Almacenamos muertos ¿Para qué? Unos apelan a la resurrección, otros a la reencarnación y los terceros a la costumbre. Está claro que los animales deben de considerarnos como un pobre animal enfermo, que hasta almacenamos nuestros muertos. Que agravamos en esa enfermedad cuando introducimos leyes y políticas alegando que todo eso es "progreso" y con ese progreso aniquilamos especies, razas y medio ambiente. Deberíamos dar a la naturaleza, a los hombres, a los animales y a Dios más de lo que recibimos para que este examen final sea facilito y no tengamos que suspenderlo. Será mejor dar que recibir.

- Depende de lo que des.- me dice Kate, que con esto de la telepatía, no hay secretos de pensamiento.-

- Si me ataño a la esencia de la palabra, dar es hacer pasar a poder de otra persona algo propio. Poner en las manos o al alcance. Hacer saber, comunicar alguna cosa, especialmente no material: el policía me dio las pistas para encontrar la tienda. Conceder un derecho, cargo o poder. Pagar a cambio de algo: ¿cuánto me das por lavarte el coche? Producir o ser origen de beneficios o frutos: el peral da peras. Ofrecer o celebrar un espectáculo o un acto social: dar una fiesta. Impartir una enseñanza o recibirla: dar una clase. Abrir la llave de paso de un conducto: no dan la luz hasta las diez. Aplicar una sustancia: le he dado en la rodilla una pomada para el dolor. Sonar la hora o las campanas de un reloj: acaban de dar las doce. Considerar o declarar en cierta situación o estado: damos por terminada la sesión. Chocar algo que está en movimiento con un objeto estático o parado. Estar situada una cosa hacia una parte: el porche da a la carretera.

- ¡Ufff¡ ¡ya estás con tus diccionarios¡.- me reprocha.- yo solo me refería a darse o entregarse con interés como sinónimo de donar. Soy consciente que se emplea para casi todo y así lo tenemos como sinónimos de proporcionar, ofrecer, procurar, conferir, conceder, administrar, repartir declarar, descubrir, saludar, ayudar, celebrar, condolerse, proponer, indicar, ocasionar, o causar.

- Pero si le añadimos preposiciones e infinitivos entonces se nos abre un mundo entero de diferentes acepciones.- remato sin entrar a reproducirle las doscientas que se me ocurren, como existir, sobrevenir, consagrar, ofrecer, atinar, aparecer, dedicar, encontrar, hallar, suceder, rendir, adivinar, topar, acertar, alcanzar, ocurrir.

- Hablando de dar y darse, cuando vives en pareja ¿de qué tareas domésticas te encargas? Le pregunto intentando conocerla un poco más y porque nunca se sabe si estaremos juntos en el futuro compartiendo algo.

- En general me puedo encargar de todas las tareas de la casa, y creo que la distribución de las tareas entre una pareja depende mucho en cada caso. En mi caso me amoldo a la persona con la que convivo. Para ponerte un ejemplo concreto, te puedo contar mi última experiencia en la que me encargué de la organización general de la casa como son las compras de alimentos, y productos para el hogar, así como tareas de limpieza, como pasar la aspiradora, limpiar el polvo, poner lavadoras, colgar la ropa, planchar, mantener el orden general y la decoración. Respecto a la cocina, aunque cocinaba, mis tareas se centraban más en colocar y quitar la mesa, barrer, fregar y las limpiezas más profundas de la cocina.

- Cuando te dicen un piropo, ¿lo aceptas y te alegras o tienes la sensación de no haberlo merecido?. – ciertamente estoy tentado de piropearle a cada instante pero no me atrevo.

- Te confieso que como la mayoría de las mujeres. A mí, los piropos me gustan cuando son alabanzas o ensalzan algún aspecto físico o personal. Es decir, son bienvenidos cuando se hacen con educación y respeto, sin embargo me desagradan aquellos que son faltos de delicadeza o soeces. Aunque también puede ocurrir que estos piropos no los veas reflejados en tu persona, entonces me limito a sonreír en señal de agradecimiento, y a aclarar que es muy amable por su parte pero es exagerado o tiene un alto concepto de mi. Los piropos que no me gustan son los que se hacen con zalamería con la intención de conseguir algo. ¡Ésos¡ ¡que se vayan yendo muy lejos de mí¡.

Llegado a esta etapa de mi vida no sé si reprender a los curiosos o aplaudirles. Claro que ese mismo premio o castigo debería aplicármelo a mí mismo pues siempre he tenido la necesidad de conocer todo lo que me rodeaba en este mundo que me ha tocado vivir, pero ¿era necesidad de conocer lo que me pasaba? o ¿simplemente era fruto de la curiosidad? Como digo, llegados a este punto no tengo clara la respuesta. ¿Qué fue primero el ansia de conocer, o la curiosidad? Soy consciente de que el conocimiento está al servicio de la necesidad de vivir, y ésta va estrechamente vinculada al servicio del instinto de supervivencia. Ahora bien, esa necesidad bien podría ser calificada como otro sentido. Entonces hablaríamos del séptimo sentido del ser humano y quizás también de los animales. Pensándolo de otra manera, esa necesidad se identifica con el verdadero sentido común. Unamuno decía algo similar a este respecto y juntando ambos pensamientos me pregunto ¿Está, pues, el conocimiento primariamente al servicio del instinto de conservación? ¿Es la razón, lo que llamamos tal, el conocimiento reflejo y reflexivo? ¿Es lo que distingue al hombre, del resto de bichos, cosas y entes? Sinceramente creo que sí, pero también la necesidad es manipulable por el marketing, las costumbres y las modas, luego es un producto social. Sería menester meditar al respecto y de este modo cambiar la sociedad. ¿Quién sabe? A lo mejor hasta la corregimos y todo ¿no?

- En estos momentos siento como si me dirigiera a algún sitio. Como si me encaminara o me marchara. Como si levantara la casa llevándomela a cuestas. Como si me pusiera el hato a cuestas. Como si ahuecara el ala, alzara el vuelo y cambiara de aires.- me dice Kate.
- Tienes razón, a fin de cuentas nos hemos ido de un sitio, nos estamos yendo de aquí y dentro de nada nos ausentaremos de esta habitación. No tenemos ninguna relación con el paraje al que vamos, sino sólo al que dejamos y en cambio, al decirlo de

ese modo, no haces referencia al que dejamos, sino a aquel donde vamos.

- Si medito lo que acabas de decirme y pongo el pensamiento con la consideración debida. Si lo detengo todo y me aplico con cuidado, entonces puedo orar, puedo hacer una reflexión intimista sobre un tema espiritual o trascendente, meditación sobre la vida.- me responde.

- Supongo que de eso se trata cuando nos dejan a ambos en esta habitación para preparar el examen para el Más Allá. ¿Te consideras cobarde? – le pregunto porque la veo tiritar cuando le hago alguna pregunta incómoda.

- Creo que no soy cobarde por naturaleza, al igual que no podría definirme como valiente al cien por cien. A lo largo de mi vida he tenido momentos de cobardía y de valentía por igual.

- Cuéntame algún momento en el que fuiste muy cobarde.- insisto para conocerla y seguir intentando encontrar punto en común que nos unan.

- Hubo una época en mi vida en la que fui muy cobarde al no reconocer que me estaba haciendo daño a mi misma y la mentira era la tónica general. Estaba saliendo con una persona dañina, pero era mi primera pareja y mi primer amor, por eso, dejé que tomase las riendas de mi vida. Equivoqué lo que es darlo todo por amor, con hacerse súcubo de la persona amada, olvidando mi voluntad y dejándome ser dominada. – me dice reflexiva y pensando lo sucedido.

Más bien creo que está reviviendo imágenes que le vienen una y otra vez. Estoy convencido de que cada persona formamos en nuestra mente ideas y representaciones diferentes de la realidad. Vamos relacionando unas con otras porque el ser humano piensa, o al menos eso es lo que se supone que debemos hacer. Examinamos con mucho cuidado un asunto o una cuestión en particular, para tomar una decisión formándonos una opinión sobre ella. A partir de ese momento tenemos la intención o el propósito de hacer una cosa, o hacer proyectos sobre una cosa. ¡Pensar¡ ¿Qué es en realidad pensar? Cualquier diccionario nos diría que "usar una persona su inteligencia para inventar una idea útil, o un buen método, o sistema para hacer una cosa, a partir del cual formamos opiniones, nos preocupamos o las resolvemos". ¡Pensar¡ ¿Qué es en realidad pensar? Me repito una y otra vez intentando encontrar una justificación a mis preguntas y dudas, y ¡quizás¡ ¿por qué no? Encontrar justificaciones a mi mismo de por qué soy cómo soy y decido cómo decido. Ejercito mi facultad del espíritu de concebir, razonar o inferir, reflexiono y examino toda idea, cosa, conducta o lo que sea con mucho cuidado, desde diferentes puntos de vista para formar un dictamen que en mi caso siempre termina en más interrogantes. ¡Pensar¡ ¿Qué es en realidad pensar? ¿Es a caso imaginar, considerar, recordar o improvisar todo junto y aislado al mismo tiempo? Solo sé que constantemente pienso en ello y acto seguido en el motivo de sus acciones. Si no lo considero de este modo, con detenimiento, me es imposible comprenderlo. Si no lo comprendo, no decido, porque no he creado mi opinión. Y si no decido, me preocupo. ¿Será mi actitud misteriosa la que da que pensar? O ¿Cavilar es pensar con preocupación? Decía José Joaquín de Mora "Pensar es simplemente poner en uso las facultades mentales; considerar es pensar con detenimiento; reflexionar es examinar atentamente todas las ideas cuyo conjunto interesa o llama la atención; meditar es emplear en este examen el uso de la imaginación. Para pensar se necesita objeto; para considerar, interés; para reflexionar, crítica; para meditar, imágenes.» ¡Pensar¡ ¿Qué es en realidad pensar? personalmente creo que a fin de cuentas, de manera aislada o en conjunto, empleamos el pensamiento tanto para negar o rehusar de manera intensiva o rotunda, una cosa, como para comprenderla, aceptarla y mejorarla, sino terminamos en más dudas y preocupaciones. Intento averiguar por qué pensamos, pues el pensamiento ha desarrollado y seguirá desarrollando ideas y corrientes de pensamiento (nunca mejor dicho) pero todo esto del pensar ¿para qué sirve en realidad? Porque si miro a mi alrededor compruebo que nos llamamos más civilizados pero nos hemos cargado el planeta y a muchos congéneres. Más tarde, veo que no sobreviven los mejores, sino los más fuertes, con lo que dudo que la civilización avance. ¿Para qué se filosofa?, es decir, ¿para qué se investigan los primeros principios y los fines últimos de las cosas? ¿Para qué se busca la verdad desinteresada? Todo ello está bien; pero ¿para qué? si analizamos las corrientes filosóficas, observamos que todos son teóricos y hasta los empíricos teorizan dejando cojas sus bases. ¿Buscan los filósofos un punto de partida teórico o ideal a su trabajo humano?, ¡Ok¡ pero sin buscar el punto de partida práctico y real, la visión, la misión, el objetivo, la meta y el propósito, todo me pareció siempre estúpido, carente y lamentable. Algo similar me ha ocurrido con las religiones y ¡ya no digamos¡ con las ideologías políticas. ¿Cuál es el propósito al hacer filosofía, pensarla y exponérnosla? He asistido a cientos de conferencias en donde el adoctrinador de pacotilla y el docente de tebeo de turno nos exponía sus pensamientos antes del aplauso generalizado de todos los acólitos y "tripasllenas" que le seguían, mientras yo permanecía sentado pensando en ¿qué buscaba este individuo en realidad con ello? ¿Acaso buscaba la verdad por la verdad misma? ¿O quizás la verdad para atarnos a ella, alterar nuestro comportamiento a sus placeres y certificar con todo, si nuestro espíritu es apto para pasar a la vida eterna? Las terceras veces daban sus explicaciones como las únicas y verdaderas sobre la conformación y génesis del universo sin demostrar más allá de ciertos números y geometrías. Sinceramente, creo que el pensamiento en el nombre le ha llevado a una patología obsesiva compulsiva de ¡Saber por saber! Para certificar ¡La verdad por la verdad! Decía Unamuno ¿Es acaso un fin en sí? Primum vivere, deinde philosophari (primero vivir y después filosofar)

- ¿Cómo te consideras pesimista u optimista? – Mi ansia de conocerla me lleva a establecer una serie de preguntas a modo de interrogatorio. No tengo remedio pues si le añado mi profesión de inspector puedo fastidiar esta potencial relación.
- Me considero una persona con tendencia optimista, que me gusta ver el lado bueno de las cosas, disfruto con las pequeñas cosas, y se ilusiona con facilidad. Pero al ser una persona sentimental y emotiva puedo pasar a estados de pesimismo, en que la tristeza y las lágrimas me pueden acompañar. Pero creo que una de las mejores cualidades es la capacidad de regeneración, ya que tengo siempre una fácil sonrisa que aflora aún en los peores momentos con los pequeños gestos y me recupero. – me contesta con naturalidad.
- Nárrame esa vivencia que te ha marcado y que siempre relatas cuando tienes ocasión. – le pido para que se desahogue y se relaje, al tiempo que nos divertimos juntos.
- En mi memoria ha quedado marcado el viaje a Nueva York. La estancia en esta ciudad y los paseos por sus calles, museos, edificios, comercios me marcaron a temprana edad. Era una jovencita con ganas de conocer mundo, nueva gente, y muchas ansias de aprender. Me maravillaba la diversidad de culturas y la inmensa oferta de esta ciudad que se reinventa cada día y que produce sentimientos de amor u odio, pero que a nadie deja indiferente. Así fue, no me dejo indiferente y a través de ella tuve mis primeras experiencias de convivencia con otras culturas, compartiendo piso con otras dos chicas europeas, trabajando y estudiando al mismo tiempo.- hace una pausa, me mira, suspira y me dice.- Te miro mientras piensas y reflexionas

con atención, placer y detenimiento, del mismo modo que de pequeña hacía una reflexión detenida e intensa sobre Dios, sus atributos divinos y los misterios de la fe.- me dice mientras mantiene su mirada fija en mis ojos.-

- Es lo que llamamos la contemplación.- le digo.- la diferencia con mirar, observar y ver estriba en ese matiz, en ese énfasis que tú has puesto al hablar.

- ¿A cuál te refieres?

- Al respeto y consideración con que actúa una persona al decir o hacer una cosa, para no molestar a los demás, limitándose a la observación, pero con ese cariz de apreciación cuidadosa de algo que produce el placer de la contemplación.- le resumo.- No todo el mundo vale para contemplar.- le comento inmediatamente.- es un don que solamente poseen algunos seres.

- Luego ¿sería como tener una cualidad intrínseca o natural, o poseerla de modo permanente?. Es decir como el servir o estar destinado.- me pregunta.

- Es como formar parte de una comunidad o sociedad especial. Es como haber y tener, o ser y estar cuando nos referimos a existir. ¿Qué es esencia o naturaleza? ¿Vida o existencia?.- le pregunto, aunque en realidad sean otras cuestiones de mi filosofía.-

- Te entiendo pero no te hallo.- me dice descolocada.

- De algún modo todo lo que es, puede existir, pero todo lo que existe debe de ser.- le remato.

- ¡Ufff¡ si te pones así de filosófico, me resulta complejo seguirte.-me reprocha.

- Mira Kate, a fin de cuentas el ser es un concepto análogo, pues no puede atribuirse de un modo absolutamente idéntico a todos los seres, pero tampoco de un modo absolutamente diferente, porque dice algo común a todos. Kant defendía que el ser no es un predicado real, (según el cual), mientras que para Hegel la falta de determinación del ser lo aproxima y, finalmente, lo identifica a la nada (para el cual).

- Fíjate que las tres letritas dan para mucho, pues además de lo que expones, "ser" es un verbo copulativo que atribuye al sujeto una cualidad considerada como permanente, no transitoria. Con los participios sirve para formar la voz pasiva de los verbos. Con la preposición (de) y un infinitivo, forma a menudo frases verbales pasivas que denotan, disposición, inclinación o proximidad relativa de la acción expresada por el infinitivo. Además de referirse al ser humano, al Ser como Dios y al ser como ente. Estas tres letritas, como tú dices Kate, implican a la vez el todo y la nada, el conjunto y el individuo, lo concreto y lo abstracto, lo real y lo inexistente, lo que sucede y lo que acontece, lo que sirve y lo que conviene, pero siempre implica percepción y entendimiento.

Enseño ¿De dónde vengo yo y de dónde viene el mundo en que vivo y del cual vivo? Muestro adónde voy y adónde va cuanto me rodea ¿Qué significa ésto? Tampoco tengo la respuesta. Supongo que del mismo modo que preciso saber, necesito enseñar. La gente me insiste preguntando ¿Por qué quiero saber de dónde vengo y adónde voy, de dónde viene y adónde va lo que nos rodea, y qué significa todo esto? Yo les respondo que es una necesidad. No sé si genética o no, pero es como el comer, el dormir o el sexo, simplemente lo necesito. Quizás, porque no quiero morirme del todo, y seguir aprendiendo y enseñando. Quizás quiera saber si he de morirme o no definitivamente. Quizás porque le tenga miedo a dejar este mundo, a pesar de pedirlo a gritos. Quizás porque quiera saber más y en ese aprendizaje quiera saber dónde estaré en el Más Allá. ¿Y si no muero? Muchas veces me he planteado el hecho de que alguien, yo mismo, encuentre un remedio contra el envejecimiento y las enfermedades; entonces ¿qué será de todos nosotros? Habrá más guerras por el espacio y los recursos ¿qué será de mí? ; ¿Y si muero? Me repito constantemente, entonces ya nada tiene sentido salvo que mi fé sea la verdadera y haya otra vida, la vida eterna. Mientras lo pienso sé que se me plantean tres alternativas. La primera es que si me muero completamente y no hay otra vida, me desespero más en esta vida. La segunda es que no muramos del todo y entonces me resigno a los resultados de este examen que sobrellevamos Kate y yo. La tercera alternativa es que no sea consciente de si muero del todo o no, entonces la resignación y la desesperación se simbiotizan y me destrozan, llevándome al siguiente interrogante. Si presupongo que la tercera alternativa es la acertada ¿Existe alguna manera de contener a ese instinto de querer conocer? Acabo con dolor de cabeza. Me tomo una aspirina que extraigo de su blíster. Tampoco sé de dónde, ni cómo han aparecido y por lo que veo este va a ser el cuento de nunca acabar en esta habitación.

- ¿Te das cuenta que esto llega a su fin?.- le digo.- todo empieza y todo acaba, todo es un ciclo constante que cuando algo termina, otra cosa empieza. El bucle de la vida es nacer para morir. El bucle de la muerte es morir para resucitar. El del amor es comenzar para luego concluir. El de esta habitación es finalizar la vida, terminar esta estancia para empezar la vida del Más Allá.
- Tienes razón, comenzar algo para consumirlo completamente y llegar de este modo al último momento.
- La riqueza del idioma, me lleva a recordar que cuando decimos "acabar de + infinitivo" indicamos que una acción se ha producido poco antes del momento en que se habla, mientras que si negamos y decimos "no acabar de + infinitivo" indicamos que una acción no se llega a realizar completamente.-

- ¡Ufff¡ ahora te voy comprendiendo cuando decías al principio de conocernos que te preocupaba seriamente hablar el mismo idioma que el ángel examinador.- me contesta.- cualquier partícula verbal puede conducirnos a un suspenso.

- ¡Eso mismo¡ porque no es lo mismo acabar refiriéndonos a dar fin a una cosa, terminarla, que refiriéndonos a dar el último retoque.- le sigo explicando.- ¡este es el cuento de nunca acabar¡

- Lo mismo nos ocurre con las personas.

- Hablando de personas, creo que aunque nos guste mucho una persona y le queramos con toda el alma, siempre hay algo de ella que nos saca de quicio ¿Qué es lo que más te molesta de tu padre? – le pregunto comenzando a interesarme por su familia. ¿Qué es lo que más te gusta de tu padre y lo que menos de él? – insisto ampliando la pregunta al lado positivo para compensar, la posible reclamación de Kate.

- En realidad no me molesta nada de él. – me responde a caballo entre sorprendida y nostálgica por no poder volver a verle - Le acepto tal y como es, con sus virtudes y defectos. Por ejemplo, hoy le he dado un regalo y le he felicitado de nuevo, le he dado un beso y sobretodo un efusivo abrazo que hacía un montón de tiempo que no lo formábamos y le he dicho que hoy seguíamos celebrándolo. Creo que le va a encantar, estos días con la enfermedad de su hermano se ha dado cuenta de la edad que tiene y aunque gracias a Dios está muy saludable, cuando terminamos de comer mi madre dijo, bueno ya lo hemos celebrado y dirigió su mirada a mí y a mi padre. Entonces mi padre le miro a mi madre, y sonriendo dijo que lo podamos ver el próximo año todos juntos. Era un pequeño deseo, y en él había mucho cariño contenido, lo más bonito fue ver su mirada hacia mi madre. Creo que así debieron de ser las miradas de cuando era joven hacia ella, había admiración y cariño. Había arreglado todo para que fuese un día especial, después de ir a misa juntos (mi madre y el). El abrió el mueble donde se coloca

54

la porcelana que él le regalo a mi madre. Esta vajilla solo la utilizamos para la Nochebuena, Navidades y Año Viejo. Pero de esta forma quiso significar que era un día relevante y que las cosas no están ahí guardadas para figurar y coger polvo. Son momentos en los que hay que disfrutar de ellas y poner ilusiones renovadas. Me gustó comprobar que a pesar de sus 83 años todavía guarda ese niño que le hizo tener ilusión ese día. Me sorprendí porque cuando llegue a poner la mesa, el se había adelantado a hacerlo. Habitualmente el día importante era el día 22 de Diciembre, el cumpleaños de mi abuelo, que comenzaba escuchando la Lotería de Navidad por la mañana y seguía con la llegada de mis abuelos a comer y mis tíos, junto con sus hijos cuando podían. Los días anteriores habían estado llenos de las discusiones habituales para decidir donde se comía en nuestra casa, o en algún sitio fuera. Inútil discusión para acabar finalmente comiendo en nuestra casa, aunque en los últimos años mi tío Jose aunque no pudiese estar físicamente presente, nos enviaba de Harrod´s bandejas de comida para evitar así tarea a mi madre y demás. Ese tiempo ya pasado así vivido año tras año, siempre anunciaba el comienzo de las Navidades. En ese preciso día era cuando los turrones se partían y colocaban en la mesa, eran los símbolos y rituales pre-navideños. Ayer el turrón se partió para el cumpleaños de mi padre por primera vez. El nos hizo a nosotros el regalo de poner la mejor mesa, compró una planta de Pascua con una tarjeta en la que escribió un pensamiento en pakistaní y en inglés. En ella daba gracias por los hijos que tenía (ya desarrollados y formados), y por su maravillosa mujer pidiendo poder compartir con nosotros el resto de vida que le quede. En él hacia una confesión a su manera, diciendo que cree no haber hecho ningún mal horrible, y cree que sus pecados son perdonables. Aunque mi madre, replicó que no es él quien se debe de juzgar sino que será Dios quien le juzgue (evidentemente tiene razón), pero solo se quedó en el fallo y no alcanzó a entender la profundidad del mensaje. Había que leer su última frase: ¿Qué otra cosa puedo esperar sino ser bien recibido en el Reino de los Cielos?. A fin de cuentas será un nuevo amanecer para nosotros. Con el amanecer aparece la claridad del día. Los gallos cantan, los labradores, cazadores, pescadores y oficinistas se levantan.- me dice Kate.-

- ¿Amanecer? Para mí el amanecer es estar en un lugar, en una situación o en un estado determinados al hacerse de día. Es gerundio y no participio, pues como decía Cela, no estoy dormido, sino que estoy durmiendo..- le digo.- esa alborada es el principio u origen de algo, o momento en que una cosa comienza a tener existencia o ser, de los que venimos hablando.

- El alba es el momento en que aparece el sol y comienza el día. Cuando el albor determina la manera que algo va a comenzar.- Me ayuda Kate.

- Me encanta el anochecer, pero me entusiasma el amanecer. Ese momento de aclarar, clarear, clarecer, alborear. Ese momento de la madrugada, aurora y amanecida.- le continúo.

Trabajo en aclarar los pensamientos, pero aún más lo hago en controlar los sentimientos que esta situación me ocasiona. Recapacito sobre el hecho de que mientras estamos en esta habitación, constantemente aparezcan los objetos que necesitamos. ¿Será que aquí se leen los pensamientos y lo que siempre había oído de que la telepatía funciona en esta dimensión sea una realidad? ¡Ufff¡ deberé tener mucho cuidado con lo que pienso y deseo. Me pregunto si ¿Será posible tener un pensamiento puro, sin conciencia de sí y sin personalidad? De este modo se podría solucionar aquello que me decían en la religión de que se cometen los pecados de pensamiento, obra y omisión. Pero si tengo un pensamiento puro ¿tendría sentimientos? No lo ceo, pues el sentimiento es intangible, pero aporta la materialidad al pensamiento. Si no siento el pensamiento, no consigo que evolucione, ni que mejore y si no siento el pensamiento, no me siento a mí mismo. Si no me siento a mi mismo ¿Cómo me valoro? ¿Cómo quiero y deseo? La paradoja está en el hecho de que si siento mi pensamiento y me siento a mí mismo, me siento eterno y si me quiero, entonces no quiero morir sin que haya nada después y sin que esta vida haya merecido la pena. ¡Ufff¡ ya no sé qué quiero, si morirme o no morirme. Tampoco sé si en este momento el pensamiento que siento es miedo o amor propio. ¿Estaré en la base de la vida y la conducta humana? ¿A qué me refiero? Pues al hecho de pensar, sentir, quererse, y la eternidad, la perdurabilidad y la búsqueda del infinito es todo uno, y en eso se basan desde políticos a filósofos cuando emiten sus ideologías, y sobre todo los mentirosos que nos hacen perder la salud, el dinero y la vida.

- Cuando pierdes algo o a alguien es porque dejas de tener esa cosa o persona que poseías. Quizás no sepas dónde está.- me dice Kate.
- La peor perdida es cuando resultas vencido en un lucha, una competición u otro tipo de enfrentamiento.- le replico.
- Estas muy equivocado, y lo sabes. La peor pérdida es la de la vida. Aquella en la que por unas razones u otras te ves privada de la compañía de una persona a la que querías.
- Puedes perderla a ella o puedes perder los sentimientos que le tenías.- le digo siguiéndole.- Desperdiciar una cosa o no aprovecharla debidamente. No conseguir algo que necesitas también son formas de perder.
- ¿Qué es perder?.- me pregunta y se responde sin dejarme opción a ello.- ¿Acaso no es perder el producir un daño o un perjuicio grave a una persona o cosa? ¿Acaso no se pierde cuando disminuyes cualidades o propiedades?

-   También nos perdemos cuando equivocamos el camino o no encontramos la salida. Y no solo físicamente, sino social, económica, sanitaria y religiosamente.- le propongo.
-   Podemos perder el tiempo. Podemos despistarnos por un amor, por una pasión, pero podemos dejar de disfrutar por estar aturdidos y no encontrar soluciones.- me aporta.- perdemos tantas cosas en la vida que con ellas llenaríamos tres más.
-   Desperdiciar, disipar, malgastar, hacer daño, decaer, dejar de ganar, padecer un daño o ruina espiritual o corporal es la manera de entender este verbo transitivo al que llamamos "perder".- le remato. ¡Eso sí¡.- le digo.- la mayoría de las cosas y personas que supuestamente perdemos, no las perdemos en realidad, sino que nos las quitan, que es otra cuestión bien distinta. Un padre no pierde a los hijos, se los quitan, por legislaciones terribles que a la larga se tienen que cambiar de lo malas que son sin que a los políticos que las hicieron se les castigue por el mal causado.
-   Como médico veo que nos pasamos casi toda la vida sufriendo. –Me dice Kate.- compruebo a diario que no tiene sentido este sufrimiento y que la mayoría de las veces sufrimos porque le damos demasiadas vueltas a la cabeza. Otras veces sufrimos porque las religiones, sociedades y culturas que nos han formado de pequeños así nos condicionan. Los sucesos son inevitables pero nuestra actitud hacia ellos sí que lo es. Ante cualquier hecho tres personas actúan diferente, piensan diferente y por tanto sufren diferente. A fin de cuentas todo es emoción y esta es consecuencia de nuestros pensamientos. Hay gente feliz estando en la pobreza, en la enfermedad o en soledad, y hay desgraciados que sufren lo indecible en posiciones completamente contrarias. Me apena el dolor físico que es contra lo que lucho a diario con la farmacopea de que dispongo, pero no puedo y sufro, cuando veo que la gente se arruina su presente anclándose en un pasado y contaminando de este modo

su futuro. Del pasado hay que aprender, por supuesto, pues la tierra que sustenta nuestras raíces, hará que el futuro florezca o se marchite. ¿Por qué nos enseñaron a sufrir? Esto es algo contradictorio, pues por un lado se nos dice que con ello nos fortalecemos, pero por otro se nos sugestiona a que debemos sufrir y por tanto vivimos condicionados. Luego lo vamos juntando con los acontecimientos que nos van sucediendo y con el entorno, de esta manera arruinamos el presente y el futuro. ¡No más sufrimientos inútiles! ¡Ya está bien de sufrir¡ ¿no? En mi casa había un dicho que rezaba «Hoy es el mañana del ayer». Pero muchos pacientes del hospital me contestan cuando se lo comento para ayudarles, ¿Cuál es lo acertado? Claro que les creo dudas en su interior porque han vivido condicionados a que tenían que sufrir y no a que deberían ser felices. ¿Qué futuro quieres tener? Les insisto para desbloquearles ese subconsciente grabado a fuego. ¡Hasta Cristo vino al mundo para salvarnos muriendo en la cruz¡ me contestan, dando por definitivo el asunto de que tenemos que sufrir hasta la muerte para salvarnos. ¿De verdad tengo solución? ¿Cómo voy a poder cambiar a estas alturas de mi vida? Me responden enseguida, dándose cuenta del tiempo perdido y de que su vida podría haber sido bien diferente sin el mantra del sufrimiento en el que la religión ha hecho poco favor. Quizás sea este el infierno y debamos sufrir para redimirnos ¿Quién sabe? Seguidamente es fácil que me respondan que son infelices no por su culpa, sino porque las personas de su entorno se lo hacen. Por amor se sufre, por los hijos, padres y hermanos se sufre, por los amigos y compañeros de trabajo también se sufre y en cientos de ocasiones podrían ser los causantes de nuestra infelicidad. ¿Tenemos que pagar ese peaje del sufrimiento por tener momentos de felicidad? Cuando lo oigo, me da la impresión de estar en otra teoría evolutiva de la creación filosófica de la tierra referente al equilibrio existente para que la tierra funcione y con ella sus habitantes. Desde pequeños se nos educa en esa especie de balancines de equilibrio el bien/mal, el activo/pasivo, la felicidad/infelicidad, lo blanco/negro, el comunismo/capitalismo, etc. Echar la culpa de lo que nos pasa a los que nos rodean no es la solución, pues nuestro estado anímico es nuestro, y nuestra actitud es la que va a determinar si eso nos afecta más o menos. Lo cierto es que nos complicamos la vida mejor que ningún otro ser vivo. Defendemos nuestras ideas y la mayoría de las veces siquiera estamos convencidos de ellas, o incluso siempre acatamos que los demás son los que tienen razón. Cuando estamos en situación de sufrimiento inútilmente es cuando pretendemos arreglarlo de un plumazo, mediante cambios drásticos en nuestra vida. Entonces nos metemos en una espiral de contrariedades e imprevistos que vivimos como tragedias. Dado que así no somos capaces de equilibrarnos, ni de digerir tantos vaivenes, es cuando volvemos a cometer el error de pensar que «lo nuestro» no tiene solución y nos dejarnos contagiar por el pesimismo reinante, hasta caer en manos de sustancias y sectas, o hasta agotarnos física y mentalmente. Antes de este proceso, a duras penas conseguíamos llegar a todo, ahora, pretendemos mantener esa disposición sin ser conscientes de nuestros límites y afrontar con prioridades de urgencia/importancia los problemas de uno en uno. Unos mantienen los mismos hábitos que de costumbre, los otros los cambian radicalmente en un intento de "sentirse bien". En esos momentos les aconsejo lo habitual y tan manido que ni yo misma me creo a veces, que es aquello de que sigan confiando en ellos mismos y conviertan las crisis en nuevas oportunidades. Los terceros huyen y cogen distancia, alejándose física o/y mentalmente. A ellos les digo que deben aprender a ser realistas. ¿Cuándo no actuamos correctamente? Precisamente en momentos de sufrimiento, de ansiedad y estrés. ¿Qué hacer cuando estamos bloqueados? Lo que hacemos en el hospital es relajarles muscular y mentalmente, quitar esos mantras del pasado como una especie de terapia desmanipuladora de las creencias más irracionales que les provocan una especie de parada de pensamiento y de bloqueo general. ¡Kent¡.- me dice mirándome a los ojos.- Estoy harta de que ¡Nos pasemos la vida sufriendo! ¿Qué es para ti la vida, Kent?.- me pregunta Kate.- ¿Es la propiedad de los seres orgánicos por la cual crecen, se reproducen y responden a estímulos como estudiamos en biología? O ¿es el periodo de tiempo que va desde el momento de nacer hasta el momento de morir, es decir, la existencia de los seres que tienen esta propiedad como dice el diccionario?

- Podemos considerar vida a la simple duración de una cosa, aunque no cumpla las condiciones que estás diciendo.- le respondo.- Si ampliamos la visión, vida, podría reunir al conjunto de lo necesario para vivir, especialmente el alimento, al modo de vivir, al trabajo labor que desempeña en ese periodo, a lo que aporta para que otros existan y si me apuras, hasta el brillo, vigor o energía que transmite.

- Por lo que veo este es otro de esos términos lingüísticos que pueden abarcarlo todo y si le añadimos más partículas lingüísticas, entonces las posibilidades son infinitas.- me responde arqueando las cejas en señal de enormidad de posibilidades.

- Te recuerdo algunos ejemplos para ratificar lo que estás diciendo.- le propongo.- por ejemplo… a vida o muerte, buscarse la vida, de por vida, hacer la vida imposible, pasar a mejor vida, perder la vida, quitar la vida, tener siete vidas (como los gatos) o vida eterna.

- La vida también es una fuerza, es una actividad interna sustancial mediante la cual obra el ser que la posee.

- Entonces, según tú, ¿mientras haya actividad, hay vida?.- le pregunto.- entonces también podría decirse que vida es cualquier cosa que contribuye o le sirve al ser, incluida cualquier cosa que le origina complacencia. Antes has mencionado la biología como fuente de inspiración para tu pensamiento. Ok, según esta disciplina la vida sería un conjunto de intercambios fisicoquímicos ordenadamente encadenados, y las actitudes de un ser que tienen lugar como consecuencia del metabolismo y de las relaciones de este ser con su medio ambiente. Algunas de las características comunes y generales de los seres vivientes son: los seres vivos se originan o provienen de otros seres vivos, poseen una forma definida y constante, al menos en un período de su vida (a veces la forma varía según ciclos, o a lo largo de un ciclo vital), tienen la propiedad de apropiarse de sustancias del medio y asimilarlas, transformándolas, o convertirlas en materia propia, lo que les permite crecer, reproducirse y presentar fenómenos de regeneración; son capaces de responder a determinados estímulos del medio ambiente y adaptarse; los individuos están destinados a desaparecer como tales después de transcurrir varias fases de su ciclo vital durante el cual se pueden reproducir.

- Ok, entonces para ti no habría "vida latente" a pesar de ser biólogo.- me reprocha.- es la que no manifiestan, pero tienen ciertos organismos en virtud de una serie de circunstancias exteriores y de una disposición intrínseca, para permanecer en ese estado hasta que las condiciones ambientales sean propicias. Eso lo hacen las esporas de los hongos, pero no te confundas con la hibernación de los osos o de los lirones, que es una reducción del metabolismo basal. Para mí es como si te robaran la vida.

- Hablando de robar, Kate. Todos hemos sisado o robado alguna vez algo.- le digo cambiando un poco de tema para relajarnos.- Por ejemplo, yo mismo me metía fruta en los bolsillos y piezas de caza en el zurrón cuando no me veían, para presumir de haber recolectado o cazado más que nadie. ¡Eso sí¡ luego lo echaba en el montón común para que todos nos lleváramos la misma cantidad. Yo lo considero una travesura.

Pero he visto que muchísima gente ha robado, tanto por necesidad, como por avaricia, e incluso me he tropezado con algunos que robaban por enfermedad. Dime ¿Qué es lo último que has robado tú y lo más costoso que hayas robado en tu vida?

- De pequeña robaba alimentos del mercado para comer y dar de comer en casa a mis hermanos.- responde avergonzada.- también he robado medicinas para dárselas a las personas que no tienen seguro sanitario.

- Sabes que robar es un pecado, y Dios dijo "a Dios lo que es de Dios y al César, lo que es del César", basándome en ello te pregunto ¿Has defraudado alguna vez a Hacienda?

- Todos hemos defraudado a hacienda alguna vez.- dice más enaltecida.- no conozco a nadie que no haya cobrado en metálico sin factura, deducido cosas que no corresponden o dejado de declarar algún ingreso.

- Tienes razón. Yo lo que veo es que nuestros dirigentes de cualquier signo político son los que cometen las infracciones y no pasa nada, ni siquiera dimiten. ¿Y cómo se atreve hacienda pedirme el 30% de IRPF a mí que nunca he defraudado un céntimo mientras que sólo pide el 10% a los del dinero negro? No encuentro ninguna respuesta. Si alguien la tiene... Esto lleva mal camino pagando justos por pecadores, una vez más. ¿Por qué no has robado nada más desde entonces?

- A medida que crecemos unos se hacen más atrevidos mientras que otros nos serenamos.- responde ella.- no sé si será porque ya vamos teniendo más estabilidad o porque nos arrepentimos de haberlo hecho.

- Seguramente por todo junto. Además eres consciente de que se necesitan pagar los impuestos para tener mejores ciudades. Otra cosa es que obliguemos a tener buenos políticos y menos corruptos. Pareces una buena médico y supongo que estarás bien pagada ¿Cuánto ganas en comparación con tu mejor amigo?

- Hoy en día ganamos muy poco. Haciendo muchas guardias y sustituciones llegaremos a duras penas a las mil quinientas libras.- responde.- según tengo entendido, los policías ganáis unas mil doscientas y los bomberos unas mil ochocientas libras.

- Según eso, ¿Crees que ganas demasiado poco o que es lo justo?

- Es muy justito en comparación de lo que ganan los políticos por no hacer nada y a demás injusto. ¿Por qué? porque nosotros los médicos, policías como tú y bomberos tenemos responsabilidades, arriesgamos la vida como se ha demostrado contigo y conmigo ahora y para mayor desprecio debemos indemnizar en caso de error, mientras que ellos roban a manos llenas y lo tapan, no se les juzga o prescriben sus delitos porque todos están metidos en el chollo y nunca lo devuelven.

- Cierro mi vida con un sentimiento de frustración. ¿Cuál? Pues es como si me la robaran. ¡Si¡, ¡ya sé¡ Estuve pidiendo muchos años morir, pero ahora que ya lo estoy… ¡Ufff¡…es como si me robaran algo. ¿Es Dios quien me lo roba?... ¿Qué es robar? Es uno de los mandamientos de la ley de Dios. Es una de las causas de más disgustos en la tierra, de más pleitos y de más normativas. Nos pasamos la vida comprando candados para nuestras puertas, verjas para nuestras parcelas, contratos para nuestras relaciones y nos irritamos cuando nos las roban. También nos molestamos cuando nos roban una frase, o un pensamiento, o una imagen que creíamos nuestra; cuando nos plagian. Estoy de acuerdo con Unamuno cuando hablaba al respecto y decía ¿Robar? ¿Es que acaso es nuestra, una vez que al público se la dimos? Solo se pide que nos recuerden al decirla, que no se la apropien y nos manden al ostracismo, pero que la usen tantas veces como quieran, que eso nos enorgullece.

Solo pedimos que se mantengan las formas. ¿Qué son las formas? Cualquier diccionario de los que tengo en esta habitación me dice que las formas son figuras o conjunto de líneas y superficies que determinan el aspecto exterior de una cosa. Yo no me refiero a formas geométricas, sino a formas de modo de ser, actuar o hacer una cosa, de aparecer o manifestarse esa idea. Al modo de actuar y comportarse con los demás en público, siguiendo ciertas reglas sociales. En este término el plural difiere del singular, matizando aún más el modo de expresar el pensamiento o las ideas, especialmente en la escritura. ¿Qué es la forma? También es Cristo. ¿Por qué? porque si recordamos esa hojita redonda y fina hecha de una masa de harina y agua que el sacerdote consagra durante la misa para convertirla en símbolo del cuerpo de Cristo y da a los fieles en la comunión es la hostia, es decir, el pan bendito. ¿Qué son las formas? En música, es el esquema organizativo que regula la composición de una obra, en cuanto a la melodía y la armonía, el ritmo, las dinámicas y todos los componentes que la constituyen: las formas musicales comenzaron a regularse y estudiarse en el s. XVII como parte indispensable de los estudios musicales. ¿Qué es la forma? No lo sé. ¿Acaso es el aspecto que presenta una palabra o unidad lingüística con una determinada información gramatical? ¿Acaso un conjunto de expresiones, gestos o actitudes que una persona utiliza para comportarse en público y con los demás? ¿Acaso el contorno del cuerpo femenino? ¿Acaso el enlace gramatical entre dos oraciones que indica que lo que se dice en la segunda oración es un efecto, consecuencia o resultado de lo que se ha dicho en la primera? ¡Qué más da¡ a fin de cuentas son todas y cada una de esas definiciones, que en realidad esconde una paradoja del ser humano ¿Cuál? Pues que a fin de cuentas y "de todas formas" indica que una cosa que se ha dicho antes o que se sabe, no impide lo que se dice a continuación, del mismo modo que tampoco aclara si la persona se encuentra en buenas condiciones físicas o mentales para hacerlo. Según la teoría aristotélico-escolástica, es uno de los elementos constitutivos del ser existente, el que constituye la esencia de la cosa. En Kant el término adquirió un significado nuevo: la comprensión de la realidad empírica está centrada en el par contenido-forma. El contenido consiste en los estímulos sensibles procedentes del exterior; la forma es lo que el sujeto «pone» para ordenar y sistematizar los datos sensibles. "Forma" a priori para Kant, es el factor que ordena y unifica la pluralidad de las apariencias que nos transmiten los sentidos. De todas maneras siguen dándome la razón cuando digo que "forma" es una paradoja en sí misma. ¿Por qué? porque si lo estudio desde el punto de vista puro (lingüístico) me topo con que en el sentido saussureano del término, se opone a sustancia o realidad semántica y fónica no estructurada: la forma resulta de la compartimentación de tales sustancias por el sistema de signos de la lengua. En una acepción tradicional se opone a contenido como la estructura de la lengua no interpretada semánticamente se opone al significado. En la moderna literatura lingüística se entiende por "forma" toda unidad (fonema, morfema, palabra, frase, etc.) definida por un conjunto de rasgos formales de comportamiento externo sin que se tenga en cuenta el significado. Es decir, una fórmula "decidible" inmediatamente dado que su valor lógico es absolutamente claro. Para entenderlo recuerdo que pasar una fórmula a su equivalente en "forma normal" es uno de los procedimientos decisorios del cálculo lógico. Matemáticamente tampoco acierta mucho pues se estudia geométricamente (concreto), del mismo modo que se aplica a cualquier forma de un espacio vectorial (abstracto), por ejemplo, cuando decimos que V sobre K, en el cuerpo K. El conjunto de formas lineales de V sobre K, es el espacio dual V.

Me Aseo un poco en un lavabo que ha aparecido de la nada sin saber cómo. Kate hace lo propio en el suyo. Apoyo las manos a ambos lados del mismo y me fijo en la cara que refleja el espejo. Me sorprendo pues soy yo, me reconozco pero de joven. Han desaparecido las canas y las arrugas. Ya no llevo gafas y veo perfectamente. Saco la lengua. Esta sonrosada y limpia. Desaparecieron la amarillez y las caries. Miro en el reflejo del espejo la figura de Kate. Me pregunto si cuando murió en aquel tiroteo conmigo sería de la manera que la veo o si es lo mejor de ella lo que pasa al otro mundo. Me mojo de nuevo cara y nuca. Dejo que el agua regrese goteando al lavabo mientras reflexiono sobre la cantidad de conciencias que tenemos los humanos diferentes los unos de los otros. ¿Cómo se puede conocer que la persona que tenemos enfrente, a nuestro lado, o detrás de nosotros tiene una conciencia como la nuestra? ¿Cómo puedo saber la diferencia exacta que nuestra conciencia tiene con un animal, un vegetal o un mineral? ¿Por el simple hecho de acatar lo que siempre nos han venido diciendo que ellos no la tienen? No puedo creérmelo, pues el hecho de no verla, de no poder sentirla, no implica que no la tengan. Recuerdo la cantidad de teorías que se van cayendo a medida que aparecen instrumentos, traductores o herramientas adecuadas, pero que dejaron a mucha gente en el camino por criticarlas. En definitiva, veo que me refiero una y otra vez a un único término ¿Cuál? ¡Existir¡ aquello de Hamlet, "ser o no ser" retoma una fuerza inusitada "existir o no existir" pero ¿Qué es, existir? ¿Cuándo decimos que tal o cual cosa existen? Muchos dirían que cuando la ven, la oyen, la sienten, la tocan o la paladean, cayendo de nuevo en bases fisiológicas imperfectas de diagnóstico. Para mí, "existir" es algo que está fuera de nosotros, que además nos precede y subsiste aún cuando nosotros desaparezcamos. En ese momento alguien se levantará y me dirá aquello que tantas veces oí al decirlo ¿cómo estás seguro de que algo te precede o de que algo te sobrevive si tú no has estado ni estarás presente en ese momento? Yo actuaré como siempre, resignándome a encogerme de hombros y responder que lo sabré del mismo modo que su conciencia es incapaz de saber que hay algo fuera de ella. Sin embargo, yo si puedo aseverar que siento y conozco todo lo que está dentro de la mía. En ese momento y sin saber cómo las envidias se desencadenan. Yo me alejo cabizbajo porque parece que nadie me comprende o que yo sea incapaz de explicarme.

-    Una de las peores taras de la sociedad y del ser humano es la envidia – le comento con tristeza a Kate.
-    Tienes toda la razón. – me responde.- ¿Sabes Kent? Si erradicáramos la envidia mejoraríamos la sociedad y la vida de las personas en un ochenta por ciento. Parea mí, la envidia es el problema perfecto donde aplicar la ley de Pareto del ochenta/veinte.
-    ¡Ya me acuerdo¡ - le digo echándome las manos a la cabeza por haber estado tan lento al recordar al personaje – esa ley dice que el ochenta por ciento de los problemas se resuelve, haciéndolo con el veinte por ciento de ellos. La envidia es el sentimiento de tristeza o irritación producido en una persona por el deseo de la felicidad o alguna cosa de otra persona. El sentimiento de animadversión contra el que posee una cosa que uno no posee. También se define como el deseo de algo que no se posee. Sin embargo, también puede ser un deseo honesto de emulación. Me río cuando leo la definición de envidia como una dentera, pues dentera significa especialmente deseo de comer lo que otro come; en sentido figurado, aparece, generalmente en la expresión dar dentera, como sinónimo de envidia o pelusa propia de los niños.
-    Para contestarte sobre mi parecer de lo que es la envidia, prefiero reproducirte lo que una vez leí. - me contesta Kate sin

despeinarse.- Dice José Luis Cano Gil, en www. psicodinamicajlc. com: "La envidia es un fenómeno psicológico muy común que hace sufrir enormemente a muchas personas, tanto a los propios envidiosos como a sus víctimas. Puede ser explícita y transparente, o formar parte de la psicodinámica de algunos síntomas neuróticos. En cualquier caso, la envidia es un sentimiento de frustración insoportable ante algún bien de otra persona, a la que por ello se desea inconscientemente dañar. ¿Por qué? El envidioso es un insatisfecho (ya sea por inmadurez, represión, frustración, etc.) que, a menudo, no sabe que lo es. Por ello siente consciente o inconscientemente mucho rencor contra las personas que poseen algo (belleza, dinero, sexo, éxito, poder, libertad, amor, personalidad, experiencia, felicidad, etc.) que él también desea pero no puede o no quiere desarrollar. Así, en vez de aceptar sus carencias o percatarse de sus deseos y facultades y darles curso, el envidioso odia y desearía destruir a toda persona que, como un espejo, le recuerda su privación. La envidia es, en otras palabras, la rabia vengadora del impotente que, en vez de luchar por sus anhelos, prefiere eliminar la competencia. Por eso la envidia es una defensa típica de las personas más débiles, acomplejadas o fracasadas. Dicho sentimiento forma parte también de ese rasgo humano, el narcisismo, desde el que el sujeto experimenta un ansia infatigable de destacar, ser el centro de atención, ganar, quedar por encima, ser el "más" y el "mejor" en toda circunstancia. Debido a ello, muchas personas se sienten continuamente amenazadas y angustiadas por los éxitos, la vida y la felicidad de los demás, y viven en perpetua competencia contra todo el mundo, atormentadas sin descanso por la envidia. No es ya sólo que los demás tengan cosas que ellas desean: ¡es que las desean precisamente porque los demás las tienen! Es decir, para no sentirse menos o "quedarse atrás". Este sufrimiento condiciona su personalidad, su estilo de vida y su felicidad. Las formas de expresión de la envidia son muy numerosas: críticas, ofensas, dominación, rechazo, difamación, agresiones, rivalidad, venganzas... A escala individual, la envidia suele formar parte de muchos trastornos psicológicos y de personalidad (p.ej., algunas ansiedades, trastornos obsesivos, depresión, agresividad, falta de autoestima...). En las relaciones personales y de pareja, está involucrada en muchos conflictos y rupturas. En lo social y político, su influencia es inmensa. Por ejemplo, la envidia del poder sexual, emocional y procreador de las mujeres alimenta el machismo. La envidia de la fuerza y libertad del varón refuerza el feminismo. La envidia de los pobres y resentidos estimula sus violentas revoluciones e igualitarismos. La envidia de los poderosos fomenta sus luchas intestinas. La envidia de los narcisistas y codiciosos nutre los concursos millonarios de televisión y sus audiencias. La mutua envidia de las mujeres robustece el colosal negocio de la belleza y la moda, así como la de los hombres excita su frenética competitividad. La envidia sexual es el combustible del morbo y la prensa rosa. Las envidias económicas desenfrenan el motor consumista... Etcétera. No hay que confundir la envidia con los celos, que son sentimientos muy distintos. La envidia nace de las carencias del sujeto, que quiere destruir al objeto-espejo. Los celos, en cambio, nacen del miedo a perder el afecto de la persona amada, a la que se quiere conservar. No obstante, ambos sentimientos pueden ir juntos. Por ejemplo, cuando una persona ataca a su pareja infiel y al (o la) amante de ésta diciendo que lo hace por "celos", a menudo una gran parte de su rabia procede también de su envidia inconsciente, ya que el despechado/a deseaba secretamente ser infiel sin atreverse a ello, mientras que sus engañadores se le adelantaron. Por eso ahora se siente herido/a y humillado/a en su orgullo. En suma, cuanto más débil, insatisfecha o narcisista es una persona, tanto más envidiará a la gente que posea lo que a ella le falta. La envidia sólo se cura concienciando y resolviendo las propias carencias y facultades, a través de un proceso de crecimiento emocional. La persona madura no envidia a nadie".

Meditabundo bajo la cabeza por asimilar que la envidia trae como consecuencia las mentiras. La mentira es tan habitual que se le considera "tonto" al que no miente. Están mal vistas y a nadie le gusta que le mientan, pero al mismo tiempo, la sociedad halaga a los que sobresalen sirviéndose de mentiras. Las personas falsas deberían llevar pegadas en la frente: "Made in Falsilandia". Esta humanidad en la que me incluyeron sin saber muy bien por qué, ni para qué, ve como algo normal considerar que haya mentiras peores que otras. ¿Cómo podría clasificar las mentiras? Sin lugar a duda, podría pasarme los próximos cincuenta años haciendo y deshaciendo clasificaciones. Para conseguir un orden mental en mis sinapsis neuronales, voy a ser pragmático usando las que en su momento elaboró San Agustín. Él distingue nueve tipos de mentiras: Las mentiras en la enseñanza religiosa. Las mentiras que hacen daño y no ayudan a nadie. Las que hacen daño y sí ayudan a alguien. Las mentiras que surgen por el mero placer de mentir. Las mentiras dichas para complacer a los demás en un discurso. Las mentiras que no hacen daño y ayudan a alguien. Las mentiras que no hacen daño y pueden salvar la vida de alguien. Las mentiras dichas para dar una mejor impresión, y las mentiras que no hacen daño y protegen la "pureza" de alguien. Por otra parte, San Agustín aclara que las "mentirijillas" no son en realidad mentiras. Por su parte, otro santo distingue tan solo tres tipos. Santo Tomás de Aquino, por su parte, distingue: La útil, la humorística y la maliciosa. Según Tomás de Aquino, los tres tipos de mentira son pecados. Las mentiras útiles y humorísticas son pecados veniales, mientras que la mentira maliciosa es pecado mortal. El tipo más grave de mentira es la calumnia, ya que con esto se imputa siempre a algún inocente una falta no cometida en provecho malicioso. Personalmente, siempre digo cuando alguien se dirige a mí: "¡Cuéntame¡ pero si lo que me vas a decir, no es cierto, no es útil, ni es bueno, entonces…¿Para qué debería saberlo?" "Que hable la vida, que ella nunca miente" y "estoy bien = 9 letras, 2 palabras, 1 mentira". Son dos frases que tendré que meditar en el futuro. Por el momento me baso en el *"Triple Filtro"* de Sócrates*: En la antigua Grecia, Sócrates fue famoso por su sabiduría y por el gran respeto que profesaba a todos. Un día un conocido se encontró con el gran filósofo y le dijo: ¿Sabes lo que escuché acerca de tu amigo? Espera un minuto -replicó Sócrates-. Antes de decirme nada quisiera que pasaras un pequeño examen. Yo lo llamo el examen del triple filtro. ¿Triple filtro? Correcto -continuó Sócrates-. Antes de que me hables sobre mi amigo, puede ser una buena idea filtrar tres veces lo que vas a decir, es por eso que lo llamo el examen del triple filtro. El primer filtro es la verdad. ¿Estás absolutamente seguro de que lo que vas a decirme es cierto? No -dijo el hombre-, realmente solo escuché sobre eso y... Está bien -dijo Sócrates-. Entonces realmente no sabes si es cierto o no. Ahora permíteme aplicar el segundo filtro, el filtro de la bondad. ¿Es algo bueno lo que vas a decirme de mi amigo? No, por el contrario... Entonces, deseas decirme algo malo sobre él, pero no estás seguro de que sea cierto. Pero podría querer escucharlo porque queda un filtro: el filtro de la utilidad. ¿Me servirá de algo saber lo que vas a decirme de mi amigo? No, la verdad es que no. Bien -concluyó Sócrates-, si lo que deseas decirme no es cierto, ni bueno, e incluso no es útil ¿para qué querría saberlo?"*.

- ¡Nos pasamos la vida sufriendo!.- me dice Kate insistiendo en este tema que según parece le afecta más personalmente de lo que yo creía. la dejo que continúe.- lo fundamental sería tener claritas nuestras ideas, nuestras convicciones para que no suframos tontamente. He llegado a la conclusión de que la actitud y lo que pensemos en cada momento, serán los condicionantes de ese sufrimiento. ¡Fíjate¡ más aún si cabe, que el propio suceso en sí. Lo que pensamos condiciona nuestras emociones y con ello desaparecen o no las ilusiones. De tal modo, que si aprendiéramos a controlar la manera de pensar, controlaríamos nuestra vida. Es lo que hacen las sectas, religiones, ideologías y políticas que pretenden educarnos desde niños en sus métodos y pensamientos para controlarnos el resto de nuestras vidas. ¡Mira Kent¡ podemos sentirnos bien, aunque la realidad que vivamos sea difícil. Si fuéramos conscientes de que el "ahora" es nuestro y no de los demás, no sufriríamos tanto. La creación fue hecha para nosotros.

-    ¿La Creación? ¿Qué es para ti la creación Kate.- le digo sin mucho convencimiento.

-    Es todo lo que Dios ha producido de la nada para que podamos vivir.- me responde.- en el ''Génesis´´ se describe la creación.

-    No cabe duda que la maravilla de esa Creación, su grandiosidad, su capacidad plástica, artística, evolutiva, regenerativa no tiene igual.- le respondo.- el universo, el mundo, el orbe, el cosmos o como queramos decirlo.

-    ¿Pero…?

-    Pero si me baso en la lingüística pura y dura, es la designación humboldtiana de la manifestación natural del lenguaje que permite al hombre realizar continuos actos de habla.- continuo.- si analizo el mundo, veo que también reúne crueldad, sadismo, enfermedades y dolor ¿Por qué si se creó algo tan maravilloso, también había que incluir algo tan horroroso? Da la impresión de que Dios y el demonio son una misma cosa que crea equilibrio.

- Bien y mal son opuestos y luchan.- me replica Kate.- no son una misma cosa. Sería como poner el ejemplo del dinero y la pobreza.

- Sin embargo todo es bien y mal en uno.- le respondo.- Hablando de dinero, que por desgracia es lo que mueve el mundo que hemos creado ¿Has tenido alguna vez problemas económicos graves?

- Muchas veces.- responde llorando.- ten en cuenta que nací pobre en Pakistán. Que vinimos a Londres como inmigrantes y la vida no es fácil. Después viene el racismo, el rechazo religioso y los menosprecios en el trabajo por ser mujer, ex musulmana y médico en un país occidental. Los abusos de los empresarios a la hora de pagar son indescriptibles.

- ¿Qué medidas tomaste para resolverlo?, si es que lo has resuelto. Pero por la cara que pones…veo que aún quedan muchas espinas en tu cuerpo sin sacar.

- Ahora ocurre que en lugar de ser menospreciada por las cosas anteriores, estoy arrinconada profesionalmente porque según parece pertenezco a las cuarentonas sobrecapacitadas.- me responde sin dejar de llorar.- según parece cuando tienes experiencia y mucha formación, ya no te quieren, pero les piden formación y experiencia a los que no tienen posibilidades de tenerla por la juventud. Es tan ridículo que cuando pregunto los por qués, siempre me responden que con alguien tan capacitada como yo tendrían problemas de estabilidad en el puesto porque buscaría otro. A lo que yo respondo que entendería esa situación si el contrato fuera indefinido y no por tres meses.

- Efectivamente vivimos en un mundo de absurdos, paradojas y enigmas que por mucho que lo pienses, más te aburres. ¿A quién debes dinero?

- ¡Ufff¡ al banco con la hipoteca que aún sigo pagando, el coche y hasta en el supermercado. Lo bueno es que el supermercado es de otro pakistaní y tiene más flexibilidad conmigo porque le atiendo cuando su familia se pone enferma.

- Lo normal es que nuestros ingresos los sepamos solamente los de la familia y los asesores que tengamos. En tu caso ¿Qué amigo sabe cuánto ganas?

- En mi caso todo el mundo lo sabe porque cuando no tengo que pedir prestado, mi familia presume de médico y eso perjudica.

- Todos hemos prestado dinero a supuestos amigos que solo eran éso, ¡supuestos¡ ¿Quién te debe dinero a ti? Porque ahora, estando muerta, será complicado que te lo devuelvan y seguro que será la persona que más se alegre de que hayas muerto.

- No lo había pensado, pero tienes razón, ahora mi familia no cobrará lo que me deben.- responde entristeciéndose aún más, al darse cuenta de la calidad de amigos que dejamos atrás.- ¿Tú tienes muchos amigos?

- Cuando he tenido puestos de responsabilidad todos son amigos y hasta te felicitan las Navidades, pero cuando he necesitado trabajo, nadie me ha ayudado.- le respondo entristeciéndome también al recordar que los que más me hundieron fueron precisamente gente amiga (supuestamente) y la familia.- ¡Vaya¡ veo que no te gusta mucho hablar de pasta, ni de economía.- devuelvo el tema al original.- ¿te resulta violento que hablemos de tus ingresos? ¿Por qué? piensa que yo soy asesor, bueno, he sido asesor de mucha gente y ahora como policía veo demasiadas cosas para mi gusto.

- Me asquea tener que depender del dinero.- responde enaltecida.- la mentira es el arma del demonio y el dinero lo es del ser humano. Ambas son armas de destrucción masiva que ni el amor, ni la bondad, ni la sinceridad son capaces de erradicar.

Me sirvo un poco de agua de una jarra que ha aparecido de la nada encima de la mesa donde Kate y yo hablamos. Le ofrezco. Acepta. Le lleno un vaso a ella y otro después para mí. Bebemos. Admiro su belleza mientras reflexiono en el hecho de que todos dejamos impresos lo que somos en nuestros respectivos universos. Yo lo hice en mis obras y allí dejé mi esencia, mi historia y mis pensamientos. En definitiva, lo que me hace ser yo, mi esencia individual. ¿Cuál es esa esencia? No lo sé porque no es certificable por ninguno de los sentidos fisiológicos con los que nos pertrechan al nacer. Lo único que tengo claro es que esta esencia individual de cada cosa, esto que la hace ser ella y no otra, es por lo que podemos identificarnos. ¿La belleza que exponemos es el reflejo de esta esencia del mismo modo que se dice que los ojos son el espejo del alma? Si no lo es, entonces ¿cómo se nos revela sino como belleza? Tampoco lo sé. Lo único que sé, es que la belleza tiene un fondo de infinito, de eternidad. ¿Tendrán razón los místicos al decir que la belleza es divina? ¿Tendrán razón los críticos de obra de arte cuando tachan de divinas ciertas obras que destacan por su belleza? En este caso la belleza si es el reflejo de lo divino y por tanto es la manera que tenemos de verlo, pues en ella reposa lo eterno y en ella se revela lo divino. Entonces ¿solamente lo bello es lo eterno que tenemos? No lo creo. Más bien es una condición de ello necesaria pero no suficiente, pues siempre amamos lo que es hermoso, nos atrae y nos enamora. ¿Será la belleza el reflejo del amor? ¿No es acaso la belleza una creación del amor? Personalmente creo que forma parte de él, pero no lo es todo, pues por amor somos capaces de dar la vida por otros y de sobrevivir también. Sinceramente, creo que todo son componentes que van engranándose para que nos perpetuemos en el buen camino.

- Lo único que nos queda en esta habitación por hacer es sacar lo útil, bueno y de provecho que hayamos hecho en la vida.- me dice Kate.- si volviera a vivir, aprendería de mi pasado, de mis errores y de mis aciertos. ¿Por qué? Porque son lo que me enseñaron a dar un paso tras otro. A seguir viviendo y a cometer otros errores que no los mismos una y otra vez. Pero también me prepararon a sufrir, aunque reconozco que lo aprendido en la niñez, más la educación recibida han condicionado los acontecimientos y predispuesto muchos de los sucesos. La dificultad estriba en saber qué es lo útil de cada suceso penoso que nos ocurre en la vida, pues a fin de cuentas somos subjetivos y no podemos verlo claro ¿Cuál es el camino acertado?. ¡Ya está bien de sufrir¡ Personalmente he llegado a la conclusión de que no se qué es mejor, si tener unos objetivos en la vida o no tenerlos. ¿Por qué? pues porque si los consigues eres feliz, pero si no los logras, la frustración nos hará sufrir aún más. Todo estriba en la ilusión. Al principio tenemos ilusión y somos felices, pero a medida que los fracasos llegan, las personas nos ponen obstáculos o las vamos perdiendo por el camino, la ilusión se pierde y por mucho que nos empeñemos en poner el razonamiento lógico y los pensamientos a ese servicio que nos ilusiona, el sufrimiento puede estar aumentado innecesariamente y por tanto ser "inútilmente desgraciados". Ese es el sistema que nos hemos impuesto a nosotros mismos.

- ¿A qué sistema te refieres, Kate?.- le pregunto con un ligero toque de ironía.- ¿Qué es un sistema? Esa es otra de las cuestiones que siempre me he planteado, pues es otro término que usamos con tanta facilidad que de lo concreto pasamos a lo abstracto y de la unidad a lo colectivo.

- No te sigo.- me responde con pesadez pero con ganas de aprender.

- Hablamos de un "sistema" que es concreto y una unidad ¿no?, pero al mismo tiempo nos referimos a un conjunto ordenado de normas y procedimientos que regula el funcionamiento de una colectividad como por ejemplo el sistema democrático, o también nos referimos a un conjunto de reglas, principios o medidas que tienen relación entre sí como por ejemplo el sistema de pesos y medidas, que no dejan de ser abstractos.

- ¡Ya te comprendo¡ es otro término con el que hay que tener cuidado a la hora de hablar con alguien que no domine el idioma.- me dice Kate.

- El "sistema" es uno, pero también un conjunto de elementos que forman un todo. Ejemplos de esta otra acepción la tenemos en la geografía cuando nos referimos a un sistema montañoso, pero también a un conjunto de órdenes y tenemos un sistema operativo, o al conjunto de minerales y tenemos el sistema periódico químico.

- Por esa regla de tres que haces, como médico, te aporto el sistema fisiológico, como un conjunto de órganos que intervienen en una función principal dentro del cuerpo: el sistema nervioso integra y coordina las diversas respuestas de un organismo animal, así como las actividades de todos sus órganos; el sistema inmune se encarga de la defensa del organismo ante los antígenos.- me aporta Kate.-

- En el estudio del lenguaje también tenemos un conjunto de elementos lingüísticos que dependen unos de otros y están interrelacionados: sistema fonológico; sistema sintáctico. ¿Más ejemplos? Pues ¡ahí van¡ El sistema abierto es el sistema termodinámico que puede intercambiar materia y energía con el medio circundante. El Sistema aislado es el sistema termodinámico que no puede intercambiar materia ni energía con el medio circundante. El sistema de referencia es el sistema de coordenadas que se utiliza para determinar la posición de un punto, las componentes de un vector, etc. El sistema , es cuando un cuerpo o conjunto de cuerpos independientes son considerados como una sola entidad.

- También se usa para indicar que una cosa se hace siempre obstinadamente o sin una lógica determinada, por ejemplo cuando decimos que algunos adolescentes llevan la contraria a sus padres por sistema.- me dice ella.

- Como economista que soy también, y aprovechando la crisis que los paralíticos mentales estadistas que tenemos nos han abocado, te diré que el sistema monetario sería el conjunto de instituciones, mecanismos y normas que regulan la creación y circulación de dinero y demás medios de pago. En sentido restringido, oferta y demanda de dinero. El principal problema con que se enfrenta el sistema monetario es el de conseguir un ajuste entre la oferta y la demanda de dinero que impulse la capacidad productiva del país, manteniendo una cierta estabilidad en la relación precios-salarios, y haciendo posible una constante y flexible adaptación de la economía a las necesidades derivadas del desarrollo. Este ajuste suele obtenerse mediante las medidas de política monetaria, siendo las más importantes: 1. La limitación del volumen global del crédito concedido por el Banco Central a la banca privada. 2. La fijación para los bancos privados de los coeficientes de liquidez, caja y garantía, con los que se limita la concesión de crédito a los particulares. 3. La variación del tipo de redescuento, es decir, del tipo de interés que el Banco Central cobra a la banca privada para descontar los efectos que esta, a su vez, ha descontado a los particulares. 4. Las operaciones de mercado abierto, consistentes en la venta o compra, por parte del Banco Central, de valores y efectos en el mercado de capitales a fin de reducir o aumentar, respectivamente, el volumen de dinero en circulación. La condición indispensable para el buen funcionamiento del sistema monetario es la existencia de un sistema bancario, puesto que las medidas de política monetaria son aplicadas a través de la banca.

- Veo que te has quedado a gusto.- me reprocha.- Por relajarnos un poco, Kate, hace un rato, me decías que estabas de viaje ¿Qué es los que echas de menos cuando estás de viaje? Personalmente el jamón serrano, las perdices a la toledana, la paella, el cocido, la fabada, el pescaito frito, las persianas de las ventanas, mi aseo y mi wc, las tapas de los bares, el clima templado, la ñ en los ordenadores, el queso manchego, la improvisación, la picardía y el sentido del humor, la sobremesa, la siesta y las veladas, las tertulias y el café, el aceite de oliva, el turrón, el mazapán, la libertad, la solidaridad, el arte, la cultura. Bueno, España como Dios manda. A lo largo de mi vida he compartido viajes con muchas personas y he visto que cada una tiene una forma diferente de actuar en ese viaje. Te imagino viajando, pero me cuesta trabajo visualizar en mi mente ¿Qué es lo primero que haces nada más llegar a casa al volver de viaje?

- ¡Ufff¡, ya ni me acuerdo de la última vez que viajé.- responde.- depende de si regreso a casa o llego al destino.- puntualiza enfatizando con las manos.- en el primer caso deshacer las maletas, poner lavadoras, revisar la casa, saludar a los vecinos, comprar comida para llenar la nevera y esas cosas que supongo también harás tú.

- Claro, es lo normal.- le sigo.

- Si es llegar a un destino, va a depender de si es por trabajo o si por vacaciones, aunque por vacaciones creo que hace más de diez años que no lo hago. ¡En fin¡ contestándote, te diré que ponerme en contacto con las personas que tengo que ver para confirmar las reuniones, ir al hotel, ducharme, ordenar los papeles y a trabajar o dormir, según sea la hora de llegada.

- ¡Lógico¡ de lo que deduzco que a pesar de tu apariencia de superwoman, eres una chica normal y cuando llegues a tu destino en el cielo, supongo que también harás lo mismo.- le digo mientras ella sonríe.- ¿Sabes? Mi primer recuerdo de la vida es el patio de la casa en que vivía entonces. Recuerdo su piscina de granito, el suelo de tierra donde jugábamos al guá, a las chapas y a la peonza. ¿Cuál es tu primer recuerdo de la vida?

- Desde luego no había piscina, ni muchos juegos.- responde bajando la cabeza avergonzada por su cruel destino.- había pobreza. No teníamos sandalias. Había mucha tierra y debíamos acompañar a mi madre a trabajar en la casa y ordeñar las dos cabras que teníamos.

- Y ¿cuál es el recuerdo de la infancia mejor que tienes?.- le digo para enmendar el clima de tristeza que nos empieza a abrigar a los dos por esos recuerdos de vidas miserables que nos ha tocado en el reparto.

- Lo mejor era que estábamos todos juntos.- contesta melancólicamente al recordar una familia.- Hablando de la infancia, tengo grabados en mi memoria infinidad de sabores, olores, sonidos y tactos. Dime ¿Cuál es el olor con que podrías definir tu infancia, Kent?

- ¡Buena pregunta¡.- respondo dubitativo sin saber reconocer alguno en concreto.- quizás el olor de aceite recién machacado en las almazaras y del vino en las bodegas que visitábamos acompañando a mis primos y tíos cuando venían de visita. Pero si hay un olor en mi cerebro es el olor a hospital.

- ¿A hospital tú, siendo yo la médico de los dos?.- responde sorprendida arqueando las cejas y destacando sus ojos.-

- Ten en cuenta que mi padre era médico como tú y me llevaba con él a pasar consulta, a operar, o a las morgues para certificar fallecimientos.

- ¡Ufff¡ ¡qué lejos queda esa etapa infantil y sin embargo todos tenemos flashes y recuerdos grabados a fuego. Por favor defíneme en una frase que describa tu etapa del colegio..- me pide.-

- La frase que siempre recordaré es cuando mi padre me sentó en su despacho y muy serio me dijo "Kent, en la vida tendrás muchos minutos, pero nunca el mismo minuto… tú sabrás a qué dedicas cada minuto".

- ¡Vaya frasecita¿.- dice Kate sacudiendo la mano en signo de barbaridad.

- ¡Si¡.- le respondo.- esa frase me arruinó la vida, porque le dediqué cada minuto de mi vida a decidir qué hacer con él y a decidir si era lo mejor que podía hacer con ese minuto.

- ¡Ja, ja, ja¡ te comprendo perfectamente.- me dice.- te estresó desde niño.

- ¡Si¡.- afirmo.- desde los cuatro años de edad para ser exactos.

Me percato del hecho de que aprendo hasta en este lugar, en esta habitación, en donde se supone que ya no evolucionamos más. Al contrario, se avanza más aún. Le doy la explicación de que la vida es una evolución en varias dimensiones, en donde tenemos una parte corporal y otra acorpórea, pero nuestra esencia, nuestra alma, nuestro ser o como cada cual quiera llamarle necesita aprender, evolucionar. Sino ¿cómo iba a fluir y vivir el mundo desde una idea impasible, inamovible y estática? Si así fuera, ya nos habríamos extinguido o habríamos hecho otro mundo bien distinto, para mejor o para peor, nunca se sabe, pero diferente. Reflexiono en que con la belleza anterior, vienen los roces ¿por qué? Pues porque a fin de cuentas somos carne y hueso más espíritu (alma). Este cuerpo sufre enfermedades, calamidades, necesidades y en definitiva sufre. Este sufrimiento es una realidad que nos hace sentirnos pequeños, débiles e indefensos. Buscamos remedios contra el dolor, la depresión y las enfermedades, al tiempo que suplicamos un puesto en la sociedad que nos realice como personas y nos integre como miembros de ella. En el momento del sufrimiento es cuando en realidad "nos tocamos" a nosotros mismos. Entendemos que el dolor es la base de la vida carnal, del mismo modo que el amor lo es de la espiritual. Nuestra esencia, nuestra conciencia y nuestra personalidad se forjan como el acero o se quiebran como el cristal con ese sufrimiento, con ese dolor, pero a fin de cuentas se forja, pues sólo sufriendo y amando se es "persona". Concluyo estableciéndome a mí mismo como regla nemotécnica ¿qué es sino el dolor? El sufrimiento que forja la voluntad, que es reflejada eternamente en nuestra belleza.

- Kent, ¿crees tú que de verdad yo puedo tener solución, o al menos obtener la salvación?.- me dice Kate.- a mi edad, con mi religión, mi formación, siendo mujer en un medio a caballo entre lo musulmán y lo occidental, ¿Cómo voy a poder cambiar a estas alturas de mi vida? Además, ya es tarde para remediarlo, pues por mucho que nos arrepintamos en esta habitación, será imposible compensarlo. En el hospital no podía hacerme la ciega y sorda ante el dolor, los pensamientos y las interacciones de las demás personas que estaban por allí, ya fueran facultativos, familiares o pacientes. ¿Cómo voy a poder dejar de ser tan sensible, tan blanda y vulnerable, si todo me afecta? Esto me ha causado muchas inquietudes y controversias en mi vida, así como infinidad de dudas de si estaba haciendo bien o mal las cosas para mi familia, para Dios y para la sociedad. Es imposible estar equilibrada con tantas cosas contradictorias en mi cabeza. ¿Cómo voy a poder conseguir estar bien conmigo misma, con Dios, y con los demás, en mis actuales circunstancias? Por otro lado, si lo analizo por pasiva, es decir, desde otro punto de vista completamente contrario y desde el otro lado del mostrador, como decís los occidentales, me pregunto ¿Cómo voy a ser feliz con mi marido, hijos, amigos, jefes, pacientes y compañeros, si ellos pueden ser los responsables de mi infelicidad? ¡No los voy a matar¡

- Quitar la vida a un ser vivo, no es lo mismo que causarle dolor, molestarle o destruir una cosa inmaterial.- le digo.- Usamos el termino matar con demasiada alegría.- le continuo.- no es lo mismo matar un ser humano, que matar el hambre o decir que los zapatos me matan.

- ¡Ja, ja, ja¡ admiro la capacidad que tienes de llevarte las cosas a tu terreno mientras "matas" las asperezas y las depresiones.- me dice más alegre.- me paso el tiempo pensando que me han destrozado la vida.

- Irónicamente te diré que nosotros nos pasamos la vida, matando sellos, matando el tiempo, matando esperanzas, mientras que otros como el delincuente que nos ha disparado mata personas como tú y yo, u otros se suicidan..- le digo.- los políticos y delincuentes alteran nuestras ilusiones, del mismo modo que inutilizan la salud que nos resta hasta que las extinguen o inutilizan sin que sean castigados por ello. Otros las "matan callando" cuando actúan con astucia y en secreto para conseguir verter la enemistad, o el desamor en nosotros, bien por envidias o ¡qué sé yo¡. Otras veces matamos el brillo de la pintura y de las fotografías del mismo modo que matamos el brillo de los ojos de un niño.

- Quizás por todo eso que comentamos sea uno de los mandamientos de la ley de Dios, el no matar.

- Sin embargo Dios es el que nos mata y decide cuando es nuestro turno, sin dejarnos intervenir en esa decisión y castigándonos si lo adelantamos en contra de sus gustos o intereses.- le reprocho dolido.-

- ¿Realizas acciones malas dando la apariencia de ser incapaz de ello. Enfatizas tu verdad de lo que expresas con el uso de este transitivo y pronominal mientras pides perdón y suplicas clemencia?.- me pregunta dolida por mi crítica y me la devuelve.- ejecutar, asesinar, despachar, quitar de en medio, pasar a cuchillo, pasar por las armas, cepillar (coloquial), dejar

84

seco (coloquial), ejecutar, dejar frito (coloquial), o apiolar ¿es matar por justicia? Dios no mata, da la vida. Dios no ejecuta, resucita.- me replica contundente. Me empiezas a resultar engañoso, falso, hipócrita y fingido. Ocultas tus iras en dudas. Encriptas tus mensajes como una mosquita muerta, para sacar tus reproches.- me remata.

- Tienes razón, disculpa. A veces me enervo, dudo, no comprendo y reprocho.- me justifico.- supongo que todo forma parte de un proceso vital. Me siento parte de un conjunto compuesto por diferentes fases o etapas sucesivas que tiene una acción o un fenómeno complejos.

- Como médico te diagnostico que efectivamente estás pasando por etapas con diferentes síntomas.- me consuela.- estás enfermo y debes pasar por los diferentes estadios que pasa la enfermedad hasta su curación.

- Es cierto, estoy en un proceso. Más bien estoy pasando varios procesos.- le digo.

- ¿Cuáles?.- me pregunta expectante.

- Por un lado el proceso de tránsito de la vida a la muerte y de la muerte a la resurrección. Por otro lado el proceso de comprensión en el que paso de las dudas a las críticas, de las críticas a los reproches y de éstos al entendimiento. Y en tercer lugar el proceso judicial que dictaminará mi causa declarándome culpable o inocente y castigándome a la pena de muerte del infierno, a la de cárcel del limbo, o a la de la libertad del cielo.

- ¡Ufff¡ en todos ellos formamos parte de un conjunto de actuaciones que realizamos desde su inicio hasta que se dicta sentencia, hay comprensión o vida.-

- Un cuarto proceso que estoy experimentando es la prolongación, parte u órgano que sobresale del resto, cada vez que te miro.- le digo con picardía para quitar hierro al asunto.-

- ¡Serás guarro¡ - me dice.- ¿aquí también me tiras los tejos? Al menos hazlo más elegantemente ¿no?

-   Disculpa, era una broma, aprovechando el término que nos ocupa.- le respondo poniendo carita de inocente.- pero es cierto que me gustas y estoy en "proceso" de enamorarme de ti.

-   Al menos este último no es un "proceso" irreversible cuyo sentido no se puede invertir sin que se produzcan cambios en las condiciones externas del sistema.- me sigue el juego con un guiño de ojo y una risotada.- ¡Ja, ja, ja¡

-   Efectivamente, amiga mía, este último es a diferencia de los anteriores, un proceso reversible y por tanto, se puede desarrollar en ambos sentidos sin necesidad de modificar las condiciones exteriores de este sistema, aunque esto no implica que deje de ser un proceso complejo.

-   Dejémoslo, que este sustantivo masculino está degenerando y el ángel nos va a castigar.- completa ella.

-   Te refieres al ángel como si fuera un profesor de colegio que pone dieces o castiga de rodillas mirando a la pared, como nos hacían a nosotros. Ahora a éso se le llamaría maltrato infantil, antes era lo habitual y nadie nos defendía ¿Quién fue tu profesor favorito y qué te gustaba de él o de ella?.- le pregunto cambiando un poco la conversación a recuerdos más alegres.

-   He tenido profesores, adiestradores, impositores y catedráticos de todo tipo de materias y para todo tipo de actividades.- me responde con tristeza.- ten en cuenta que para una mujer nacida dentro del islam no es lo mismo que para las mujeres occidentales nacidas en otras religiones. A nosotras se nos prohíbe estudiar, pero se nos adoctrina. Por responder a tu pregunta, te digo que recuerdo a un catedrático de la Facultad de medicina que realmente tenía pasión por la enseñanza y no por el sobre de fin de mes como funcionario. ¿Y tú, recuerdas a alguno en especial?

-   Recuerdo a la mayoría de ellos, pero no precisamente por su capacidad docente o decente, sino por todo lo contrario. De los más de quinientos profesores y educadores que una persona tiene a lo largo de su vida, estoy convencido que tan solo dos o tres son los que se salvan de la hoguera. Personalmente siempre me oirás definirlos como docentes de tebeo, adoctrinadores de pacotilla o instructores de baratija. De los tres que recuerdo mejores, puedo certificarte que aprendí mucho con ellos. Lamentablemente su capacidad pedagógica no pasaba de mantener estresado al alumno todo el curso. ¡En fin¡ en mi época el lema era "la letra con sangre entra". Y vaya si entraba porque disponían de un instrumento llamado "chasca" con el que podían llamar la atención "chascando" o golpeándonos la cabeza con la bola que tenía.

- A lo largo de nuestra vida subimos y bajamos de escala social en alguna ocasión. Según tu propia impresión, (no según tu economía) ¿podrías decirme de qué clase social provienes y en qué clase social has terminado, Kent?

- Si solo me refiero al tema económico te aseguro que he pasado de clase media, a clase alta y a clase baja en varias ocasiones porque me he enriquecido y arruinado en cuatro ocasiones. Ahora bien si elimino el tema económico y dejo los parámetros intelectuales, culturales y social-religiosos, entonces siempre me he considerado clase media alta. Ten en cuenta que he cambiado de casa muchas veces por mi profesión y mis viajes, pero cuando más me costó fue en la infancia ¿Cuántas veces cambiaste tu de casa o de localidad en esa época?- le pregunto.

- En la infancia nos mudamos hasta catorce veces de lugar porque al ser tan pobres debíamos actuar de nómadas de la mendicidad, luego con mi padre diplomático, hasta que llegamos a Londres.- me responde dejando que los cabellos oculten su rostro por la vergüenza que siente de su infancia. Mantengo amigos desde entonces y aunque hemos pasado por todo tipo de situaciones y distanciamientos, aún tomamos té, al menos una vez al mes. ¡Ufff¡ ahora que lo pienso, esos son muchos años de amistad.

- A mí me ocurre igual con tres o cuatro de ellos.- le continuo casi cortándole la palabra.- ¡Para que luego me digan algunos que no soy fiel¡ ¡je, je¡ yo me entiendo y el que nos va a examinar más aún ¿Sabes a qué se dedican hoy?- le pregunto.

- Con los que tomo el té, claro que lo sé.- responde haciéndome un gesto de obviedad.- son tenderos, dentistas, fruteros y hasta una es política.- me responde sonriente.

Leo innumerables definiciones en los diccionarios que el destino o el ángel nos han proporcionado. Medito sobre lo que he sido, he hecho y he dejado de hacer. Converso con Kate y mutuamente nos ayudamos a preparar este examen final. Aprendemos, evolucionamos, reflexionamos y sufrimos. Todo ello para forjar la voluntad y formar el alma. Pero me faltan piezas para completar el puzzle ¿Y la caridad? ¿Qué es? ¿Qué papel juega en todo este mejunje que es la vida y la muerte? Unamuno la definía como el desbordamiento de compasión. Y puede que sea la mejor definición que jamás haya encontrado. Lo resume perfectamente, pero es escasa. ¡Ufff¡ ¿me permito criticar a un genio? ¿No es lo que he hecho toda mi vida? Personalmente creo que le falta el dolor a esa definición. ¿El dolor? Podría preguntame cualquiera. ¡Sí¡ pues para tener caridad se te debe encoger el corazón o sino no será caridad, sino un cumplimiento de obligaciones, es decir, obedeceremos las leyes de "lo que hay que hacer" cuando el dolor del alma, no el físico, te sobrepasa, es entonces cuando te arrancas con la caridad, con el deseo de ayuda, con la necesidad de protección ¿Qué es sino dolor reflejado, que sobrepasa y se vierte a compadecer los males ajenos y ejercer caridad? A fin de cuentas solo es un "proceso" más que sufrimos en esta modelación de la personalidad.

- ¿Cómo crees que es la angustia en el amor? ¿Útil o inútil?.- me dice Kate.- muchos dicen que el amor es la felicidad plena y que Dios es amor, por tanto felicidad. Personalmente, me ha pasado como a ti, que cuando me acercaba al amor, entonces sufría y cuando era hacía Dios, solo encontraba prohibiciones. ¿El amor es felicidad y plenitud? ¿Dolor y amargura? O ¿ambas cosas a la vez que se anulan? Nunca he tenido una respuesta clara. Soy consciente de que todo pasa por intentar un equilibrio que nunca llega y sí los extremos. También he llegado a la conclusión de que tenemos que pagar un precio por la felicidad, compensándola por la amargura. De tal modo que por cada unidad de la primera, hay que pagar cinco de de la segunda. Si hay que pagar peajes por el amor, Kent, entonces la condena que nos espera ahora en esta habitación será terrible ¿no?. ¿Crees que la vida se termina cuando se acaba el amor o nuestra capacidad de amar? Es decir, como si fuese nuestro interruptor para morir.

- Podría ser uno de los factores que influye en ello.- le respondo.- pero no en todos los casos.- puntualizo.- porque mucha gente muere enamorada en accidentes, o al menos, eso dicen de ellos. Eres una mujer preciosa y seguro que te lo has planteado más de una ocasión, dime ¿a qué tipo de hombre «le pones» normalmente?

- ¡Vaya¡.- me responde sonrojándose.- es cierto que no "le ponemos" a todos los hombres aunque al ser mujer, fuera lo normal. Creo que cada persona tenemos tres o cuatro perfiles alternativos con los que atraemos y nos atraen. Si hago memoria con los hombres que me han propuesto un té, observo que efectivamente mantenían parámetros semejantes. Y ¿Quién «te pone» a tí?.- me pregunta a bocajarro.

- He llegado a la misma conclusión que tú. Hace tiempo saqué las fotos de todas las mujeres con las que he estado y las clasifiqué por parecidos físicos. La sorpresa fue mayúscula al comprobar que efectivamente, como tú dices, existían tres grandes grupos clasificatorios. ¿Te has planteado alguna vez tener relaciones con otras mujeres?

- Nunca he tenido esa tendencia, pero es cierto también que me han planteado hacer tríos en varias ocasiones.- responde entre emocionada y avergonzada. Y si te hago la pregunta anterior, qué me respondes. ¿A qué tipo de hombre «le pones» normalmente?

- Jamás tuve esa inclinación y no me he fijado.- respondo tajante y ofendido.- aunque varias veces se me hayan insinuado. Veo que como mujer posees innumerables atributos para merecer que la gente te admire. Estoy seguro que te miras en el espejo y sabes por qué.- le digo cambiando de dirección.- ¿Podrías decirme algún atributo por el que te admiren y piropeen? Me refiero al físico, no a tu inteligencia, que también la posees.

- Todo el mundo siempre habla de mis ojos, de mi sonrisa y dulzura.- responde más avergonzada aún.- ¡no sé¡ ¡dime tu¡.- levanta la cabeza y me desafía seduciéndome pícaramente mientras le devuelvo los gestos.-

Mejoro mi estado anímico a medida que pasan los minutos, aunque la medición del tiempo en esta habitación no corresponda con la rotación y traslación terrestre, ni sea homologable en Londres con Greenwich. Acepto y quiero modelar mi espíritu de la mejor manera, pero ya sufrí bastante dolor en mi vida. Ese dolor tiene variables, grados y subjetividades. Digo que tiene subjetividades porque no todos pasamos las mismas pruebas en la vida, ni hay equidad en ella, más bien todo lo contrario. Muchas veces he pensado que a Dios le encanta vernos sufrir y es algo que me desespera, pues yo no lo concibo ni como humano, ni como padre. Digo que el dolor tiene grados y variables pues no es medible y según se adentra en cada uno de nosotros lo sentimos más que el dolor de los demás aunque un dolor de muelas sea igual a otro, a nosotros nos parece mucho mayor el nuestro. Muchísima gente se ampara en este sufrimiento para escaquearse del trabajo, de las obligaciones o para ser el centro de atención, y se deja llevar por los vientos de las apariencias. Otros en cambio, sufren angustias y agonías eternas que no se acaban nunca y se concatenan las unas a las otras a lo largo de su vida. Ellas también podrían decir que el dolor pertenece a las características de lo eterno e infinito y por ende a lo divino. Estas personas suelen despertar el consuelo y la caridad de los demás, pero solo durante un tiempo pues a la gente no le gusta compartir el dolor y prefieren las risas. Insisto en el dato personal, de que el dolor tiene variables, pues en él encontramos desde el claro y neto dolor corporal o físico, hasta el sufrimiento por las losas religiosas, pasando por el dolor del ostracismo y del aislamiento familiar y social. Muchos no encuentran alivio ni en Dios, ni en la familia o los amigos, más bien al contrario, es donde lejos de encontrar alivio y apoyo, encuentran el aplastamiento por someterse a cientos de prohibiciones, de personas tóxicas y dañinas o leyes que les impiden ser felices. Estas personas pasan del dolor a la angustia y de ahí, a la congoja que les aísla en su depresión a los abismos más profundos, más íntimos y hondos. También existen casos de gente que encuentran angustia dentro de la propia felicidad. Este es el peor de los casos y el que más me oprime el corazón, pues si me dan como premio a este examen final, la felicidad eterna y siendo los humanos inconstantes en nuestros gustos y necesidades, tanto que nos cansamos de hasta lo mejor... ¿Podríamos cansarnos de la felicidad eterna y ansiar variaciones de vez en cuando? ¿Es el premio adecuado para el ser humano o solo es un objetivo utópico que nos mantiene en el buen camino durante la vida, siendo conscientes de la dificultad de alcanzarlo? ¿Te imaginas toda tu vida feliz sin aburrirte de ello, sin necesitar cambios y apoltronándote? Lo que me lleva a pensar que si la vida es evolución y alcanzásemos la felicidad eterna, entonces dejaríamos de esforzarnos, con ello dejaríamos de evolucionar y podríamos apoltronarnos de tal manera que nos aburriéramos. ¿Suele uno sentirse acongojado hasta en medio de eso que llamamos felicidad y por la felicidad misma, a la que no se resigna y ante la cual tiembla? En la vida terrenal he visto muchos casos al respecto, claro que con cierta envidia de que nunca les pase nada.

¡Vaya¡ el tipo de blanco que esperamos no ha venido. Estamos cansados. Ella se retira a sus soledades mientras la observo alejarse. Me acuesto y leo Eclesiastés (Qohelet-Kohelet) cuando dice: *"Dije yo en mi corazón: Ven ahora, te probaré con alegría, y gozarás de bienes. Más he aquí esto también era vanidad. A la risa dije: Enloqueces; y al placer: ¿De qué sirve esto? Propuse en mi corazón agasajar mi carne con vino, y que anduviese mi corazón en sabiduría, con retención de la necedad, hasta ver cuál fuese el bien de los hijos de los hombres, en el cual se ocuparan debajo del cielo todos los días de su vida. Engrandecí mis obras, edifiquéme casas, plantéme viñas; Híceme huertos y jardines, y planté en ellos árboles de todos frutos; Híceme estanques de aguas, para regar de ellos el bosque donde los árboles crecían. Poseí siervos y siervas, y tuve hijos de familia; también tuve posesión grande de vacas y ovejas, sobre todos los que fueron antes de mí en Jerusalén; Alleguéme también plata y oro, y tesoro preciado de reyes y de provincias; híceme de cantores y cantoras, y los deleites de los hijos de los hombres, instrumentos músicos y de todas suertes. Y fui engrandecido, y aumentado más que todos los que fueron antes de mí en Jerusalén: a más de esto perseveró conmigo mi sabiduría. No negué a mis ojos ninguna cosa que desearan, ni aparté mi corazón de placer alguno, porque mi corazón gozó de todo mi trabajo: y ésta fue mi parte de toda mi faena. Miré yo luego todas las obras que habían hecho mis manos, y el trabajo que tomé para hacerlas; y he aquí, todo vanidad y aflicción de espíritu, y no hay provecho debajo del sol. Después torné yo a mirar para ver la sabiduría y los desvaríos y la necedad; (porque ¿qué hombre hay que pueda seguir al rey en lo que ya hicieron?) Y he visto que la sabiduría sobrepuja a la necedad, como la luz a las tinieblas. El sabio tiene sus ojos en su cabeza, más el necio anda en tinieblas: empero también entendí yo que un mismo suceso acaecerá al uno que al otro. Entonces dije yo en mi corazón: Como sucederá al necio me sucederá también a mí: ¿para qué pues he trabajado hasta ahora por hacerme más sabio? Y dije en mi corazón, que también esto era vanidad. Porque ni del sabio ni del necio habrá memoria para siempre; pues en los días venideros ya todo será olvidado, y también morirá el sabio como el necio. Aborrecí por tanto la vida, porque la obra que se hace debajo del sol me era fastidiosa; por cuanto todo es vanidad y aflicción de espíritu. Yo asimismo aborrecí todo mi trabajo que había puesto por obra debajo del sol; el cual dejaré a otro que vendrá después de mí. ¿Y quién sabe si será sabio, o necio, el que se enseñoreará de todo mi trabajo en que yo me afané, y en que ocupé debajo del sol mi sabiduría? Esto también es vanidad. Tornéme por tanto a desesperanzar mi corazón acerca de todo el trabajo en que me afané, y en que había ocupado debajo del sol mi sabiduría. ¡Que el hombre trabaje con sabiduría, y con ciencia, y con rectitud, y que haya de dar su hacienda a hombre que nunca trabajó en ello! También es esto vanidad y mal grande. Porque ¿qué tiene el hombre de todo su trabajo, y fatiga de su corazón, con que debajo del sol él se afanara? ¿Por qué todos sus días no son sino dolores, y sus trabajos molestias: aún de noche su corazón no reposa?. Esto también es vanidad. No hay cosa mejor para el hombre sino que coma y beba, y que su alma vea el bien de su trabajo. También tengo yo visto que esto es de la mano de Dios. Porque ¿quién comerá, y quién se cuidará, mejor que yo? Porque al hombre que le agrada, Dios le da sabiduría y ciencia y gozo, más al pecador da trabajo, el que allegue y amontone, para que dé al que agrada a Dios. También esto es vanidad y aflicción de espíritu".*

Me duermo con lo que decía Spinoza: *"Unaquaeque res, quatenus in se est, in suo esse perseverare conatur"*, es decir, cada cosa, en cuanto es en sí, se esfuerza por perseverar en su ser. Cada cosa es cuanto es en sí, es decir, en cuanto sustancia, ya que, según él, sustancia es *"id quod in se est et per se concipitur"*; lo que es por sí y por sí se concibe. Y en la siguiente proposición, (la 7.a, de la misma parte) añade: *"conatus, quo unaquaeque res in suo esse perseverare conatur nihil est praeter ipsius rei actualem essentiam"*; esto es, el esfuerzo con que cada cosa trata de perseverar en su ser, no es sino la esencia actual de la cosa misma.

CAPÍTULO 2

"Sin embargo lo que siente, éste que no sabe escribir, demuestra a las muy claras la pasión que es y le domina. Rompiendo muros caducos sin pensar que le endulzan las más cautivas ilusiones, cuando surgen casualmente sin acordes, métricas o rimas. Sobre todo cuando alcanzan embeleso y encantamiento y aunque a veces el soñar se burle con los encantos, que seducen en la vida, sensibles y embobados; preferidos son a veces, los acordes entre flores que entre sueños se esconden; a las del abandono, la vanidad, los celos o el egoísmo". (Maese Mercader).

Me despierto en la misma habitación sin que el tipo de blanco se haya presentado. ¡Bueno¡ aprovecharé para seguir leyendo el libro de la mesilla y para repasar los temas que he vivido y así preparar la entrevista para cuando llegue. Me levanto y leo Eclesiastés (Qohelet-Kohelet) cuando dice: *"Para todas las cosas hay sazón, **y todo lo que se quiere debajo del cielo, tiene su tiempo**: Tiempo de nacer, y tiempo de morir; tiempo de plantar, y tiempo de arrancar lo plantado; Tiempo de matar, y tiempo de curar; tiempo de destruir, y tiempo de edificar; Tiempo de llorar, y tiempo de reír; tiempo de endechar, y tiempo de bailar; Tiempo de esparcir las piedras, y tiempo de allegar las piedras; tiempo de abrazar, y tiempo de alejarse de abrazar; Tiempo de agenciar, y tiempo de perder; tiempo de guardar, y tiempo de arrojar; Tiempo de romper, y tiempo de coser; tiempo de callar, y tiempo de hablar; Tiempo de amar, y tiempo de aborrecer; tiempo de guerra, y tiempo de paz. ¿Qué* *provecho tiene el que trabaja en lo que trabaja?* *Yo he visto el trabajo que Dios ha dado a los hijos de los hombres para que en él se ocupasen. Todo lo hizo hermoso en su tiempo: y aún el mundo dio en su corazón, de tal manera que no alcance el hombre la obra de Dios desde el principio hasta el cabo. Yo he conocido que no hay mejor para ellos, que alegrarse, y hacer bien en su vida: Y también que es don de Dios que todo hombre coma y beba, y goce el bien de toda su labor. He entendido que todo lo que Dios hace, ésto será perpetuo: sobre aquello no se añadirá, ni de ello se disminuirá; y hácelo Dios, para que delante de él teman los hombres. Aquello que fue, ya es: y lo que ha de ser, fue ya; y Dios restaura lo que pasó. Ví más debajo del sol: en lugar del juicio, allí la impiedad; y en lugar de la justicia, allí la iniquidad. Y dije yo en mi corazón: Al justo y al impío juzgará Dios; porque allí hay tiempo a todo lo que se quiere y sobre todo lo que se hace. Dije en mi corazón, en orden a la condición de los hijos de los hombres, que Dios los probaría, para que así echaran de ver ellos mismos que son semejantes a las bestias. Porque el suceso de los hijos de los hombres, y el suceso del animal, el mismo suceso es: como mueren los unos, así mueren los otros; y una misma respiración tienen todos; ni tiene más el hombre que la bestia: porque todo es vanidad. Todo va a un lugar: todo es hecho del polvo, y todo se tornará en el mismo polvo.* ***¿Quién sabe que el espíritu de los hijos de los hombres suba arriba, y que el espíritu del animal descienda debajo de la tierra?*** *Así que he visto que no hay cosa mejor que alegrarse el hombre con lo que hiciere; porque esta es su parte: porque ¿quién lo llevará para que vea lo que ha de ser después de él?"*

Entiendo que debamos pasar en esta habitación un día más, o quizás una semana entera para prepararnos para este examen final. Si no fuera por el estado en el que me encuentro, a caballo entre lo muerto y el destino final, esta situación me daría mucho morbo y hasta hubiese pagado dinero por subirme a esta atracción. ¿Por qué nos atrae tanto el *morbo*? Y cuando lo pluralizo, lo hago consciente que tanto a hombres como mujeres nos atrae. Sin embargo cuando acudo al diccionario me sorprendo encontrando que morbo es sinónimo de enfermedad, de epilepsia, de sífilis e ictericia. ¡No lo entiendo¡ ¿Puedes explicármelo querido sabio? Sigo escudriñando en el diccionario y leo con estupor que *morboso* es el enfermo, o lo que causa enfermedad. Insisto en hallar una explicación y leo que *morbosidad* es el conjunto de casos patológicos por los que se caracteriza el estado sanitario de una población. ¿Quiere ésto decir que nos atraen las enfermedades? Sigo sin entender este mundo que acabo de dejar y del que provengo. Por otra parte siempre oigo hablar de la atracción que un "ángel con corazón de diablo" provoca en los hombres, refiriéndose a las mujeres y me sorprendo aún más cuando veo que las encuestas de ellas, prefieren a un hombre con toque transgresor y malo. ¡No entiendo nada¡ ¿nos gustan las contradicciones y las incongruencias? ¿Tan perjudicados estamos en esta sociedad? ¿Por qué se dice que "las chicas buenas van al cielo y las chicas malas a todas partes?" Por lo que veo da lo mismo una mujer con sonrisa de conejito y el botón de la blusa desabrochado, que una fuerte y agresiva. Pero a la hora de meterse en la cama con ellas; pocos son los que quieren a la hija de Drácula mirándote a dos milímetros de distancia; prefiriendo a alguien dulce como la miel, hermosa como el atardecer y lista como el hambre. Decimos que preferimos mujeres como Lara Croft y no admitimos que gane más dinero que nosotros. Decimos que queremos la mujer capaz de acabar con una invasión alienígena, pero que se rinda ante nosotros. Queremos una mujer que sepa hacer todos los trucos amorosos y con mucha experiencia, pero sin que haya estado con otro hombre antes que nosotros. ¡No entiendo nada¡ si pensamos que ellas buscan a un Rambo sin violencia, a un exitoso ejecutivo de multinacional que siempre esté en casa y a un hombre que resuelva sus problemas y las entienda sin decirle con claridad y sinceridad lo que quieren. Entonces ¡no entiendo nada¡ ¿Será que todo depende de las condiciones? Reflexiono en el hecho de que hemos montado un mundo en el que todo gira en torno al requisito, a la situación o a la circunstancia que sea, pero que es necesaria o se exige para que sea posible tal o cual cosa. Para cualquier actividad que queramos hacer son necesarias unas condiciones especiales, un título para ser médico, un visado para viajar, una tasa para mandar una carta (menos para presidente del gobierno o empresario y así nos luce el pelo). Esas características más bien parecen genéticas que aprendidas, pues forman parte del carácter del modo de ser de una persona. Hay algunos/as que son de condición tan sensible y todo les afecta. ¿Esas son las condiciones? Entonces, ¿qué es una condición? Me pregunto constantemente. Si me fijo en el propio término tiene dos y no solo uno ¿cuáles? Pues "con"+"dicción", dicho de otra manera, es algo que haremos "con" el lenguaje pero "con" el fin de construir. ¿Cuántas veces destruimos y complicamos en lugar de fluidificar y construir? Personalmente creo que hemos prostituido el término y así nos va. Empleamos la palabra condición para referirnos al estatus social de las personas, del mismo modo que para criticar el estado sanitario de los alimentos o de la vivienda de alguien. ¿Nos fijamos en cuántas personas no viven en condiciones, porque son de condición humilde? Usamos el término "condición" desde sinónimo de índole, naturaleza o propiedad de las cosas, hasta para determinar la situación o circunstancia indispensable para la existencia de otra, pasando por ser la cláusula obligatoria, la circunstancia exterior que determina, limita o modifica el estado de algo, el estado social o calidad del nacimiento. Dicho de otra manera, este sustantivo femenino, es usado por los humanos tanto para definir, como para limitar. Tanto para imponer, como para restringir. En lógica, se estudia que la condición es de por sí, necesaria y suficiente. Por ejemplo, si en una implicación se llama C a la hipótesis y F a la tesis, C —> F recibe el nombre de teorema directo, y expresa que C es condición suficiente de F, o bien que F es una condición necesaria para C. Cojo fuerzas para continuar este segundo día recordando lo que decía (Sénancour: Obennann, legre XC.) sobre el hombre y el consejo que nos dejó allí. "L'homme est périssable. -¡Il se peut¡; mais périssons en résistant, et, si le néant nous est réservé, ne faisons pas que ce soit une justice ». Viene a decir algo semejante a que el hombre es perecedero. ¡Puede ser¡, pero perezcamos resistiendo, y nada nos reservemos, no es de justicia.

- Me gustaría que al nacer, o en la escuela, nos aportasen un resumen de los errores a evitar para tener que sufrir inútilmente el resto de la vida.- me dice Kate.- debería formar parte de nuestras enseñanzas ¿No te parece que sería una buena idea? En lugar de tanto comecocos de que tenemos que sufrir, que nos conduce a una especie de bucle sinfín de darle vueltas a un hecho que ya ha pasado, sin avanzar y sin aceptarlo como algo inevitable. ¿Nos complicamos inútilmente la existencia, o nos la complican los que quieren controlarnos? Nos hablan de la libertad de expresión y los derechos que tenemos, pero ¿realmente podemos expresar todo lo que pensamos, aunque estemos convencidos de tener la razón? Pues no. Unas veces nos condenan a muerte, otras al ostracismo, las terceras veces nos chantajean por ello y en todas las ocasiones nos meten en círculos en donde dejamos de confiar en nosotros mismos, dudamos de todos, nos volvemos vulnerables y llegamos a creer que los demás tienen razón. Pasamos entonces a acatar sumisamente adoctrinamientos de pacotilla y docentes de tebeo que nos inducen a echar la culpa a los demás como tratamiento a nuestras afecciones. Pensamos que no tenemos solución. Efectuamos giros drásticos vitales que nos ahondan más en ese remolino. Vivimos todo tipo de contrariedades y cada novedad se nos hace un mundo de tragedia y drama. Llegamos al agotamiento físico, mental, económico y social, y todo por escuchar lo que nos dicen desde todos los lados posibles.

- La gente se expresa por medio de palabras habladas o escritas y lo mismo te dicen "mamá", que sostienen una opinión diciéndote que no tienes razón.- le comento.

- La gente dice por decir, como si decir y hacer fueran consecutivos. Hablan sin conocimiento exacto expresando la opinión pública.- me responde.- es decir, introducen la explicación de lo que acaban de decir.

- Ni que decir tiene que lo que van a decir es evidente y conocido por todos.- le continúo el juego de palabras con el uso del verbo en cuestión.- ¿Qué es decir? ¿Es este otro de esos términos concretos y abstractos? Pues también lo es. Con él expresamos mediante un conjunto de palabras cualquier idea especialmente si tiene gracia o contiene una sentencia. Dicho o refrán ¡qué más da¡. Pero también hablamos del "qué dirán" y no debe importarte el qué dirán.

- ¡Gracias¡ has vuelto a hacerme pensar y sonreír al mismo tiempo usando ese juego tuyo de palabras.- me dice Kate.- ¿Si fuéramos todos juntos no sería mejor?

- A eso se le llama "dicho notable", frase ingeniosa o sentenciosa. Es un decir...- sentencio el juego de palabras con este transitivo, que lo mismo se refiere a hablar, que a silenciar, pasando por manifestar, declarar, exponer, explicar, proclamar, espetar (coloquial), callar, u ocultar. Leo el diccionario y dice (je, je): Declarar y manifestar hacen hincapié en el carácter público de comunicar algo. Proclamar, además, presenta la característica de anunciar en voz alta. Decir y exponer, que son formas hiperónimas de las demás voces, hacen referencia a la acción de expresar con palabras. Explicar incide en la finalidad de hacer comprensible un hecho o un problema. Y donde dije digo, digo Diego, porque a fin de cuentas yo también sé opinar. Y cambiando lo físico por el entendimiento pregunto ¿Qué características intelectuales te atraen más, tanto en hombres como en mujeres?

- Después de esta disertación de entendimiento, proclamación y expresión que me acabas de dar, dejándome boquiabierta, solo me queda por responderte que lo que más me atrae de un hombre es su intelecto. Ahora bien, busco un hombre que sea culto, inteligente, hábil con la dicción, pero sin ser pesadito como tú, sin caer en la pedantería como acabas de hacer y que me haga reír y no llorar como tú. Con esa belleza que te característica, a caballo entre exótica y tradicional, estoy convencida de que habrás tenido relaciones a montones ¿Cuántas parejas sexuales has tenido hasta ahora en la vida, Kent?

- ¡Ufff¡ me has dejado para el arrastre (empleando términos taurinos).- le respondo tras aguantar el jarro de agua fría que acabo de recibir con merecimiento.- por contestarte, diré que un caballero nunca comenta nada de sus relaciones y menos ante una dama como tú.

- ¡Qué cara más dura tienes¡.- alega Kate.- Imagino que la mayoría de las personas a las que has deseado, son con las que te has acostado, y te pasará como a mí, que de todos los novietes que he tenido, hay algunos que mejor no haberlos tenido. ¿Con cuáles te arrepientes haberte acostado?

- Sin lugar a dudas el gran error de mi vida ha sido la persona que me la arruinó.- le contesto poniéndome la mano en el pecho del dolor de corazón que me provoca.- ¡lo siento¡

- ¡Comprendo¡ y entiendo que no quieras hablar de ella.- me ayuda.- pues contéstame al revés   ¿Con quiénes te arrepientes de que no hayan soportado tus noventa kilos?
- De esas hay a cientos.- le digo.- como hombre y muy activo que he sido, hubieron muchas con las que no tuve relaciones físicas por aquello de que unas veces era pecado y otras había que ser fiel a esa persona que me arruinó la vida.
- Entonces ¿te arrepientes o no te arrepientes, de no haber mantenido relaciones?.- me pregunta.
- Si te soy sincero no sé qué responder y soy consciente de que va a ser una pregunta que caiga en el examen final.- respondo ayudándome de las manos con gestos dubitativos.- por un lado me siento un tonto por no haber aprovechado mi vida y mis cualidades por fidelidad a alguien que me arruinó en todos los sentidos. Por otro lado me alegro de no haber pecado. De lo único que estoy orgulloso es de no haber pagado nunca por sexo o compañía, a pesar de la soledad. En el mundo del que venimos, el sexo es el que más dinero mueve y más fantasías complacen. Está claro que de un modo u otro, todos tenemos las nuestras. Dime ¿Cuáles son las fantasías sexuales que no has cumplido y las que has satisfecho? Piensa que aunque a mí me mientas, al que viene a hacernos el examen no le vas a poder mentir.
- Es cierto que todos tenemos fantasías sexuales con alguien.- me responde Kate.- personalmente me hubiera encantado tener romances bonitos de novela con algunos actores famosos. Hacerlo en entornos paradisíacos como playas solitarias o cascadas en mitad de la selva. Pero solo son éso, ¡fantasías¡
- ¿Ha habido personas con las que has hecho el amor y que no las desearas?.- le pregunto. Ella hace una pausa, baja la cabeza y regresan las lágrimas.
- ¡Sí¡.- responde.- pero no quiero recordarlo ¿vale?

- Ok, no te preocupes.- le tranquilizo y zanjamos la conversación.

Traigo de mis recuerdos el hecho de que siempre que escribía algún epítome, he tenido que recurrir cientos de ocasiones a los diccionarios, y con ellos a sus definiciones. Posteriormente y a continuación, siempre exponía mis pensamientos, diatribas y réplicas al mismo, con lo que me he ganado muchos enemigos y detractores. Creo que exponer mi propia posición frente al problema que vengo examinando con la suficiente acritud al docente de tebeo que lo ha definido de manera incompleta, no es más que una crítica constructiva. En cambio, mis seguidores nunca me acusan de vacilar por muchos interrogantes que apunte. Más bien al contrario, me animan a seguir haciéndolo porque con ello se enriquecen los diferentes puntos de vista existentes. Mis contradicciones no son en las teorías e ideologías, sino de carácter personal e intransferible, que pocas veces traspasan las líneas de una página. Mis detractores se desesperan porque dicen *"no le puedo "encasillar"...ni sus obras siguen los cánones ortodoxos, ni los heterodoxos, él escribe a su modo en una especie de alquimia muy difícil de imitar"*. Como tampoco compito con nadie, los críticos de botijo se desesperan aún más y yo les digo que mi única competición es conmigo mismo. De cuello para arriba hay unas opiniones que de cuello para abajo no existen en mi. ¡En finᵢ regresaré con Kate, aunque en esta dimensión los pensamientos los escuchan todos y a estas horas, ella ya sabrá lo que he discurrido para mí mismo.

- ¿Crees en ti mismo, Kent?.- me pregunta Kate sin apenas dejarme responder.- Estoy convencida de que si en lugar de tanta costumbre, hábito y equilibrio que nos complican la existencia, más que nos ayudan a ser felices, deberíamos eliminar muchos de ellos y potenciar otros. Solo necesito sentirme bien cada día. Sentirme bien conmigo misma, con mi entorno y con los que me rodean ¿Es mucho pedir? Algunos me aconsejan que mire en mi interior y reflexione en meditación, porque supuestamente, dentro de mí está la felicidad. Si estuviera en mis manos ¿no creen que ya la sacaría? Está claro que si en los momentos difíciles no confío en mi misma y pretendo que los demás sean los que me ayuden, ¡la llevo cruda¡ Otros me aseguran que si soy capaz de convertir las crisis en oportunidades, encontraré la felicidad. ¡Nos ha fastidiado¡ y si me toca la lotería, la mitad de mis problemas terrenales también. Los cuartos me aconsejan alejarme del problema durante un tiempo, preparar otros objetivos para de esta manera tomar decisiones de manera racional. Yo les digo que el simple hecho de intentar cada día una nueva enseñanza ya es más que complicado, pues la irritación diaria requiere de excesivos esfuerzos de autocontrol. Pretendo ser lo más realista posible, dentro de mis limitaciones. Hasta de cuando en cuando intento premiarme con algo, evitando caer en solo premios como medio de evasión. No soy de las personas que tengan mucho sentido del humor, pero de vez en cuando me río con cualquier tontería. Es cierto que las personas con sentido del humor aparentan llevar mejor los sufrimientos. ¿Por qué no nos enseñan desde pequeños a ser felices y no a que tenemos siempre que sufrir? ¡Vaya mierda de existencia¡ ¿no?

- Para existir hay que tener una realidad física o mental, es decir, tener vida como hablamos hace un tiempo.- le digo.- La manera de inculcarnos que debemos sufrir mientras existimos es una forma de fortalecernos, pero también de controlarnos. Personalmente creo que los educadores deberían sentir respeto por las personas que ya no existen y por las que existimos estando bajo su tutela haciéndonos más fácil este proceso vital, sin incrustar esas ideas en nuestra mente que al final se convierten en una cosa ser real o verdadera que nos fagocita. En donde terminamos diciendo "La vida, esa tía tan aburrida que pretende que estemos todo el tiempo pendiente de ella" como decía yo de pequeño.

- Deberíamos serestear más y pensar menos.- me contesta. Ser y vivir, no vegetar. Inexistir o faltar.

- Tienes toda la razón, deberíamos vivir teniendo a alguien o algo vivo y feliz en nuestra existencia. Todos nacemos de la unión de un padre y una madre, pero no todos nos criamos con ellos o los vamos perdiendo antes de tiempo como es mi caso. Personalmente no tengo una respuesta clara y por eso quiero saber tu opinión. ¿Para ti, cuál de los dos es más importante el padre o la madre?

- La experiencia demuestra que ambos son importantes, complementarios y generan una simbiosis en los hijos.- responde Kate.- el problema es que ni todos los padres son buenos, ni todas las madres y tampoco todos los hijos. Todo depende de la suerte que se tenga y en este caso hay tres suertes al retortero, con todas las combinaciones posibles. La sociedad en que vivimos tú y yo, es diferente de la que vivieron en la antigüedad. Los valores cambian, los entornos, las leyes y fundamentalismos influyen en las culturas y en los tipos de familia. En tu época no se te ocurría rechistar a tus padres y hoy en día los niños ni obedecen, ni escuchan a los padres, cuando no les denuncian.

- Vemos una evolución que no sé bien si a mejor o a peor. El tiempo lo dirá, aunque ya no tenga remedio. ¿Cuál de los dos sexos lo tiene más fácil en nuestra sociedad? – pregunto.

- En el mundo del que procedo el hombre manda. En cambio en occidente habéis aplicado la ley del péndulo y son las mujeres las que tenemos todas las ventajas, a pesar de que sigan existiendo diferencias y prejuicios. Si a mí me preguntasen ¿Qué género ha cambiado más en los últimos años en lo que respecta al papel que ha venido desarrollando en la sociedad? ¿El del hombre o el de la mujer? Sinceramente, no lo tendría tampoco muy claro. Creo que ambos han ganado y perdido. ¿Cuál es tu opinión?

- Las mujeres presumís de más inteligentes que los hombres, y posiblemente sea cierto. Pero lo habéis demostrado fatal. En el caso occidental, habéis pasado de ser amas de casa a trabajadoras externas, sin dejar de ser amas de casa. Nadie en su sano juicio hubiera querido todo lo malo de las opciones, pero vuestra ansia de demostrar que sois mejores os ha llevado a perder la perspectiva de las ventajas.- le digo a Kate. ¿Cómo te explicas que, en todos los países occidentales, aún las mujeres sigan ganando menos que los hombres a la hora de realizar el mismo trabajo y a pesar de tanto convenio colectivo y sindicato de pacotilla? Sinceramente creo que lo habéis hecho fatal.- hago una pausa. Me quedo mirándola y admirándola.- Perdona que me haya quedado absorto mirándote pues eres bonita de veras. Estaba intentando descubrir los rasgos que tienes pertenecientes genéticamente hablando a tu padre y a tu madre. Sé que si estás en Londres es porque hay cosas de Pakistán que no te gustan ¿Qué prejuicios tienes contra sus compatriotas? Y seguro que alguno de ellos te afecta directamente ¿Cuál de esos prejuicios te afectan hoy en día y te acomplejan?

- Sin lugar a dudas, primero el trato y el papel de la mujer en la sociedad.- responde Kate.- después el atraso que el mundo musulmán ha sometido a sus habitantes, pues da la impresión de que estamos en la edad Media. Y en tercer lugar el que el dinero siga en manos de jeques que construyen ciudades al estilo europeo y americano manteniendo esclavitud de los habitantes. Como tú dices de los términos lingüísticos, es absurdo y paradójico, pues es un mundo concreto y abstracto al mismo tiempo.

Mentiría si dijese que me acusan de tener cimientos insostenibles. Faltaría a la verdad si les diese la razón a los que me acusan de ello. Tengo claro que las obras quedan y las gentes se van, como decía Julio Iglesias en la canción con la que se hizo famoso en Benidorm. Pero tengo aún más claro que sin movimiento, es decir, sin actuar, no hay obras. De modo que si hay obras no pueden existir las dudas, pero sí los pensamientos. Y seguimos siempre en lo mismo. ¡Vale¡ acepto que existan contradicciones en la vida, pero precisamente son lo que unifica mi vida y le da razón práctica de ser. El apasionado vive con incertidumbres y el frío lo hace en conflicto. La diferencia estriba en los resultados, en las obras. ¿Por qué? ¿Porque vivimos para pensar? O ¿Porque pensamos para vivir? Seguramente la solución a esta diatriba sería el establecer como término medio el dicho de que vivimos porque pensamos y pensamos porque estamos vivos ¿no? Dejando como resultados de ambos parámetros las obras que realizamos.

- ¿Qué estrategia me aconsejarías para dejar de sufrir en la vida? - me pregunta Kate como si yo tuviera la varita mágica o el remedio. Tan solo podría basarme en el funcionamiento fisiológico del sistema nervioso autónomo, pero si ella no ha sido capaz de solucionarlo, dudo que yo lo sea.- ¿Cuándo no actuamos correctamente y cuándo lo hacemos? Lo pregunto porque si lo hago conforme a unas normas, contradigo otras y si lo hago pensando en mi misma, me tachan de egoísta y este examen final no lo voy a pasar. Tienes razón Kent, al decir que preferirías a veces ser otro ser vivo sin tanta complejidad. En la religión católica y por extensión en las otras, se nos dice que ofendemos y pecamos de palabra, hecho y omisión. De esta manera siempre pecamos y nunca podemos estar a gusto con nosotros mismos. Gracias a todas esas cosas vivimos en ansiedad y estrés que nos conducen a la infelicidad y a la enfermedad, en lugar de sanarnos. Deberíamos tener otro manual de instrucciones para la vida, en donde el esfuerzo fuese encaminado a la felicidad y no al sufrimiento. Es cierto que personalmente tiro de la asertividad para ayudar a mis pacientes, pero en raras ocasiones me sirve a mí misma.

- La única estrategia que te recomiendo a ti y a tus pacientes es la de perdonar.- le contesto.

- ¿Crees que solo perdonando se acaba?

- No se acaba pero se palian muchos de los síntomas. piensa en ¿qué es perdonar? Y lo entenderás.

- ¿Olvidando la falta que ha cometido otra persona contra otra (o contra otros) y no guardarle rencor ni querer castigarle por ella, o no tener en cuenta una persona una deuda o una obligación que otra tiene con ella, ya se palian los síntomas?.- me reprocha.

- Si no le ha perdonado lo que hizo, dejará pasar o escapar algo, especialmente un medio, una ocasión o un esfuerzo que le librará a ambos de algo. Al que lo hizo de la deuda y al que perdonó de la ira. Ahora bien, nunca precedas el perdón de la negación (no), pues entonces significa aprovechar, utilizar, practicar, etc., reforzando grandemente cualquiera de estas significaciones. La idea general de perdonar se halla en el fondo de numerosos verbos con matices especiales. Remitir es palabra culta, de cierta solemnidad: remitir los pecados, las culpas. Disculpar y excusar refieren a faltas u omisiones, graves, leves. Exculpar y descargar la culpa es declarar sin culpa a alguien. Dispensar se hace con faltas leves o el cumplimiento de algún requisito. Eximir se hace de una obligación. Indultar y amnistiar (delitos políticos) se hace sobre penas personales impuestas por la ley; también en esta acepción se utiliza condonar, pero más si se trata de deudas o sanciones pecuniarias; conmutar una pena es cambiarla por otra inferior, especialmente la de muerte por cadena perpetua. Absolver tiene sentido espiritual o moral que lo hace aplicable a pecados, injurias, resentimientos; también significa declarar la inculpabilidad de un reo el juez o el tribunal de justicia.

\- Ahora comprendo por qué es tan importante el perdón y por qué Dios no se cansa de perdonarnos.- me contesta.

\- Dios es como un padre que siempre perdona hagas lo que hagas y está dispuesto a recibir a sus hijos arrepentidos.- le digo.- hablando de padres e influencias, aparte de papá y mamá, ha habido varias personas que han influido en mi vida. Entre ellas Jose Antonio mi consiliario que consiguió mantenerme en la fé.- ¿Podrías nombrarme a tres personas que hayan influido en ti? Me refiero de manera positiva claro está.

\- En mi mundo, la familia entera influye, el imán de la mezquita de turno, o el sacerdote cuando cambié de religión, los catedráticos y facultativos con los que trabajas influyen en cada uno de nosotros. Ahora bien, si cambio tu pregunta por esta otra, ¿destácame tres que te hayan dejado huella y cambiado tu vida, o al menos que hayan provocado un punto de inflexión en ella?.- responde Kate.- entonces te diré que sin lugar a dudas los que más han influido en mi han sido los pacientes que he atendido. Recuerdo momentos que cambiaron mi vida precisamente atendiendo a heridos de los bombardeos americanos y a los refugiados en campos de exiliados de Irak. Ya que tenemos tiempo mientras esperamos, cuéntame alguna situación similar en la que te hayas sentido desbordado ¿Y a ti? ¿Hay algo que te haya cambiado la forma de ver las cosas?

\- En mi vida, sobre todo cuando navegaba, he tenido que enfrentarme a sucesos peliagudos que incluso me han sobrepasado. La muerte de mi padre, la de mi madre, mi accidente que me dejo en silla de ruedas un buen tiempo, el enfrentamiento con mafias y delincuentes, y la lucha contra las sectas han sido los peores. En el lado de los acontecimientos buenos sin duda el nacimiento de mi hija. Ver muertes, atentados, víctimas y sufrimiento me ha hecho dudar de Dios y desconfiar planamente en el ser humano. He comprobado la crueldad de las personas, su capacidad de destrucción y su informalidad.

- En tu opinión, ¿hasta qué punto eres formal?.- me pregunta añadiéndome a la lista de seres humanos que acabo de describir.

- Desde niño tuve que llevar dos vidas paralelas en las que era dos personas diferentes. En una era Kent el bueno, el empresario, el formalito cumplidor, mientras que en la otra era Jorge, el trasto, el gamberro, el violento. Supongo que todos llevamos dentro el ángel y el demonio, el bien y el mal en lucha constante..- le digo.

- ¿Cuál era la que más se parecía a ti? Es decir, ¿en qué papel estabas más a gusto?

- Sin dudarlo siendo Jorge.- respondo pícaramente.- pero con eso de que había que ser buen cristiano ganaba siempre Kent. Eso me ha conllevado ser completamente infeliz y desdichado teniendo que sufrir estrés por no dejarle salir.

- ¿Has matado alguna vez?

- He tenido en el punto de mira a más de uno.- respondo bajando la cabeza.- he herido a varios y mandado al hospital a otros cuantos mientras era Jorge. Te aseguro que siendo Kent me siento un tonto útil y débil, mientras que con Jorge soy fuerte y disfruto. Pero hablemos de ti.- cambio el sentido del diálogo.- Imagino que no siempre habrás sido formalita. ¡Anda¡ cuéntame algún período en el que fuiste completamente informal y así nos reímos un rato.

- Te aseguro que lo peor que hice fue robar para comer y dar de comer a mis hermanos hasta que mi padre consiguió ser diplomático.- responde.- es lo más informal que he sido.

Recibo impresiones de cada cosa, dato, cuestión u observación que hago. Me pasó igual en mi vida y una de las conclusiones a las que llegué es, que aunque haya muchas personas que se lo tomen todo a la ligera, llega un momento en que también tienen la necesidad de ser conscientes de los por qués de sus actuaciones. Siquiera ellos son conscientes de tal necesidad. Solamente se aprecia este detalle cuando les vemos justificarse, entonces, es cuando ellos se percatan de tal necesidad y reflexionan sobre su conducta, obra, dicho o hecho. Acto seguido se enfrentan los diferentes tipos de conducta. Interviene los que denominamos en las películas de asesinatos "móviles" ¿Cuál es el móvil que le ha impulsado a hacer tal o cual cosa? La paradoja de la vida y de la observación me lleva a concluir que lo que aparentemente es el mismo móvil, paradójicamente puede dar como resultado obras antagónicas en individuos diferentes. Es decir, que lo que a uno le parece bueno, al otro le parece malo. Por ejemplo, si subimos a dos personas a un rascacielos, la experiencia (o móvil), puede resultar fantástica a uno por aquello de las vistas, mientras que al otro puede resultarle horrible, por aquello del vértigo a las alturas. Así, unos sobreviven en la soledad siendo felices, mientras que los otros se suicidan ante la misma soledad. ¿Adónde quiero llegar con este pensamiento? Muy simple, quiero llegar a esta habitación en la que dos personas nos enfrentamos al mismo destino con el mismo móvil, pero con actitudes bien diferentes. Si traslado esta diatriba a la humanidad y la pongo en el trance de la muerte, veo que términos tales como incertidumbre, duda, miedo, desesperación, depresión, alegría, alivio, etc. pueden irse emparejando con cada uno de las personas. ¿Cuál es la diferencia? Que los que tienen sólidos valores religiosos mueren con una sonrisa, mientras que los demás lo hacen con temor y duda. ¡Ufff¡ ahora es cuando me entra a mí la tembladera de piernas, pues soy consciente de la cantidad de críticas y reproches que le hice al "Jefe". Será mejor que me centre en Kate a ver si aprendo algo y me distraigo.

- ¡No suframos inútilmente! .- me dice Kate.- controlemos nuestro aprendizaje, nuestro pensamiento negativo y conduzcámonos hacia la felicidad de una puñetera vez. Vivamos el presente, no el pasado que ya no está y nos condiciona el futuro arrasándonos el presente. ¡No dispersemos nuestras energías, ni perdamos nuestras ilusiones! Sobre todo las ilusiones de los niños, pero tampoco las de los adultos y menos aún las de los ancianos. ¡Hagamos que desarrollen sus habilidades, que rían, que disfruten¡, pero preparémosles también para el dolor, sin que éste se convierta en la necesidad de la vida. ¡Amemos¡ porque Dios es amor.
- Sentimos amor, cariño y pasión por alguien o algo, por una persona o cosa. Le deseas. Te apetece tenerlo. Sientes algo por ella. Pero también es otro de esos términos concretos y abstractos al mismo tiempo. Este transitivo se usa tanto de manera culta, como literaria o callejera, aunque en estas últimas, se sustituye por querer. Galanteamos. Requerimos caricias y las damos. Flirteamos con el género contrario para llamar su atención y atraerles. Enamoramos y nos enamoramos. Cortejamos y seducimos por amor.

Conduzco mi mente a recordar la cantidad de personas que he soportado en mi vida diciendo aquello de "soy así…" como si aquello fuese inamovible y le tuvieras que amar o dejar en una decisión de vida o muerte. Peor situación he soportado cuando no es la persona afectada quien lo dice, sino los que conviven con ella, introduciendo un halo de sumisión y resignación que hace de su impotencia un pedestal para aquel ser, que basa todo su poder en generar una conducta suspendida en una red invisible de sentimientos que degeneran en dogma para unos y en estigma incontrovertible para otros. Los unos corren el riesgo de convertirse en fanáticos frickies, mientras que los segundos se disuelven en la esclavitud. La persona en cuestión adopta la firmeza inamovible como algo sólido, sin darse cuenta de que siquiera la tierra que pisa es firme. Ese estoico ideal cae presa del pánico ante cualquier terremoto, tsunami o fenómeno que ponga en riesgo su vida en solitario. A este "ente" le tiemblan hasta las pestañas cuando su orbe, su mundo invisible se convierte en ruinas. Giro mi mente y las ideas a otra dimensión y pienso ¿cómo sería nuestra conducta en la vida terrenal si no temiésemos al infierno? Personalmente creo que sería un exterminador en serie, cortador de cabezas y destripador de malos. ¡Je, je, je¡. Bromas aparte, no sé lo que haría yo y menos lo que haría el resto del mundo, o cómo sería éste, si es que siguiera en pie y no nos lo hubiéramos cargado ya. Pues al que os diga que si no estafa y pone cuernos a su más íntimo amigo, es porque teme al infierno, podéis asegurar que, si dejase de creer en éste, tampoco lo haría. ¿Habría que inventar la religión? ¿O habría que inventar otra explicación cualquiera? Supongo que algo de los dos tendríamos que hacer si el factor de supervivencia siguiese arraigado en nosotros.

- ¡Nos pasamos la vida sufriendo!.- me dice Kate.- me parece que sufrimos con demasiada facilidad y me explico. No es que seamos débiles o cosas similares, sino que si contabilizamos la cantidad de días que dedicamos a sufrir, que restamos de sueño y similares, me percato que son demasiados en nuestra vida. Quizás alcancen la mayoría. ¿Cuánta vida se nos pierde soportando?, ¿cuánta energía malgastamos?, ¿cuántas ilusiones y esperanzas destruimos?, ¿cuántas ocasiones perdemos?, ¿cuántas alegrías asfixiamos?... ¿hay excusa a tanto desconsuelo?, ¿la vida es tan ardua y la tranquilidad tan imposible?, ¿de verdad nos creemos que nuestro destino es sufrir?, ¿que vivimos para pasarlo mal?...

- Descansa un rato Kate, que empiezas a estar obsesionada con el sufrimiento. Para de este trabajo, pues ahora es la actividad que desarrollamos. Repón fuerzas aunque aquí no se coma, ni se beba como en la tierra, pero se piensa demasiado, se reflexiona en exceso y se repasa más de lo debido. Quédate tranquila después de esa preocupación y dolor que sientes. Ahora tenemos el descanso del entierro y el eterno después si nos lo hemos merecido.- le recomiendo.

- No quiero descansar en el último trayecto.- me dice.- se supone que debemos repasar nuestras vidas. Se supone que debemos poder enmendar lo que podamos para aliviarnos asentándonos en el bien. No quiero que piensen que holgamos, que hacemos el vago pues estaríamos cayendo en la pereza.

- Siente pues el alivio de tu pena. Relájate cinco minutos, aunque aquí no se mida el tiempo.- le sigo recomendando.- Por cierto.- le cambio de tema.- todos tenemos ingresos que suelen provenir de nuestra profesión. Personalmente he tenido tantas profesiones que ya ni me acuerdo de todas. Eres médico y de ahí tienes tus ingresos, pero ¿A qué te dedicas profesionalmente que no sea a la medicina?

- Bueno, como todos, yo también hago manualidades para vender. Por ejemplo bufandas y gorros de lana.- responde.- como no puedo permitirme comprar tejedoras, las hago con la mano.

- ¿Con la mano?

- Sí. Voy dando vueltas al hilo a cada dedo y pasando las lazadas de abajo sobre la superior fuera del dedo. Salen bufandas redondas en lugar de planas pero están muy bien. Y tú Kent ¿A qué querrías dedicarte en realidad? Sé que eres veterinario ¿Por qué no, te dedicas a eso?

- Mi vida es una especie de pinball en la que mi profesión final es la de superviviente. Es cierto que una de mis cuatro profesiones es ésa, pero por problemas de asma y salud, que tú entenderás perfectamente como médico, no podía estar todo el día y toda la noche a base de polaramine y conducir. Mi familia nunca me impuso nada en lo que respecta a elección de profesión, pero tampoco me dieron información de las posibilidades que el mundo me ofrecía y tuve que decidir por intuición. Además de la profesión, que nos genera ingresos, en muchas ocasiones tenemos otras que no ejercemos o tenemos otras que desarrollamos. ¿En qué trabajarías si tuvieras en el banco dinero suficiente para vivir?

- Supongo que en lo mismo pero creando mis propios hospitales en los que dedicaría un par de alas a la beneficencia.- responde Kate.- si ocurre, ya te pediré una recomendación.

- ¡Sin problema¡ te la haría sin dudarlo.- le respondo.- te lo mereces todo. En marketing nos enseñan a ser los mejores en algo para poder destacar. Para escribir esa potencial carta debo saber una cosa de ti ¿Cuál es tu mejor característica profesional?

- Supongo que la constancia, la humildad y el estudio.- responde ella.- ¿Qué es más importante para ti, tener éxito profesional o la felicidad en la vida privada? Y ¿qué porcentaje de tu tiempo dedicas a cada uno?

- Buena pregunta.- contesto dubitativo.- como no sé cómo es la felicidad en la vida personal, tengo que conformarme con el éxito profesional, aunque en realidad me gustaría tener las dos alguna vez. Soy una persona ¡del montón¡ normal y corriente, que se define en unos pocos ejemplos. A la edad de 16 años, su padre ingresa en un hospital y muere nueve años más tarde habiendo realizado salidas esporádicas tan solo. Alguien le dijo que sería un inútil y le salvé la vida dos veces. Otro le dijo que su negocio era inviable y al cabo de unos años el valor de mi empresa era casi diez veces superior. Una persona que su vocación se vio frustrada por un "aprobado sin plaza" dirimido por una moneda al aire. Una persona que posteriormente estudió una carrera donde logró calificaciones sobresalientes y una enfermedad, le obligó a empezar de nuevo en otro sitio. Una persona que en el mismo día se queda sin trabajo y casi sin patrimonio por una traición familiar, cuestión que hoy en día vemos que ocasiona desastres sociales y ese mismo día, por la tarde le imponen el divorcio, asunto que también vemos día a día, los desastres familiares y económicos que ocasiona. Una persona que a los pocos meses después, tiene un accidente de tráfico y el médico le dijo que estaría una gran parte de su vida en una silla de ruedas. Y…aquí estoy gracias a Dios y a los analgésicos.

- ¿Por qué se escribes libros? – me pregunta.-
- Por seis motivos básicos.- respondo.- En primer lugar por dejar unas enseñanzas a mi hija y sus descendientes. Como he dicho, todos los libros están basados en experiencias personales, apuntes, resúmenes y notas propias. Porque el escaso tiempo que la sociedad de hoy en día nos deja para transmitir nuestras experiencias es escasísimo. El trabajo o su falta, las obligaciones sociales, los divorcios, los accidentes, las preocupaciones, reducen ese tiempo a un simple 30% del mismo ¿Te has parado a pensar el tiempo que dedicamos a hacer "manuales de procedimiento" para las empresas en que trabajamos, o de riesgos laborales, o de calidad, o simplemente el tiempo que pasamos aportando soluciones a las crisis de los amigos? Realmente ¿Queremos ser los más listos y los más ricos del cementerio? En ocasiones, el destino nos impide realizar esa labor y dejamos desamparados a los hijos, habiendo retenido en nosotros soluciones a los errores que ellos van a cometer en soledad. Yo no quiero que: … ni a mi hija, ni a esos huérfanos de familia por muy grandes que éstas sean, les ocurra lo mismo que a mí en su día. En segundo lugar: porque si le sirve a

alguien a entender mejor este mundo cambiante, o a adaptarse a él, o a superar fracasos y… a "saber leer y sumar" los datos que le rodean, para mejorar algo en él, habrá merecido la pena. En tercer lugar: porque no se puede enseñar nada a nadie, si no le proporcionas descanso de mente y cuerpo al mismo tiempo, por eso un formato literario en el que se mezcla la trama con las enseñanzas, proporcionan descanso a la mente al tiempo que se aprende. La serie gira en torno al lema "Docere et delectare" (Enseñar deleitando). Mis libros mezclan el género literario con una serie de conocimientos y reglas nemotécnicas de la vida, a modo de legado para personas carentes de buenos asesores en su vida La serie, quiere también demostrar que hay una forma diferente de enseñar y de aprender, que no sea la habitual de… "abran el libro por la pagina tal"… En cuarto lugar: porque Si además logramos poner un ejemplo a seguir al resto de la sociedad, de cómo se pueden conseguir beneficios: personales, económicos y científicos; haciendo participes a los demás, al tiempo que unimos la solidaridad llegando al 10% de cada uno, conseguiremos una cadena que algunos ya llaman "*Maese manía*". En esas enseñanzas debes aprender sobre todo que… la "vida es vida, mientras tengas cosas que hacer, enseñar y mejorar". En quinto lugar y el más personal de todos, porque para mí, escribir no es una cuestión de libre albedrío, es un acto de supervivencia mental, de unión con mi musa y donde soy verdaderamente libre. Y en sexto lugar por compartirlo con mi hija que es lo más que puedo hacer por ella.

Estudio, he estudiado y supongo que seguiré estudiando el comportamiento humano, los por qués, de este ser vivo y sus interacciones con el resto de cosas, animales e ideas. Siempre andamos peleando, pensando y anhelando alcanzar más y mejores puestos en donde quiera que estemos. Tanto en lo profesional como en el terreno personal. Queremos lo mejor para nosotros y nuestros hijos sin importarnos mucho el destino de los demás. Tenemos claro que debemos competir para lograrlo y muchas de las culturas que habitan la tierra educan a los niños a tal fin. Me pregunto ¿Quién sabe el puesto que mejor conviene a cada uno y para el que está más apto? ¿Lo sabe él mejor que los demás? ¿Lo saben los demás mejor que él? ¿Quién mide capacidades y aptitudes? ¿Los docentes de tebeo? ¿Los adoctrinadores de pacotilla? ¿Los psicólogos de baratija? ¿Los políticos? ¿La religión? ¿Los filósofos e idealistas? ¡O mejor¡ lo pregunto más claro ¿Quién se atreve a diagnosticar a un superdotado sin serlo él? ¿Acaso está capacitado para certificarlo siendo de inferior mente que el examinando? ...¿entonces quién?... Lo único que nos queda es adaptarnos a nuestros respectivos destinos, ambientes, países, eras, momentos y confiar en nuestra vocación (si hay suerte). Todo ello se resume en tratar de hacer que sea nuestra vocación el puesto en que nos encontramos, y en último caso, cambiarlo por otro.

- Kent, ¿Crees que con nuestras conductas y con nuestros hábitos provocamos inconscientemente al sufrimiento y atraemos el dolor?.- me dice Kate.- lo cierto es que por mucho que nos empeñamos, no podemos liberarnos de muchas de esas formas de actuar. Nos quejamos continuamente. Deseamos libertad, pero cuando somos verdaderamente libres, es cuando más vulnerables somos y queremos volver a tener esas rutinas a toda costa, a sabiendas del dolor que nos producen. Inventamos la palabra preocupación y la usamos tanto antes como después del acontecimiento. Etimológicamente viene a decir que nos ocupamos en eso, antes de lo necesario, en lugar de prepararnos para superarlo en las mejores condiciones. Nos preocupamos para que no nos suceda talo cual cosa y creo que eso lo atrae con más facilidad. Nos predispone de tal manera que somos como un imán a los contratiempos, lo que nos dificulta más si cabe ver las oportunidades y disfrutar de lo que tenemos. En definitiva, Kent, creo que pasamos demasiados días de nuestra vida sufriendo innecesariamente.

- Tener dolor en una parte del cuerpo, no es lo mismo que cuando algo te causa pena, tristeza o lástima, aunque empleemos el mismo intransitivo.- le digo, viendo que su obsesión por el tema va a durar bastante tiempo.- Expresa con palabras la pena, el dolor o la contrariedad que sientas. Laméntate por la desgracia o el sufrimiento que padecen otras personas y hasta arrepiéntete de lo que sea. Pero quejarse, compadecerse y explicar el dolor te será muy difícil de conseguir. Hasta que alguien no siente el dolor de muelas no te puede comprender, del mismo modo que yo nunca comprenderé el dolor del parto y menos que transcurrido éste, queráis seguir teniendo hijos a pesar de ese dolor. Por mucho que nos empeñemos, Kate, en esta vida que dejamos atrás, todos tenemos establecidos unos roles de género pero no siempre se cumplen.- le comento.- En tus relaciones de pareja, ¿eres más bien amante o amada?

- En tu mundo occidental los roles están mezclados, pero en el mío musulmán, los roles son muy claros y diferenciados.- contesta a la primera parte de mi planteamiento.- este rol establecido, nos hace a las mujeres ser más amadas que amantes. Más sumisas que activas salvo cuando se trata de dar placer al hombre, entonces somos activas. En contadas ocasiones el hombre se acuerda de darnos placer, de modo que tú mismo decide si somos amantes o amadas.

- A lo largo de nuestra vida hacemos cosas, tenemos relaciones y la gente nos tiene encasillados ¿Qué reputación tienes?- sigo preguntando al tiempo que eludo hacer comentarios.-

- Si te refieres a la reputación profesional, no lo sé, porque aunque la gente acude a mí, los méritos se los llevan los hombres y los blancos.- responde con tristeza.- si te refieres a la reputación personal, entonces debe ser buena o si no me hubieran repudiado en mi sociedad musulmana.

- Desde luego es un buen termómetro.- respondo asintiendo con la cabeza.- Nos educan en una sociedad de supervivencia y en donde los más fuertes ganan ¿Con quién compites?- le pregunto.- yo puedo decirte que no compito con nadie y me importa un pito el qué dirán.

- En cambio yo tengo que competir a diario para sobrevivir.- responde.- compito por una plaza en el autobús, por una casa, porque mi familia tenga un colegio y unos derechos, por un salario y un puesto de trabajo donde prefieren a occidentales antes que a "potenciales terroristas" como nos llaman cuando nos damos la vuelta.

- Desde luego os lo habéis ganado a pulso y aunque paguen justos por pecadores, todavía no he visto condenar a ninguno de vosotros los atentados a ciudadanos. Y antes de que entres al juego del "tú más…" quiero zanjar la polémica. Habitualmente todos tenemos una idea subjetiva de nosotros mismos que no siempre coincide con la que los demás tienen de nosotros ¿Te gustaría tenerte a ti misma por amiga?

- Me considero buena hija, buena hermana, buena esposa y buena profesional, de modo que la respuesta es que sí, sería mi amiga.- responde entre ofendida y extrañada por mi pregunta.- por cierto, Kent, en ese mundo competitivo del que hablábamos antes, no siempre se gana, más bien es lo contrario ¿eres un buen perdedor?

- ¡Ufff¡ vaya preguntita.- respondo tocado pero no hundido.- más que bueno o malo, diría que estoy tan acostumbrado a ello que me limito a resignarme y a ofrecérselo a Dios. Es cierto que de joven solo quería ganar, pero parece que en el paquete que nos proporcionan para vivir, no venía la suerte en la lista. Siempre me he encontrado con personas que han obstaculizado mi avance, enlentecido mi desarrollo y perjudicado mi vida.

Viajo por mis recuerdos para encontrar algún caso en el que la organización, el organismo profesional o estatal de turno, o la fundación en que he trabajado hayan estado bien organizados alguna vez. ¿No conocéis, quizás, casos en que uno, fundado en que el organismo profesional a que pertenece y en que trabaja está mal organizado y no funciona como debiera? El denominador común que los define es el incumplimiento estricto de los deberes, el escaqueo consolidado, la mediocridad de resultados, el conformismo ante un contrato indefinido o de funcionario y un sinfín de pretextos. En otras culturas, el denominador común que evita la vagancia, lo sustituyen por regímenes cercanos a la esclavitud mientras cuelgan las fachadas de los edificios con letreros de "libertad" como si la libertad se inculcase por ósmosis. En cualquiera de los dos ejemplos, la burocracia, la corrupción, el ordenancismo (como decía mi padre) y el silencio conjurado para ocultarlo sustituyen los anteriores denominadores comunes. ¿Quién es el guapo que lo denuncia sin ser perjudicado y menos aplaudido? Ese país está abocado al fracaso más irremediable y el inconsciente que lo denuncia a ser fusilado por traidor en unos países o condenado al ostracismo más absoluto en los otros más supuestamente civilizados. Es decir, le queda siempre un modo de obedecer mandando. Un modo de llevar a cabo la operación que se estima absurda, corrigiendo su absurdidad, aunque sólo sea con el absurdo de su propia muerte.

- ¿Soportamos dolores y sufrimientos porque somos personas?.- me pregunta Kate.- es una frase que siempre me han dicho como si los animales y plantas no sufrieran. ¿Estamos orgullosos de sufrir? Personalmente estoy orgullosa de otras cosas, pero en momentos de dolor, parece como si las personas nos pusieran una medalla al sufrimiento, pues lo engrandecen hasta que les engulle y los demás les tienen admiración por su capacidad de dolor. Por el contrario, rechazamos a los que siempre se quejan de ese dolor. ¿Por qué no dedicamos más la mente a profundizar las reacciones lógicas y racionales, que a ahondar en las irracionales? De este modo es complicadísimo salir del hoyo, o encontrar alivios. Nos empeñamos en equilibrar siempre a base de autocontrol y si no lo logramos, entonces, lo conseguimos a base de pastillas. ¿Cuál es nuestra verdadera identidad entonces? ¿Por qué unas personas parecen tranquilas, equilibradas y con sabiduría, mientras la mayoría es lo contrario? ¿Cuál es su secreto? Unos me responden que meditan, otros que están bien con Dios y los terceros que tienen una actitud correcta ante la vida. y... siempre seguían una máxima: «Cada instante de tu vida tiene sentido si aprendes de él», para el resto cualquier acontecimiento es un contratiempo causante de dolor.

- Todo va a depender de las necesidades que cada uno tenga en cada momento.- le respondo intentando cubrir la mayoría de dudas que plantea en este tema obsesivo que le ocupa.

- ¿Qué es una necesidad, Kent?

- El hecho de que sea ineludible una cosa o haga falta de manera obligatoria para un fin.- le respondo ateniéndome al diccionario.-

- Eso ya lo sé.- me reprocha el laconismo simplista que he usado.- ¿Qué es una necesidad para ti?

- Necesidad es respirar, es comer, es desear, es dormir, porque sin ello te mueres y ya hay demasiados muertos en vida.- le respondo.

-   Ahora me entiendes tú a mi, cuando dices que estoy obsesionada con esa manía de incrustarnos en la mente que venimos a sufrir y no a ser felices.

-   Las personas sienten necesidad de hacer cosas que no son necesarias para la supervivencia.- le continuo.- por ejemplo lo que hacemos tú y yo repasando nuestras vidas y los conceptos que nos plantearon.

-   Necesidad es carecer de algo o de alguien. Es la privación de algo muy importante. Pero también es una situación difícil en la que se encuentra una persona que tiene un grave problema personal, sanitario, social, afectivo o económico.- me dice.

-   Necesidad es también la imposibilidad de que una cosa deje de ser, una vez dadas las circunstancias en que se produce, del mismo modo que es la imposibilidad de dejar de hacer algo. Necesidad es sino y fatalidad ¡sí¡ pero también es obligación, menester, precisión. Necesidad es pobreza, miseria, escasez, penuria, hambre, apetito, privación y hartura, pero también es obligación, condición y exigencia.- le certifico.- Cuando hablamos de necesidad, también incluyo las relaciones personales, de amistades y de comunicación entre los seres humanos ¿Soportas bien la sensación de no caerle bien a alguien?

-   No lo llevo bien, me encanta caer bien a todo el mundo. Ten en cuenta que cuando eres repudiada en casi todo lo que haces, la necesidad de afecto se acentúa.- responde Kate.

-   Si fueses un chico imagino que alguna vez te habrías tenido que pegar con otro niño, pero siendo mujer es posible que hayas tenido violencia física alguna vez. ¿Te han pegado alguna vez?

-   En mi mundo musulmán es habitual el pegar a las mujeres. Tanto es así que el propio Corán tiene varias Suras al respecto.- responde.

-   Por ejemplo ¿cuáles?

-   El Corán dedica varias suras a hablar de las mujeres, la IV, y siguientes, la XXIV, la LXV por ejemplo. Luego la XXX dice que las mujeres fueron creadas para los hombres. La IV en particular nos define como inferiores a los hombres, que somos seres imperfectos, de cómo debemos ser tratadas, de las que no deben ser amadas, de cómo y cuándo pegarnos y de cuando somos culpables de adulterio. La II habla de los inconvenientes que tenemos y a los que estamos sujetas. La XII habla de las astucias de las mujeres. Y la XXXIII habla de con quienes nos podemos casar, y de las exigencias.

-   Habrás notado mucha diferencia con la Biblia ¿no?.- le pregunto.

-   En lo referente al maltrato sí, pero no en cuanto al papel machista del cristianismo.- responde con acritud.-

-   ¿Has pegado alguna vez a alguien?

-   Por desgracia me han pegado más que yo he pegado.- responde tristemente.- cuando lo hice fue con alguna hermana mía más pequeña en la que debía educarla y así me obligaron a hacerlo.

-   Es obvio que eres una mujer preciosa y habrás tenido muchas propuestas de relaciones. ¿Cuántas relaciones has tenido?

-   Nosotras no podemos tener relaciones pues habitualmente con trece años nos eligen marido.- dice ella.- es cierto que si he tenido pretendientes y novietes, pero eso fue ya aquí en Londres. En su opinión, ¿hasta qué punto eres fiel, Kent?

-   Soy fiel cuando empeño mi palabra en ello y cuando estoy verdaderamente enamorado y correspondido.- zanjo tajante.- pues es cuando no tengo ninguna otra necesidad.

Hablando de necesidad, necesito dejar de ser tan tonto, pues cuanto más doy, menos tengo y menos recibo. Me inculcaron a fuego aquello de que hay que dar, hay que ser generoso y con la caridad ya me pusieron el letrero de "tonto" en la espalda. Con esa experiencia he sufrido en mi vida más que he tenido satisfacciones. Claro que mientras lo hacía no era por recibir nada a cambio, y en alguna ocasión, quizás por "comprar" un amor o una amistad que siempre reaccionaba despreciándome. De modo que si la caridad y la generosidad no me sirvieron para nada en la vida, ahora estoy asustado por si el ángel se ríe de mí y me llama "tonto" en mi cara. Entonces sí que me voy a enfadar de verdad con los unos y con los otros, o quizás me encoja de hombros y mirándole a la cara le diré al ángel "No seas, y darás más que todo lo que es», decía nuestro fray Juan de los Ángeles en uno de sus Diálogos de la conquista del reino de Dios (Diál. 111, 8); pero ¿qué quiere decir eso de no seas? ¿No querrá acaso decir paradójicamente, como a menudo en los místicos sucede, lo contrario de lo que tomado a la letra y a primera lección dice? ¿No es una inmensa paradoja, un gran contrasentido trágico, más bien, la moral toda de la sumisión y del quietismo? La moral monástica, la puramente monástica, ¿no es absurdo? "Y llamo aquí moral monástica a la del cartujo solitario, a la del eremita, que huye del mundo, llevándose acaso consigo, para vivir solo y a solas con un Dios solo también y solitario; no a la del dominio inquisidor, que recorre la Provenza a quemar corazones de albigenses". Después me sentaré a esperar que me expulse de esta habitación como hacían en el colegio cuando el profesor, perdón, el docente de tebeo de turno no sabía responder a mis preguntas.

- Este escrito pretende ser un canto a la vida. Una nueva ilusión, una renovación y una alegría.- me dice Kate.- Son tantas las cosas maravillosas que has conseguido a lo largo de tu vida.

Son tantos los obstáculos vencidos y tantas las pruebas a las que te has visto sometido que no puedes venirte abajo, ni darte por vencido. Ahora comienza una nueva etapa, un nuevo camino que espera por ti, mi gran amigo. Imagínate lo nuevo que puedes descubrir, las nuevas aventuras que llenarán tu vida, las nuevas ilusiones y alegrías, las nuevas enseñanzas que dejarás escritas los buenos momentos los ratos de gozo y satisfacción por tantas enseñanzas compartidas por recibir muestras de cariño por ser un ejemplo y tener un don. ¡Ay, ay, ay.... Fierecilla¡ qué gran corazón. Eres una maravilla, una criatura hermosa y divina que debe volar de nuevo y en compañía. Que debe encontrar nuevamente su rumbo sin perder nunca de vista ilusión, felicidad, amor y mucha alegría. ¡Querido amigo! Hay muchas personas que necesitamos verte renovado y con ilusión cada día. Nos haces la vida más fácil. Nos llenas de amor cada día. Nos animas a continuar y a seguir a los que estamos contigo. Queremos ayudarte a salir ¡Qué nuevas enseñanzas nos aportaras cada día! ¡Qué nuevas historias nos alegrarán nuestros días! ¡Qué sonrisas y carcajadas brotarán de tus labios! ¡Qué maravillosas veladas colmarán de felicidad nuestros das! Porque sólo tú puedes conseguirlo. Porque sólo tú puedes entender lo importante y maravillosa que es la vida. Así que, disfruta cada día y empieza a recorrer de nuevo el camino que yo estaré aquí siempre ayudándote, sonriendo e intentando hacer más fácil este difícil recorrido que cada día, paso a paso te irá devolviendo... ¡eso¡ sonrisa, amor, felicidad, y alegría.

- Eres sabia, amiga mía.- le digo levantándome para hacerle una reverencia.

- ¿Que soy sabia?.- me mira con humildad.- ¿Qué es saber, cuando hasta los sabios dicen que solo saben que no saben nada?

- La paradoja es decir que los que saben no son sabios.- le explico.- la información es lo que más se premia en la vida terrestre cuanto que se refiere a lo material. Tener conocimiento o información de una cosa, implica el ignorar otras y quizás más importantes. Saber, es tener capacidad o habilidad para hacer una cosa, del mismo modo que paladear o degustar una comida.

- ¿Otro término concreto y abstracto?– me pregunta afirmándolo al mismo tiempo.

- ¡A saber¡- le contesto mientras empiezo el juego de palabras con el que disfruto.- Si se introduce una enumeración que detalla lo que se está explicando. ¡Vete a saber! que indica que una cosa es difícil de averiguar. ¿no es paradójico?

- ¡El saber no tiene límites¡.- me sigue el juego.- Sabiduría, conocimiento, sagacidad, estar al tanto, estar enterado, poner en conocimiento, asimilar, memorizar, conocer, aprender, entender, enterarse o retener. Es cierto Kent, el saber es una paradoja sin límites.

- En este mundo nacemos con una serie de características que nos distinguen de los demás y podríamos definir como nuestra sabiduría potencial. ¿Podrías decirme al menos, tres habilidades que le gustaría tener?

- Tengo tantos defectos que con mejorar cualquiera de ellos ya me conformaba.- responde Kate.- ahora bien, si hay tres cosas que me gustaría tener es salud, dinero y amor.

- ¡Vaya¡ supongo que esas son las tres cosas que yo le pediría a la vida, al genio de la lámpara y cada día le pido a Dios sin que me escuche.- respondo con tristeza.- A medida que te voy conociendo, veo en ti muchas cualidades, ¿De cuál sacas más partido actualmente y de cuál has sacado hasta ahora?

- Todo forma parte de mi, tanto lo bueno como lo malo y el conjunto es lo que triunfa o fracasa.- responde.- ahora bien, al ser mujer, tengo ese poder de seducir sin tocar, esa capacidad de suavizar los problemas y la dulzura suficiente para curar. De siempre han existido, pero según las modas aumentan o disminuyen con las relaciones que vaya teniendo en el mundo.

Me río recordando mis años como veterinario de los caballos del hipódromo de Madrid. Todo un submundo dentro de este mundo. Un mundo de apuestas, de dopajes, de entrenamientos, de vacunas, de desparasitaciones y de intereses, etc., etc., etc. ¿Y todo para qué? no he visto cosa más inútil en mi vida que criar a todo lujo unos caballos de carreras, que no sirven para otra cosa y cuando dejan de ganar carreras o de soportar los subibajas hormonales, enzimáticos y vasculares provocados por los mozos de cuadra y sus dopajes, son mandados al matadero para terminar como pienso compuesto de perros, porque siquiera sirven para carne de consumo. ¿Para qué la obsesión patológica de la conservación de la pureza de sangre? Lo entiendo como biólogo y veterinario, pero no como humano. Esta es otra de las miles de contradicciones que he tenido que soportarme a mí mismo. La conducta humana del absurdo ¿Acaso no hay un lujo ético, no menos justificable que el otro? ¿No es esto, en el fondo, estética y no moral, y mucho menos religión? ¿No es que será estético y no religioso, ni siquiera ético, el ideal monástico contemplativo medieval? ¿Pero lograron libertad así? ¿Quién no conoce el instinto colectivo de dominación de las órdenes religiosas cuyos individuos renunciaron al mundo? ¿No es una contradicción tras otra? ¿Dónde están los partidos "verdes" en la protección de la naturaleza o de los animales en el sudeste asiático? ¿Dónde los Greenpeace de turno en los mercados de Vietnam, Camboya y Borneo? Yo solo los veo atacando al mundo occidental del que obtienen subvenciones ¿No es absurdo?

-    ¿Te das cuenta de la cantidad de veces que decimos de mayores "…si volviera a nacer con lo que ahora sé…"? nos entristecemos también de la cantidad de errores que hemos cometido, sin ser conscientes de que si no los hubiéramos cometido, nuestra vida sería otra muy distinta, pero no por ello mejor.- me dice Kate.- ¿Tenemos que llegar a una edad avanzada para aprender a vivir? ¡Qué paradoja del destino! Y ahora ¿Tenemos que seguir aprendiendo? ¿Para qué? ¿Para vivir más años, pagar más impuestos y terminar muriendo de cáncer tras cinco años de dolores? ¿Tenemos acaso que seguir endureciéndonos para no sufrir (teóricamente)? ¡Vaya mierda de costumbres y de vida¡

- Sé por experiencia que es difícil de conseguir el conocimiento de algo, o la habilidad para ello, que se adquiere al haberlo realizado, sentido o vivido una o más veces. Lo normal es que vayamos acumulando el conocimiento adquirido a lo largo de la vida o en un periodo determinado de ésta, antes de enfrentarnos a un nuevo suceso, situación o circunstancia en la que se adquiere más de ese conocimiento. Por eso se dice que hay que hacer caso de la experiencia de los ancianos.- le digo. ¡La veteranía es un grado¡ de ahí que la antigüedad se valore más que la novedad, aunque en España sea al revés y las empresas valoren más a un inexperto que a un experto y los gobiernos sigan financiando cursos de formación a personas que los heat hunters definen como sobrecapacitados ¿no es un país ridículo, lleno de personajillos ridículos? Es como pedir una mujer que sepa hacer el amor pero no haya tenido amantes. ¡España llena de ridículos¡ Hay gente que después de trabajar toda la vida, de estudiar y prepararse no tienen pensión asegurada porque los políticos de mierda que le han gobernado fueron lamentables.- le digo.- ¿Tienes la pensión asegurada?

- ¡Como todos¡ trabajo para ello pero el futuro es tan incierto que por mucho que hagas nunca sabes lo que te deparará.- responde.- de todas maneras, ya da igual, ¿no te parece? Donde vamos el tema material no sirve para nada. Mucha gente que llega a viejo y tiene esa situación de penuria se suicida de impotencia y desesperación. ¿Qué situación te parece tan insoportable como para suicidarte?

- He pasado tantas situaciones que cualquiera podría servirme de excusa.- respondo.- ahora bien el tema es que al ser cristiano, también eso se me está impedido. Sinceramente creo que el ser cristiano es una losa y un cepo en el que por más que intentes descubrir el amor y la felicidad, todo está previsto de tal modo que termina aplastando y mutilando. Espero que ahora todo tenga sentido cuando llegue el ángel. Mucha gente necesita de psiquiatras, psicólogos y psicoterapeutas cuando tienen esos momentos de desesperación y deben reencauzar la vida. ¿Te has sometido alguna vez a psicoterapia?

- Si.- responde Kate con rotundidad.

- ¿Por qué?.- insisto.

- Imagínate los giros mentales que he sufrido al pasar de un mundo musulmán a uno anglicano-católico, de un mundo machista a otro que se dice igualitario pero sigue siendo racista, de una colonia de la Common well a la capital del imperio británico, de no poder estudiar a ser médico, de una sociedad en la que mi padre decide mi matrimonio a otra en la que la responsabilidad es mía, de robar para comer a vivir para trabajar y de un mundo casi medieval a otro tecnológico.- enumera.- Ten en cuenta Kent que no he sido una Isadora Duncan de la vida precisamente, sino un junco que se dobla al viento.

- Quizás por eso has sobrevivido.- le digo evitando mencionar los dos disparos que le han traído a esta habitación.- ¿Qué es para ti tan importante que, si te faltara, no te merecería la pena seguir viviendo?

- Me quedo con las tres cosas que te he dicho antes, salud, dinero y amor.- responde.- ¿Y tú? Suponiendo que estuvieras muriéndote, (que lo estás) ¿a qué persona te gustaría decirle algo antes de fallecer?

- A mis enemigos les diría que les perdono y que me perdonasen, a mis amigos que gracias por haberme aguantado y que perdonen mis fallos. A mi hija que perdone no haber sabido ser mejor padre y al amor de mi vida le diría que le espero al otro lado para sentarnos en una nube, meter los pies en el mar del cielo y besarla por la eternidad. (Mi árbol de huellas)

- ¿Por qué no se lo has dicho todavía?.- me pregunta, mientras permanezco en silencio sin saber qué responder y ella insiste.- Suponiendo que te enterases de que te fueras a morir dentro de un año ¿cambiaría algo en tu manera de vivir?

- Esa es más fácil porque al haber estado dos veces a punto de morir y con un dictamen de cáncer en mi poder, puedo asegurarte que todas y cada una de las veces cambiaron mi vida.- respondo.- la primera vez decidí hacer una lista de cosas que no podía eludir hacer antes de morir, en ella incluía viajar y enseñar a mi hija todo lo que yo sé. ¿Te has parado a pensar el tiempo que dedicamos a hacer "manuales" para las empresas en que trabajamos?: manuales de riesgos laborales, de procedimientos, de fabricación, de formulación, de seguridad, de evacuación, de ergonomía laboral, de marketing, de ventas, de administración, de ceremonia, de emisión de medios de comunicación, de calidad, de procesos, o ¿simplemente el tiempo que pasamos aportando soluciones a las crisis de los amigos? Realmente el irrisorio tiempo que la sociedad de hoy en día nos deja para transmitir nuestras experiencias a nuestros hijos es escasísimo, el trabajo o su falta, las obligaciones sociales que nos impone este sistema de vida, los viajes y desplazamientos, los atascos, los divorcios y amores, los accidentes y enfermedades, las preocupaciones y las crisis, los amigos y las malas influencias o los acechadores y depredadores nos reducen ese tiempo a un simple 30% del mismo en el mejor de los casos. Trabajamos para que nuestros hijos tengan de todo, estudien en los mejores centros y estén lo más seguros posible, pero en ocasiones el destino cruel nos impide realizar esa labor y les dejamos huérfanos y desamparados en manos de extraños y no tan extraños que terminan aprovechándose de ellos, habiendo retenido en nosotros soluciones a los errores que ellos van a cometer en soledad, informaciones para la supervivencia diaria de entender mejor este mundo cambiante, o simplemente a adaptarse a él, a superar fracasos y reconocer sus propios cambios hormonales ¿No nos hemos planteado nunca dejar hecho un "manual de soluciones" para nuestros hijos que nos mantenga unidos a ellos cuando no estemos?. ¿Tan solo buscamos dejarles dinero sin enseñarles a manejarlo, ni a valorarlo? Estoy convencido de que, no se puede enseñar nada a nadie, si no le proporcionas descanso de mente y cuerpo al mismo tiempo, por eso un formato literario en el que se mezcla la trama con las enseñanzas, proporcionan descanso a la mente al tiempo que se aprende tumbado en un sofá o en el césped. ¿Te imaginas sentada en una sala de butacas de un teatro, viajando a países lejanos, mientras los actores te entretienen con una trama, al tiempo que te enseñan igual que si estuvieses en una cátedra universitaria?, ¿Cuáles son esas enseñanzas?, pues desde las aptitudes que cualquiera debe tener para superar cada día de su vida y superar un fracaso (Libro 1 = Saber Leer + Saber Sumar = Felicidad). A comprar una empresa y montar una cadena de producción (Libro 5 = Coeficiente de Riesgo). A analizar un balance y a desarrollar una red de almacenes (Libro 4 = La Concurrencia en un Cosmos de Piratas). A vender un producto, y a venderse a sí mismo (Libro 2 = Los Secretos de la Pensión "Gema Love") .A distinguir y curar enfermedades, montar estrategias y saber de historia (Libro 7 = Las Piezas de la Vida; Libro 11 = Druida; Libro 15 = Druida II). A triunfar en la vida sabiendo hacer buenas inversiones (Libro 3 = Mis Notas). A evitar timos, estafas y reconocer a los piratas (Libro 16 = Piratas con honor). A reconocer las dependencias e intoxicaciones que nos acechan, (Libro 9 = Mentes Rotas). A ser un galeno mediante formulas magistrales de química actualizadas con aportaciones personales, para ser y estar más sanos (Libro 14 =

Aphoteka y libro: las recetas de la nieta). O simplemente a pensar por uno mismo a través del conocimiento y de la observación, demostrando que podemos ser felices si nos comunicamos en cada momento con nuestro entorno, si podemos entenderlo y podemos aportar nuestro granito de arena para mejorarlo. Todo ello podremos conseguirlo si previamente nos conocemos a nosotros mismos y luego a los demás (resto de epítomes 20, 21, 22, 23, 24, 25...44). Estoy convencido que la verdadera libertad está en el conocimiento y la reflexión que se completan en el resto de libros: Libro   6 = Relatos ante la Chimenea. Libro 8 = Knotted. Libro 10 = Secretos a la Vista.. Libro 12 = Tiramisú. Libro 13 = Bitácora de la edad provecta. Libro 17, 18, 19 = Los viajes de Maese Mercader.

Cuento, enumero, ordeno, clasifico y remuevo los diferentes personajes que por un motivo u otro he tenido que estudiar para entender lo que decían, y por lo que se equivocaban. Muchas veces me preguntaba ¿Qué aportó san Juan de la Cruz? ¿Qué diferencia a este frailecito incandescente de un Kant? ¿Quién aportó más a la cultura de la humanidad Schopenhauer o Descartes? ¿Arquímedes o Pascal? ¿Descartes o Nietzsche? Y así me he pasado la vida comparando los unos con los otros llegando a la conclusión de que salvando determinadas excepciones en las que sus teorías han perdurado sin alteración miles de años, el que más ha aportado al mundo fue el propio Cristo. ¿Por qué? Pues porque no solo cambio el mundo y lo sigue cambiando dos mil años más tarde, sino que las aportaciones a las artes, a las naciones, a las leyes, a la conservación de la especie, al calendario y al establecimiento del orden social han sido incomparables. Soy consciente de que mis obras son leídas por ateos y creyentes en igual medida, pero a ellos les digo que levanten la vista y comprobaran que más de las tres cuartas partes del mundo (del año 2014) creen en un solo

Dios, le llamen como le llamen. Del cuarto restante, las dos terceras partes no creen en nada o son ateos, pero otro tercio creen en un más allá con sus ídolos y dioses. ¿Por algo será? O ¿es que tanta gente va a estar equivocada? Está claro que también se han cometido atrocidades en su nombre, en el de Alá y en el de Yavhé, el mismo modo que los no creyentes lo hacen a diario con los creyentes. Imagino entonces un mundo de no creyentes absoluto, en donde yo pudiera matar sin miedo al infierno…¡Ufff¡…también soy consciente de que se nombran santos de manera muy sui generis y se dejan de reconocer a otros que merecieron serlo, de igual modo que se ensalzan ideas esclavizadoras en nombre de la libertad.

- Kent, fíjate en lo simples que somos los humanos para unas cosas y lo complicada que nos hacemos la vida. Me refiero a que cuando las cosas nos van bien somos felices y cuando mal somos infelices. Sin embargo muchos, tampoco lo son cuando les va bien porque se pasan el día pensando en que eso acabará pronto.- me dice Kate.- Paradójicamente, los humanos hacemos lo indecible por hacerlo al contrario. Me explico. Comparemos un lunes por la mañana con un sábado por la mañana. En ambos casos nos encontramos bastante agotados. El sábado por el acúmulo de la semana y la salida del viernes noche, pero estamos animados y el lunes estamos además malhumorados y enfadados, con resignación por tener que ir a trabajar. Pero cuando nos falta el trabajo estamos desesperados por encontrarlo. ¿No somos raritos los humanos? ¡Vaya tela de paradojas que estamos hechos¡ ¿En qué quedamos? ¿Hemos pasado de sentirnos alegres y con expectativas positivas, a experimentar un claro abatimiento por algo que si nos falta nos hunde? Cuando lo he analizado en el hospital he visto que a fin de cuentas, todo ello tiene un denominador común. ¿Cuál? ¿La ilusión? Entonces me doy cuenta que el ser humano es un manojo inexplicable y paradójico de emociones al que hay que apreciar por sus miserias, mientras sigues creyendo en él.

- ¿Consideras posible o probable una cosa, aunque sin llegar a tener una seguridad absoluta? ¿Tienes fé en principios religiosos, sociales y humanos? ¿Consideras una cosa como verdadera o segura, especialmente si para ello no se cuenta con demostración? ¿Tienes confianza en las posibilidades de éxito de la raza humana o de su causa?.- le pregunto con ironía.- Entonces sí que crees en el ser humano a pesar de demostrarte cada día que destruye todo lo que toca, que rompe cualquier alianza hasta con Dios (cinco veces) y las siguientes generaciones no son mejores porque no sobreviven los buenos sino los más fuertes. ¿Qué es creer? ¿Es acaso pensar, juzgar, conjeturar, entender, opinar, estimar, hacérsele algo a uno, deducir, imaginar, o sentir?.

- Opino que es todo junto y por separado.- me responde bajando la vista ante la dificultad del verbo y más aún de llevarlo a cabo.- pero aprecio a las personas a pesar de todo lo malo que dices de ellas.

- Es lógico que tengas aprecio a los seres queridos.- le sigo.- es normal que aprecies y defiendas al ser humano porque a fin de cuentas no dejamos de ser gregarios. Pero apreciar es percibir. Es tener sensaciones acerca de ellos. Es evaluar, valorar y estimar. Apreciar es en definitiva emitir un juicio de valor, un dictamen o al menos expresar una opinión favorable.

Explico y vengo exponiendo a lo largo de mi vida los por qués de los diferentes arraigos ideológicos en la sociedad de cada momento. Todos deberíamos fijarnos mejor en los condicionantes que lo propician, en el caldo de cultivo natural, artificial, casuístico o amañado que provocan y desencadenan semejante expansión. ¿Quiénes manejan los hilos en cada momento? ¿Cómo fluyen las corrientes de poder? Lo vemos hoy en día con las redes sociales que tienen más poder que la televisión, del mismo modo, que ésta sustituyó a la prensa y ésta lo hizo a su vez con los políticos. ¿Por qué prendió aquí en España el krausismo y no el hegelianismo o el kantismo, siendo estos sistemas mucho más profundos, racional y filosóficamente que aquel? Básicamente porque el primero venía cultivado y con raíces que profundizaron en el sustrato que había. Muchos pensadores emparejan las diferentes eras según las corrientes filosóficas o ideológicas que tuvieron. Como botánico, yo lo emparejo con la flora, para dejar tranquila a la fauna. Imagino que cada época tiene asignado a un árbol diferente. Un árbol que le simboliza, que enraíza allí y crece hasta formar parte de ella, como el madroño lo es de Madrid, o el arce de Canadá. La savia que recorre los conductos del árbol lleva también disuelta las ideas, los sentimientos, las filosofías o la religión de entonces. Si lo emparejamos nos salen los siguientes maridajes, Kant y los alemanes con la flor de Edelweiss, sobre el sustrato de Lutero y su reforma protestante. En cambio en España, el catolicismo aplacó a Krause. La encina española alimentó la piedad verdadera y rechazó el pietismo krausiano. Dicho de otra manera, la historia del *Geschichte der Pietismus* no podía crecer en un sustrato donde la persistencia del misticismo católico superaba al mal llamado racionalismo protestante, a pesar de que muchas mentes débiles católicas se krausizaran.

- ¿Qué nos ha pasado a los humanos? ¿Qué decreta nuestras sobreexcites, emociones e ilusiones? ¿Cuál es y dónde está el origen de nuestros diferentes estados de ánimo?...- me dice Kate.- podríamos achacarlo al pensamiento, a la educación, a la genética, al cerebro, a la razón, a la religión, a la sociedad, al vecino, o a nosotros mismos. ¿Quién sabe dónde está la causa y origen de la emoción humana? En los animales es el instinto, pero en los humanos esos cambios paradójicos de las emociones van en proporción directa a la ilusión que tengamos por un objetivo próximo. Entonces despreciamos fatigas y dolores, que en otro momento nos hunden. ¡No nos engañemos¡ Unas veces decimos ¡bien, llegan las vacaciones¡ mientras que otras veces decimos ¡qué aburrimiento de vacaciones, necesito volver al trabajo¡ y así una y otra vez intentándolo de forma continua.

- Kate, el ser humano no deja de intentar las cosas aunque sea por rutina o porque no sabe hacerlo de otra manera. Pisamos las mismas baldosas cada día. Efectuamos los mismos gestos rutinarios desde que nos levantamos hasta que nos acostamos. Nos enfadamos si en un viaje alguien se sienta en el sillón que habías elegido en el primer trayecto como si tuviéramos el título de propiedad del asiento. Hacemos el esfuerzo a diario por cambiar, por introducir emociones y variables que cuando pasa un tiempo despreciamos porque echamos de menos la rutina. El ser humano lo intenta. Efectúa las acciones necesarias para realizar una cosa, aunque no se tenga la certeza de conseguirlo. Intenta enamorarse a pesar de los dolores de los fracasos anteriores. Intenta sobrevivir a pesar de ser consciente que la mitad de la población morirá de cáncer entre dolores y sufrimientos en una cama de hospital, mientras otro treinta por ciento lo hará en accidentes. Intentar es tener el propósito o la intención. Es probar. Es iniciar una acción con el fin de ver si es posible realizarla.

Se me ocurre pensar que muchos nos acusan a los españoles y más concretamente a los católicos de no tener un espíritu científico ¿Que no tenemos espíritu científico? Entonces por qué me expulsaban de clase ante mis preguntas incontestadas, aquellos docentes de tebeo y adoctrinadores sectarios de pacotilla con los que me topó el destino? Lo bueno es que no solo tenemos espíritu científico, sino que también lo tenemos religioso y eso "jode que te cagas". ¿Y qué, si tenemos algún espíritu? Ellos son incapaces siquiera de responder a preguntas de su materia, aún siendo mal llamados catedráticos y protestan y atacan a los que no se les someten, pues bien, siguiendo mi mala costumbre, les pregunto ¿Y puede usted decirme por qué el que tenemos, es perfectamente compatible con ese otro? ¡A ver si esta vez me contestan o también me expulsan de clase¡ ¡cachisss, que ya no me tienen que soportar¡ ¡con la buena pareja que hacíamos¡ je, je, je. Además lo hayamos querido o no, dentro y fuera del catolicismo o del racionalismo, ¡repito para estos agiles mentales¡ los españoles hemos sido queriéndolo o sin quererlo, de lo más profundo culturalmente hablando. Por ejemplo, el español lo hablan unas poquitas personas más que el alemán, o el francés, o el holandés ¿no? Espero que sumar y restar no les sea muy complicado a estos catedráticos de tómbola. La decadencia española tanto cultural como económica, casualmente coincide con la llegada de los mal llamados racionalista y si no me creen es fácil de demostrar mirando a las eras en que mandaban unos y otros. Véase por ejemplo al Zapatero de turno que no se dedicó a sus zapatos porque siquiera sabia éso.

- Kent, ¿Alguna vez has sido capaz de modificar tus emociones a voluntad? Es decir, ¿Podríamos ser felices o desdichados a voluntad? Me explico. ¿Has sido capaz alguna vez de girar tu cerebro a positivo, de tal manera que ante un mal acontecimiento hayas sido feliz? .- me pregunta Kate mientras niego con la cabeza tal posibilidad.- soy consciente de que existen muchas charlas en ese sentido, sobretodo de asertividad, pero confieso que nunca lo conseguí para mí misma. He observado la respuesta de mis compañeros cuando ha cambiado el jefe del servicio y tras su charla de presentación, a muchos les parecía un mal tipo, mientras que otros estaban encantados. ¿No tendríamos que sentir todos lo mismo ante las mismas palabras, actuaciones y personas? He llegado a la conclusión de que la genética, la experiencia y el estado de ánimo en ese momento nos provocan comportamientos, y actitudes diferentes y contrarias. Entonces me pregunto ¿Qué provoca y desencadena este hundimiento emocional? ¿Por qué nos machacamos una y otra vez enrocándonos en la frase "que la vida es injusta y sufrimiento"? ¿Acaso nos sirve para algo? Psicológicamente, dirían los expertos, que es bueno repetirlo en voz alta y compartirlo porque de ese modo nos desahogamos. Personalmente no estoy de acuerdo, porque todos tenemos un destino en el que dependemos del otro (Referencia al libro del mismo autor "Hola cariño: No sé si lo sabes pero…depende de ti") ¿No sería mejor esforzarse en lo positivo? Claro que lo dice alguien que nunca lo ha conseguido para sí misma, pero es lo que aconsejo en el hospital. Muchas veces me odio a mi misma por ello.

- No amar puede hacerte llegar a sentir repulsa hacia alguien u odiarle.- le comento.- no puedes quedarte en un lugar hasta que llegue una persona u ocurra una cosa. No debes odiarte por creer que va a ocurrir una acción generalmente favorable. Tener la esperanza de conseguir algo que se desea es bueno. Odiar y esperanza no son compatibles. Es cierto, y en esto te doy la razón, que los humanos esperamos y esperamos hasta que la desilusión nos hace perder las esperanzas y llegamos a odiar. Depositamos la confianza en algún suceso y nos sentamos a esperar un golpe de suerte. Nos quedamos en un sitio aguardando la llegada de alguien como nosotros mismos estamos haciendo con la llegada del ángel y la resurrección del futuro. Sabemos que algo sucederá y que eso que está por venir es para nosotros. Otros muchos dejaron de tener esperanzas, o esperaron infructuosamente a ser llamados, a ser auxiliados, perdiendo las ilusiones y generando dudas. Muchos se odian a sí mismos por ello, al considerarse unos tontos engañados. Se dice que esperan sentados aquellos que esperan dudosamente que suceda. Cuando hablamos de la resurrección como el mayor de los premios posibles, yo me pregunto muchas veces si merece la pena.- le digo.

- No te entiendo.- me responde estupefacta ante mi duda,

- ¿Realmente quiero volver a unirme a mi anterior cuerpo y volver a sufrir dolores, enfermedades y dolencias? ¿Realmente el mayor premio que puedo recibir es el de volver a sentir cómo pierdo la vista, se me caen los dientes y me tiemblan las manos? ¿Crees que volverán a creer, a fiarse y confiar después de la resurrección? – le digo.

- ¡Uhmmm¡ No sé que responderte.- me dice.

- ¡Es más¡.- exclamo.- si nos atenemos fielmente a las Sagradas Escrituras, Cristo resucitó, pero nadie le reconocía al principio y eso que solo habían pasado tres días desde la última vez que le habían visto. ¿Por qué? porque era diferente. Entonces me pregunto si ¿realmente era Él?, a lo que respondo que ¡sí¡, porque pasado un tiempo ya sí que le identificaron, pero también me pregunto si ¿la reencarnación no es en nuestro cuerpo, sino en otro diferente? También insisto en decir que si es obligatorio resucitar, pues personalmente no me apetece en absoluto volver a sentir dolores, pérdida de vista, caída de dientes, etc.

Visito la parte que me corresponde en esta habitación para oxigenar un poco el ambiente, pues a lo largo de mi vida he comprendido que muchas negatividades se producen por este aplastamiento que Kate y yo tenemos de conversaciones infinitas en este infinito temporal. ¿Labor negativa? diría alguien. ¿Qué es éso? Desde que nacemos nos obligan a elegir y distinguir entre el bien y el mal, entre lo positivo y lo negativo y siempre me he preguntado ¿Qué es lo negativo? y ¿qué es lo positivo? Por toda respuesta he obtenido definiciones, impresiones y toda clase de "...ones" en las que se incluían los términos como parte integrante de la definición, sin que ello me sirviera mucho, que digamos. Cuando lo comparo con otro tipo de parámetros observo que "tiempo", "distancia", "peso" y hasta la misma "vida" tienen un antes y un después, o tienen su ciclo de nacimiento, crecimiento, madurez y decadencia hasta desaparecer. En el tiempo, la línea que va siempre en la misma dirección, del pasado al porvenir. ¿Qué es el tiempo en este infinito al que vamos a ingresar? ¿Qué es el tiempo en esta habitación donde no hay rotación, ni traslación y menos referencias estáticas para control de la velocidad que llevamos y se puedan hacer cumplir las teorías de Newton y de Einstein?. ¿Dónde está el cero que marca el límite entre lo positivo y lo negativo? ¿Qué ocurre en ese punto cero? ¿Cómo lo determinamos? ¿Es un punto o debemos tirar de matemáticas de límites para encontrar un intervalo? Nadie me responde a estas preguntas y las hago de otra manera para ver si así encuentro a alguien más dotado. ¿Está bien imponer la democracia a base de misiles para dar libertad a un pueblo? Eso es lo que teóricamente hace el mundo. Entonces ¿Dónde está ese punto medio entre el bien y el mal? Supongo que seguiré sin respuestas, de modo que regreso con Kate.

- ¿Te das cuenta Kent, que cuando logramos un objetivo es cuando estamos satisfechos? Y cuanto más difícil, mejor.- me dice Kate.- siempre oigo relatar los mismos recuerdos en donde la gente lo pasaba muy mal pero se ríen de aquello como si lo echasen de menos. Excepción hecha de los divorcios, muertes, o situaciones en las que no lograron sus objetivos y al contrario fueron vencidos. Entonces es cuando la depresión hace acto de presencia. Otro punto en el que la gente se siente muy dolida es cuando se ha volcado en esfuerzos por alguien y ésta no ha estado a la altura. En ese momento la persona se hunde más y más en la melancolía. Se siente "una tonta útil" y terminan diciendo "en realidad, les he importado siempre una mierda, por eso ahora ni se acuerdan..."

- Sé que nos pasamos el tiempo en las universidades deduciendo lo que tal o cual personaje de la historia quiso decir, transmitir o mostrar en sus pinturas y escritos. Durante muchos años, yo mismo he practicado esas actividades intentando hallar códigos secretos, reglas nemotécnicas, pensamientos ocultos que me enseñasen el camino, la verdad, el destino y quizás las respuestas a muchos por qués que los humanos necesitamos saber en algún momento de nuestras vidas. Sinceramente, en esta habitación ¿Qué me importa lo que los Cervantes, Aristóteles, Humes, Nietzsches, San Agustines, etc. quisieron o no quisieron poner allí y lo que realmente pusieron? El pensamiento reposa en prejuicios, juicios y postjuicios y todos ellos se convierten en hipótesis, teorías y deducciones que van en la lengua, a las costumbres y a las ideas. Pero al final de la vida, en esta habitación, en esta preparación del examen final me pregunto ¿cabe filosofar en teorías, o en álgebras, o siquiera en lenguajes oníricos?

- ¿No crees que nuestro ángel de la guarda, debería ayudarnos a saber extraer lo útil de cada cosa que nos ocurre en la vida?.- me dice Kate.- en las filosofías orientales se dice que quien saca lo bueno de cada cosa, el paso siguiente le es más sencillo. Personalmente lo he intentado y debo ser muy torpe, porque cada vez me cuesta más avanzar. También creo que nuestro pasado, nuestras experiencias y lo aprendido deberíamos escribirlo para que las generaciones siguientes tuvieran una especie de manual de procedimientos que respondiesen a cómo se han ido solucionando los problemas por parte de cada ancestro, de tal modo que la sabiduría no se perdiese y fuese un legado patrimonial de la familia. Cada uno seguiría actualizándolo de tal modo que al siguiente descendiente le serviría como consejero de cabecera. Claro que habría muchos de dilapidasen ese legado y parecería que nacen en cada amanecer. Luego, no saben cómo actuar. Improvisan. Se desesperan o aciertan de casualidad sin haber aprendido nada. Lógicamente, escribirlo es doloroso para el amanuense que lo redacta, pero también le sirve de terapia por el desahogo y el legado que deja.

- Prométeme que lo llevarás a cabo.- le pido.- Dices que vas a escribirlo y con ello estás obligándote a ello. Asegúrate que dices la verdad mediante una promesa solemne que te comprometa a cumplir con rectitud y fidelidad lo que estás diciendo que harás. No te las prometas tan felices, sino tienes la esperanza de lograr lo que deseas sin gran dificultad.

Continúo preparando mi mente para el examen final. Mantengo las conversaciones con Kate. Perpetuo mi oxigenación con ella para no hacerle más pesada y lastimosa aún la espera. Recuerdo que Windelband decía «Por filosofía en el sentido sistemático, no en el histórico, no entiendo otra cosa que la ciencia crítica de los valores de validez universal (allgemeingutigen Werten).» Respondo con palabras de Unamuno "¿Pero qué valores de más universal validez que el de la voluntad humana queriendo ante todo y sobre todo la inmortalidad personal, individual y concreta del alma, o sea, la finalidad humana del Universo, y el de la razón humana, negando la racionalidad y hasta la posibilidad de ese anhelo?" Y remato el pensamiento con otro de mis interrogantes ¿Qué valor es de más universal validez que el valor étnico o detallado y el valor autoexhortativo o teológico del Universo en conflicto uno con otro y uno contra el otro? Para los no introducidos en el mundo del pensamiento y menos aún en el mundo del raciocinio, les diré que para Windelband, como para los kantianos y neokantianos en general, no hay si no tres categorías normativas, tres normas universales, que son: las de lo verdadero - falso, lo bello - feo, y lo bueno - malo moral. Si alguien me pregunta en este examen final que resuma el pensamiento humano, tendría que reducirlo a la lógica, la estética, la ética, la ciencia, el arte, la moral y la mía de la alquimia. Yo no entro en si es bonito o feo, si es bueno o malo, si es agradable (hedónico) o despreciable. Pues entraría en discusiones bananeras con los grandes pensadores que defienden que lo hedónico no puede aspirar a la validez universal, por el simple hecho (según ellos) de no ser normativo. ¡Anda que las religiones no son hedónicas y no contemplan cientos de normas¡

- Kent, ¿te das cuenta de que hay quienes nos maltratamos sufriendo por todo y quienes parecen pasar olímpicamente de todo? Creo que no tiene nada de sano el martirizarse, pero tampoco el que sigue la política del avestruz y no se enfrenta al problema.- me dice Kate.- tú y yo somos de los que pasan los años y seguimos flagelándonos por lo que hicimos o dejamos de hacer. ¿Quizás porque seamos masoquistas o quizás porque seamos perfeccionistas? No lo sé, pero por muchas vueltas que le demos, no podemos conseguir que no hubiera ocurrido. Muchas veces he intentado hablar con las personas implicadas y me he encontrado de todo. Desde el que ni se acordaba, hasta el que lo tenía sangrante aún, pasando por el que quería olvidarlo o nunca le dio la importancia que yo le daba. No obstante les pedía disculpas a todos y unos las aceptaron y otros las rechazaron. Pensaba que cualquier persona bien nacida y equilibrada perdonaría, nos abrazaríamos y volveríamos a caminar juntos. ¡Qué equivocada estaba¡ en ese momento me daba cuenta del pelaje del supuesto amigo/familiar y me decía a mi misma que aquello no tenía sentido y menos haber perdido tanto tiempo en algo que nunca podría conseguir.

- Deberías cambiar de pensamiento.- le recomiendo.- deberías modificarlo para convertirlo en algo distinto u opuesto. Te cambio un chiste por tu sufrimiento. Intercambiemos algunas acciones, especialmente ideas, palabras, miradas y risas, en lugar de dolores y sufrimientos por favor. Dejemos de vivir en un esta habitación y vayámonos a otro mundo distinto.- le pido un tanto dolorido de tanto sufrimiento.- Relajando el tema.- En una época de mi vida fui marinero y hice honor al dicho de que los marineros tenemos un amor en cada puerto. Me has dicho que te gusta viajar e incluso has aplicado esa misma metáfora a la actualidad. Veo que eres muy sociable. ¿Te has enamorado en algún viaje?

- ¡Claro¡.- responde Kate.- supongo que todo el mundo ha tenido amores de verano alguna vez en su vida. Siempre he tenido un viaje que es el viaje por excelencia, que nunca he hecho pero sería el de mi vida. Y es más, creo que todas las personas tenemos un viaje similar en nuestra ilusión. ¿Cuál sería el viaje de tus sueños? – me pregunta.

- Dar la vuelta al mundo contigo.- le respondo guiñándole un ojo.- me encantaría viajar a la antigua usanza, es decir, disfrutar del trayecto, estar varios días en cada lugar y seguir al siguiente hasta completar todo el mundo en un viaje de unos treinta años. Al tiempo que escribiría un diario del mismo. Cuando viajamos conocemos culturas, personas y costumbres en vivo y en directo. Siempre digo que en los documentales disfrutas de esos viajes pero no los vives, pues no pasas calor o frio, no hay insectos que molesten, ni cambios horarios. ¿Qué viaje es el que te cambió la vida? y ¿cuál fue tu peor experiencia como viajera?- pregunto.

- El que cambió mi vida fue el viaje desde Pakistán a Londres, pasando por todos los sitios en que destinaban a mi padre.- contesta ella.- puede decirse que es una especie de viaje como el que tu decías, de trayectos y estancias de más de diez años. Aunque sea de adultos cuando tenemos más problemas que resolver no disfrutamos de esas experiencias hasta que llegamos a la vejez y somos conscientes de lo que tuvimos. Nos pasamos la vida aguantando los destinos de los padres, pero lo que peor llevé era que constantemente me dijesen que si tal o cual característica mía es la misma que papá, o que mamá o incluso que los abuelos. A veces es gratificante, pero otras veces puede resultar una pesadilla ¿A quién te pareces más tu, Kent?

- Si tuvieras una entrevista con mi padre y le pidieras unas pinceladas previas de mí, sin lugar a dudas te diría que me parezco a mi madre.- respondo.- pero si haces lo mismo con mi madre, te diría que soy calcado a mi padre salvo en el pelo. ¿Qué es lo que más te gusta de tu madre y lo que menos de ella?

- Su autoridad.- responde tajante.- a diferencia de otras madres que son conciliadoras, protectoras y dulces, la mía es autoritaria, pero al tiempo nos ha sacado adelante a pesar de la prole y los problemas. Hablamos siempre de virtudes y características destacables. Dime tus tres mayores defectos.- me pide.

- Del millón trescientos veinticinco mil quinientos cuarenta y tres defectos que tengo.- le comento chistosillo.- los tres peores son mi capacidad de criticar, el estado anímico cambiante y los impulsos o repentes que me dan. Supongo que siempre te piropearán con tus ojos, tu boca, tu sensualidad, pero también estoy convencido que alguna vez te habrán dicho cosas que te han herido ¿Cuáles fueron?

- Todos los que tienen que ver con mi género y origen.- zanja Kate.- los que menos me afectan son los nimios, por ejemplo los estereotipos, siempre se nos inculca aquello de la tercera edad, del viejo verde, del niño que no crece, etc. haciéndonos referencia que no nos comportamos con arreglo a la edad que tenemos, porque no queremos envejecer o al contrario, queremos ser mayores antes de tiempo. En otras ocasiones estamos tan oprimidos que no somos nosotros mismos y no te comportas con arreglo a tu edad.

Gano puntos y experiencia hablando con Kate mientras preparo este examen final. Me acerco a refrescarme un poco porque me canso de hablar, meditar, comprender y no sé cuantas cosas más. Espero que una vez superado el examen me den respuesta a todos mis interrogantes y me dejen descansar sabiendo que a pesar de los cientos de miles de fallos por unidad de tiempo que he tenido en mi vida, he acertado en la dirección, el sentido y el Jefe. En este momento, si alguien me preguntara sobre cuál ha sido mi misión en la vida… ¡Ufff¡ tendría serios problemas en responderle. Mi vida se pareció más a un pinball que a otra cosa. Fui de aquí para allá, y de allá para acullá, sin saber por qué, cómo y menos para qué. Traté de aprender, de comprender, de mejorar, de ayudar, de enseñar y tampoco sé si habrá valido la pena todo ello. Pero ¿es que mi obra -iba a decir mi misión- fue la de poner en tela de juicio todo aquello que pasaba por delante de mis narices, ya fuese terrenal o divino, ideológico o religioso? ¿O acaso tenía la misión y destino de quebrantar la ideología y el pensamiento de unos y afianzar la fé de otros? ¿Qué palabras serán las que resuman mi vida? ¿Pueden ser la fé, la generosidad y la entrega? ¿O quizás sean la duda, la negación y la abstención? Sea el catolicismo, sea el racionalismo, sea el agnosticismo o sea lo que fuere, me encargué de que todos vivieran inquietos y anhelantes. Es decir, mi obsesión era "la de enseñar a pensar para ser verdaderamente libres". ¿Lo conseguí? Lo dudo, y como dudo que lo consiguiera me uniré de nuevo con Kate a ver si rematamos este día.

- No podemos modificar el pasado, ni lo hecho o dicho entonces. Existen acontecimientos por los que aún no me he perdonado, que han machacado mi vida, que nunca he superado y que perdí el tren de la felicidad por una mala respuesta, o por otra errónea, o por simplemente no haber contestado. Me doy cuenta de cómo sería mi vida ahora y me encantaría poder girar las manecillas del reloj hacia ese momento y responder adecuadamente. Seguramente ahora sería feliz, no me faltaría de nada y quizás no me hubieran disparado, ni estaría ahora contigo en esta habitación de tránsito al Más Allá.- me dice Kate.- Es muy fácil perdonar a los demás, pero casi imposible perdonarse uno mismo. Es complicado decirse que hay que seguir adelante aún sabiendo que seguirás cometiendo errores, que sufrirás, que hacienda te sacara el cuarenta por ciento delo que ganes y que en el mejor de los casos morirás de un bendito infarto y no disuelto en dolores del cáncer. ¿Merece la pena vivir? ¿Es injusta la vida, o es injusto pensar así? Son tantos los condicionantes en contra, que la actitud se modifica, convirtiéndonos en más vulnerables aún. Nos autocondenamos a morir en vida. A fin de cuentas sacamos sobresaliente en esa educación que nos dieron de niños en donde la religión y la sociedad nos habían enseñado a «sufrir inútilmente»

-    Recibo, tomo y acepto de ti lo que me das, lo que me aportas en esta conversación por muy doloroso que sea.- le digo.- salgo al tu encuentro cada vez que hablas como si acabaras de llegar. Admito tu compañía, del mismo modo que tu aceptas la mía. Espero hacer un frente común contigo cuando el ángel aparezca, aunque dudo que me lo permitan. Espero contigo, la suerte que nos corresponda, del mismo modo que el torero espera la suerte del volapié, el ataque del morlaco sin mover los pies al clavarle la estocada. Aseguro con forja y cemento el cuerpo que dejamos atrás en la tierra, para que el día de la resurrección pueda ser utilizado sin tener que bajar al infierno a recuperarlo. Pero por favor, Kate, intenta no recordar más las enseñanzas del sufrimiento y el dolor que pasamos, pues también a mi me arrastras en esa catarata. Decía José Joaquín de

Mora «Para aceptar se necesita un acto de la voluntad; pero se recibe sin querer, por causalidad y, a veces, por fuerza. Por esto se dice que se recibe una carta, pero no que se acepta. Que se recibe una mala noticia; y se aceptan las ofertas o convites. Se puede recibir un regalo y devolverlo porque no se acepta.» Pareces una chica alegre y sin embargo decepcionada contigo misma, con la sociedad o qué se yo. A lo largo de nuestra existencia hay muchas actividades a las que dedicamos demasiado tiempo, mientras que a otras les dedicamos demasiado poco. Seguro que hay cosas que hayas hecho de las que estés arrepentida y sean tus secretos más inconfesables. Del mismo modo habrá cosas que hayas hecho de las que estés realmente orgullosa y también sean tus secretos más inconfesables. ¿Cómo puedes vivir con ello de esa manera como si nada te afectase y siempre con la sonrisa puesta?

- En la sociedad que hemos vivido muchos se apropian de la palabra felicidad como si tuvieran la clave de ella ¿Quién es más feliz, Kent?- continua sin dejarme responder.- Pocas personas he conocido que estuvieran satisfechas con lo que tenían, siempre anhelaban algo que no tenían ¿Qué te falta para ser feliz? Les preguntaba ¿Lo has sido alguna vez? Seguía interrogándoles para descubrir el secreto de la felicidad.- continúa ella.- He comprobado que cada uno de nosotros hacemos algo para cambiar nuestro estado anímico y eso es lo que yo hago, aplico la sonrisa y ella me cambia el estado anímico.

- A pesar de ello se te ve una chica sensible en la que los sentimientos marcan tu camino. Hablamos de felicidad y desgracia como antagónicos y polos opuestos sin darnos cuenta que muchas veces se diferencian en una pieza que falta o que sobra.- le sigo.- también yo he interrogado a mis amigos, pacientes y conocidos ¿Qué te hace llorar? ¿Qué te hace reír? ¿Qué te agobia? ¿Qué es lo que sueles hacer cuando te sientes desgraciada? ¿De qué has tenido la suerte de haberte librado? ¿Quién te ha hecho feliz y a quién has hecho feliz tú? ¿Qué te hace infeliz?.- enumero.- para descubrir que cuanto menos se conoce en la vida más feliz eres.- respondo con tristeza.-

-   En el camino que recorremos nos relacionamos con los demás tanto física como conductualmente y las necesidades fisiológicas están siempre presentes.- me sigue el juego.- me alegro que seas así.- me dice.-pues yo también les he preguntado ¿Cuál ha sido la mejor relación que has tenido? ¿Quién es la última persona a la que has hecho daño? ¿Te ha perdonado? ¿Quién es la persona que más te duele haber perdido? ¿La desatendiste o te desatendió ella ti? ¿A quién has abandonado y quién te ha abandonado a ti?.- enumera a su vez.- y he llegado a la conclusión de que la felicidad en el amor por encontrar a la media naranja es una lotería del destino.

Alguien podría preguntarse ¿Cuál es la máscara más frecuente que se usa? Sin lugar a dudas es la sonrisa. Recuerdo a muchas de mis relaciones con la sonrisa permanente, sobre todo a una o dos en especial, que tenían como denominador común su sonrisa. Sobre la sonrisa hay todo un tratado que se puede escribir. Los chinos dicen *"que no ponga un negocio quien no sepa sonreír"*. Los de marketing añaden *"la sonrisa se ve por el teléfono"*. La sonrisa es el primer gesto que vemos cuando alguien nos extiende la mano para saludarnos y lo último que vemos en alguien cuando se despide. En los saludos, todos admitimos las sonrisas como patrones de mentiras *"¿Qué tal estás?... Bien gracias"* y se sonríe, aunque se estén pasando calamidades. ¿Qué tipo de sociedad podría explicar a un extraterrestre que ve en un saludo sonriente una mentira ya de entrada? ¿Se creerán nuestras buenas intenciones cuando vengan a visitarnos o dispararán por si acaso? Los bebés sonríen casi de inmediato al nacer y pronto lo usan para obtener favores de los que le rodean. A lo largo de toda la vida social, las sonrisas presentan falsamente sentimientos que no se sienten, pero que es útil o necesario mostrar para ser "socialmente atractivos". En este aspecto puedo encajar a varias mujeres que aguantaron mis noventa kilos antes de apuñalarme por la espalda, pero ante todos los amigos y los que nos conocían, ellas eran las fantásticas, yo no, porque no supe disimular y procuré ser sincero. Dice un refrán: *"Si quieres crearte muchos enemigos, ten muchos conocimientos y se sincero"* ¿Por qué? Porque a nadie le gusta la verdad, prefieren vivir con mentiras que les hacen la vida más agradable. A la mayoría de la gente, las emociones que más les cuesta fraguar son las negativas.

¡Vaya¡ el tipo de blanco que esperamos no ha venido. Estamos cansados. Ella se retira a sus soledades mientras la observo alejarse. Me acuesto y leo Eclesiastés (Qohelet-Kohelet) cuando dice: *"Y tórneme yo, y vi todas las violencias que se hacen debajo del sol: y he aquí las lágrimas de los oprimidos, y sin tener quien los consuele; y la fuerza estaba en la mano de sus opresores, y para ellos no había consolador. Y alabé yo los finados que ya murieron, más que los vivientes que hasta ahora están vivos. Y tuve por mejor que unos y otros al que no ha sido aún, que no ha visto las malas obras que debajo del sol se hacen. Visto he asimismo que **todo trabajo y toda excelencia de obras mueve la envidia del hombre contra su prójimo.** También esto es vanidad y aflicción de espíritu. El necio dobla sus manos y come su carne. Más vale el un puño lleno con descanso, que ambos puños llenos con trabajo y aflicción de espíritu. Yo me torné otra vez, y vi vanidad debajo del sol. Está un hombre solo y sin sucesor; que ni tiene hijo ni hermano; más nunca cesa de trabajar, ni sus ojos se hartan de sus riquezas, ni se pregunta: ¿Para quién trabajo yo, y defraudo mi alma del bien? También esto es vanidad, y duro trabajo. **Mejores son dos que uno;***

porque tienen mejor paga de su trabajo. Porque si cayeren, el uno levantará a su compañero: más ¡ay del solo! que cuando cayere, no habrá segundo que lo levante. También si dos durmieren juntos, se calentarán; más ¿cómo se calentará uno solo. Y si alguno prevaleciere contra el uno, dos estarán contra él; y cordón de tres dobleces no presto se rompe. Mejor es el muchacho pobre y sabio, que el rey viejo y fatuo que no sabe ser aconsejado. Porque de la cárcel salió para reinar; mientras el nacido en su reino se hizo pobre. Vi todos los vivientes debajo del sol caminando con el muchacho, sucesor, que estará en lugar de aquél. No tiene fin todo el pueblo que fue antes de ellos: tampoco los que vendrán después estarán con él contentos. Y esto es también vanidad y aflicción de espíritu".

Me duermo con lo que decía Unamuno *"¿Qué es el Hado, qué la Fatalidad, sino la hermandad del amor y el dolor, y ese terrible misterio de que, tendiendo el amor a la dicha, así que la toca se muere, y se muere la verdadera dicha con él?¿Qué te aterraría más: sentir un dolor que te privase de sentido al atravesarte las entrañas con un hierro candente, o ver que te las atravesaban así, sin sentir dolor alguno?¿No has sentido nunca el espanto, el horrendo espanto, de sentirte sin lágrimas y sin dolor? El dolor nos dice que existimos, el dolor nos dice que existen aquellos que amamos; el dolor nos dice que existe y que sufre Dios; pero es el dolor de la congoja, de la congoja de sobrevivir y ser eternos".*

CAPÍTULO 3

"Crisis, ibis, ivas, irpf, patrimonio, impuesto de sociedades, de circulación, de basuras, de transmisiones, de sucesiones, autónomos, plusvalías, comisiones de bancos. Pensiones a los 70 años con cuarenta de cotización ininterrumpida, ora, parking, corruptos y políticos sin poder echarles, ni poder irnos de ellos. ¡¡Cepo de País¡¡: estoy y estamos todos... agotados, trabajados, cascados, derrotados, destrozados, rotos, exhaustos, molidos, rendidos y hartos de pagar 18 tipos de impuestos para manteneros". **(Maese Mercader)**.

Me despierto en la misma habitación sin que el tipo de blanco se haya presentado. ¡Bueno¡ aprovecharé para seguir leyendo el libro de la mesilla y para repasar los temas que he vivido y así preparar la entrevista para cuando llegue. Me levanto y leo Eclesiastés (Qohelet-Kohelet) cuando dice: *"Cuando fueres a la casa de Dios, guarda tu pie; y acércate más para oír que para dar el sacrificio de los necios: porque no saben que hacen mal. No te des prisa con tu boca, ni tu corazón se apresure a proferir palabra delante de Dios; porque Dios está en el cielo, y tú sobre la tierra: por tanto, sean pocas tus palabras. Porque de la mucha ocupación viene el sueño, y de la multitud de las palabras la voz del necio. Cuando a Dios hicieres promesa, no tardes en pagarla; porque no se agrada de los insensatos. Paga lo que prometieres. Mejor es que no prometas, que no que prometas y no pagues. No sueltes tu boca para hacer pecar a tu carne; ni digas delante del ángel, que fue ignorancia. ¿Por qué harás que Dios se aire a causa de tu voz, y que destruya la obra* *de tus manos? Donde los sueños son en multitud, también lo son las vanidades y muchas las palabras; más tú teme a Dios. Si violencias de pobres, y extorsión de derecho y de justicia vieres en la provincia, no te maravilles de esta licencia; porque alto está mirando sobre alto, y uno más alto está sobre ellos. Además el provecho de la tierra es para todos: el rey mismo está sujeto a los campos. El que ama el dinero, no se hartará de dinero; y el que ama el mucho tener, no sacará fruto. También esto es vanidad. Cuando los bienes se aumentan, también se aumentan sus comedores. ¿Qué bien, pues, tendrá su dueño, sino ver los con sus ojos? Dulce es el sueño del trabajador, ora coma mucho o poco; más al rico no le deja dormir la hartura. Hay una trabajosa enfermedad que he visto debajo del sol: las riquezas guardadas de sus dueños para su mal; Las cuales se pierden en malas ocupaciones, y a los hijos que engendraron nada les queda en la mano. Como salió del vientre de su madre, desnudo, así se vuelve, tornando como vino; y nada tuvo de su trabajo para llevar en su mano. Este también es un gran mal, que como vino, así haya de volver. ¿Y de qué le aprovechó trabajar al viento? Además de esto, todos los días de su vida comerá en tinieblas, con mucho enojo y dolor y miseria. **He aquí pues el bien que yo he visto: Que lo bueno es comer y beber, y gozar uno del bien de todo su trabajo con que se fatiga debajo del sol, todos los días de su vida que Dios le ha dado; porque esta es su parte. Asimismo, a todo hombre a quien Dios dio riquezas y hacienda, y le dio también facultad para que coma de ellas, y tome su parte, y goce su trabajo; esto es don de Dios.** Porque no se acordará mucho de los días de su vida; pues Dios le responderá con alegría de su corazón".*

Anoche pensé en la gran paradoja y la gran contradicción del ser humano. Por un lado quiere ser libre, en cambio por otro quiere unirse a una relación que le haga feliz. Por un lado quiere estabilidad, mientras que por el otro quiere desenfrenarse. Por un lado quiere placer y sin embargo, por otro busca el dolor. ¿Acaso sabe el ser humano lo que quiere en realidad? Sigo ahondando en esa dirección y me encuentro con la siguiente paradoja. Al ser humano le encantan los cumplidos. Y cuando digo que le encantan, me refiero a recibirlos, tanto como a hacerlos. Entonces me pregunto ¿Un cumplido no implica falsedad en muchas ocasiones? Por lo que deduzco que mentir a la pareja es algo que le agrada. Pero también es algo que rechaza y conlleva la ruptura. Me viene a la mente otro pensamiento que me gustaría que alguien me aclarara. Al ser humano le gustan los cumplidos, pero rechaza "cumplir" porque implica obligación. ¡No entiendo nada¡. Entonces, es cuando creo que la intuición hace acto de presencia. Es decir, que tomamos decisiones sin someterlas a reflexiones. Simplemente basándonos en la experiencia acumulada y sin ser conscientes de las razones. ¿Se podría afirmar que el instinto es el séptimo de los sentidos? Entonces no me extrañan los resultados de las relaciones, si observamos la cantidad de experiencia de los participantes. ¿Existe una receta mágica que consienta en el deseo de envejecer juntos en una relación? ¿O muchos envejecen juntos, porque convivir con otra persona a esas alturas sería muy complicado? Cuando nos conocemos, todos decimos que será para toda la vida. En mitad de la relación la mayoría están unidos por el compromiso con ellos, con los hijos, o con el entorno. Cuando llegamos al final, es cuando tenemos tiempo para conocer realmente a la otra persona y entonces ¿Para qué cambiar? Resumo diciéndome que al final, todo es una "dependencia". Dependemos del otro y del entorno, del mismo modo que el "depende de…" está presente en todo momento. Sin temor a críticas podría decirse que cualquiera y su prole, junto con todo el clan familiar y nosotros mismos dependemos de toda esta aventura llamada vida. Me quedo con una frase que me transmitiste hace muchos años cuando era joven, de los sabios griegos *"Los que no tienen muchas ganas de oír ni de aprender nada de provecho. Son como las bestias, que cuando van cargadas de oro. Sienten el peso que llevan a cuestas, pero no se aprovechan de lo que vale"*. El caso es que todo depende de la elección que hagamos en cada momento. Siempre hay que escoger. Siempre hay que preferir una cosa o una persona entre varias para un fin. Eres médico y en tu hospital los pacientes pueden elegir a su médico de cabecera. Cuando elegimos políticos, designamos, generalmente por votación, una o más personas para ocupar un puesto. Nos pasamos la vida decidiendo esto o lo otro, aquello o eso. Somos libres para decidir dentro de un mundo coartado. Estamos predispuestos del mismo modo que predestinados y sin embargo debemos hacerlo en muy poco margen de opciones. Nos complicamos la vida y se la complicamos a los demás, mientras los otros nos la complican a nosotros en una espiral maquiavélica en la que cientos de millones de personas deciden en décimas de segundo y con ello alteran las vidas de los semejantes obligándoles de nuevo a elegir. Corro un tupido velo a esta habitación, sin preguntarme quién es el mandamás, pues algo en mi interior sabe la respuesta. Pero ¿Qué ocurre en la tierra? Que los estados, gobiernos y mandamases, a los que votamos en su mayoría, para que ejerzan esa labor, se pasan el día poniéndonos impuestos y prohibiciones, o tergiversando y manipulando el conocimiento y el pasado que no les es favorable a sus propósitos ¿De qué tienen miedo? Imagino la posibilidad de que todos tuviésemos absolutamente todos los conocimientos posibles, ¿no estaríamos mejor sin esos gobiernos amparados en tiranías, dictaduras, demagogias, democracias, plutocracias y tantas "ias" y "uras"? Esos gobernantes se deberían limitar asépticamente a poner los medios para que los conocimientos estuvieran bien salvaguardados en los cerebros de sus gobernados. Con ello, cada cual, solo o en unión, tendrían mejores medios para desenvolverse en la vida. Imagino si todos guardásemos las medidas profilácticas adecuadas, entonces se reducirían por si solas las enfermedades. Imagino que todos dispusiéramos de conocimientos económicos y empresariales, entonces se acabarían el 50% de engaños financieros y por lo tanto las crisis económicas en igual medida, o ¿Qué pasaría con las viviendas si tuviésemos los conocimientos de construcción? Así podríamos poner todos los ejemplos que se nos ocurrieran; sin embargo, vemos en los periódicos que para medir el nivel cultural de un país, nos basamos en métodos estadísticos, ¡vale, juguemos con esa fórmula¡ pero ¡Oh sorpresa¡ tan solo se basan en el número de universitarios que tiene ese país¡ ¡Vaya chorrada¡, entonces ¿si apuntamos a todos a la universidad, quiere decirse que ese país es el más culto de todos? Me pregunto si cabríamos todos en la clase porque yo ya sufrí éso en las mías... ¡En fin¡ ¡que no nos confundan¡ Me refiero a que la cultura pasa por el conocimiento desde la mano de obra, hasta la de dirige la empresa; desde el que trabaja el campo hasta el gourmet más especializado; desde tener ritmo con un tambor hasta componer una ópera. Desde mezclar el barro con la paja, hasta construir un edificio inteligente. Desde dibujar un bisonte en una cueva hasta desarrollar cine. Desde escribir una dirección con una flecha de piedras, hasta un poema en un ordenador. Desde saber cómo se creó el mundo hasta lo que pasará mañana. Desde lo que pasa en las estrellas hasta lo que ocurre bajo un microscopio. Todo eso y mucho más es para mí la cultura y éso ¿sabes lo que es? Pues es "igualdad", el resto son manipulaciones y chorradas.

- ¿Por qué nos enseñaron a soportar el dolor?.- me dice Kate.- sigo dándole vueltas a los por qués nos han obligado a sufrir inútilmente, a forjarnos como espartanos y hasta a morir por ideales en contra de los principios más básicos e innatos de supervivencia. .- me dice Kate.- Ahora, cuando educo a mi hija cometo los mismos errores intentando hacerle fuerte al sufrimiento y al dolor que le vendrán, cuando es lo más tonto que puedo hacer, porque cuando eso llegue, le va a doler igualmente. Lo único es aconsejarle salidas, ayudas y actitudes, pero por el momento sufre ahora y luego. ¡Vaya mierda de madre que estoy hecha¡ También se preparan a los soldados para eso y cuando se les manda a morir en la guerra, no es por defender a sus familias, sino porque a algún político le interesa económicamente la guerrita. ¡Vaya tela¡ Desde pequeños, nos agobiamos, sufrimos, nos estresamos, nos dolemos por cualquier chorrada, lo mismo que por cosas reales y duras. Vemos a nuestros padres preocupados constantemente y sufriendo por si nos caemos y por si nos raptan, del mismo modo que por si no desayunamos. El motivo es lo de menos, lo importante es estar sufriendo constantemente. El caso es no vivir de una manera u otra. ¡Eso sí¡ la vigilancia y el estar atentos, es algo que ya no nos quitan de encima ni con agua caliente, porque nos preparan para ello.

- Nos disponen para un fin determinado. Estudiamos para tener más conocimientos o para realizar una prueba, o preparar un examen como éste en el que estamos metidos tú y yo ahora.- le digo.- Hacemos las operaciones necesarias para obtener un producto químico, farmacéutico o espiritual, hasta que se dan las condiciones necesarias para que ocurra. Nos adiestramos para la realización de una actividad futura, como por ejemplo, preparar las cosas para este viaje. Esa es la verdadera preparación. Con tanta preparación religiosa estoy seguro que encontraremos un asiento en el Más Allá, pero dudo que nos fortalezca y prepare para uno en el Más Acá. ¿Has encontrado tu lugar en el mundo? – le pregunto.-

- Alguna vez me lo he preguntado.- responde cabizbaja.- ¿Cuál es mi sitio? Me pregunto sin tener respuesta más que conformarme con creer que debo estar en cada momento donde estoy y que va a servir para algo. Que todo esto no es inútil aunque digan que la vida es un regalo.

- Ciertamente para muchos que conozco es un regalo, pues no han sufrido nunca ni un resfriado. Su vida ha sido lineal y todo perfecto.- me lamento.- y lo digo con cierta envidia porque al final nos van a valorar por nuestros actos, pero no tendrán en cuenta las condiciones diferentes de cada uno. Además.- exclamo vehementemente.- me parece perfecto y me alegro mucho de que se perdone a quien se arrepienta en el último momento como el mal llamado "ladrón bueno", que de bueno tenía el ser un ladrón fantástico, y en cambio, es el único que sabemos con certeza que está en el cielo con Cristo. Me gustaría mantener una charla con sus víctimas paseando a su lado. Dicen que Dios es justo, pero por las vidas que llevamos tan diferentes, no veo su justicia en la tierra, y tampoco en el examen. Kate.- exclamo cambiando de tema.- dentro de esa preparación que has llevado a cabo en la tierra ¿Qué sabes hacer?

- Yo sí creo que Dios es justo y que la preparación que hacemos es por algo.- responde.- ¿Qué sé hacer? Me preguntas. Sé cocinar, coser, lavar, curar enfermos, cuidar personas, enseñar materias, rezar, escuchar, dialogar… ¡qué sé yo¡ pues lo normal que se supone que debemos saber ¿no? Y tú, Kent. ¿Sabes hacer lo que quieres? O ¿Quieres hacer solo lo que sabes?

- Hay muchas cosas que me gustaría saber hacer que no sé, tales como componer música, tocar instrumentos musicales, hablar muchos idiomas, esculpir, tallar, saber más matemáticas, física y química, y similares. Es cierto que necesitaría dos vidas más para saber lo que quiero saber, para adquirir conocimientos de todo lo que existe y se ha creado, de los cómos y por qués de su funcionamiento. Dicho de otro modo, lo único que sé es que debo saber más, pero no sé si quiero saber más porque a medida que aprendo, menos feliz soy y me paso el cincuenta por ciento del tiempo analizando mi pasado, el treinta por ciento haciéndolo con el futuro y el resto vivo el presente sufriendo por los otros dos.- respondo.- Ahora con eso creo que te he contestado a tus dos preguntas, contéstamelas tú.

- Hago lo que quiero como sé y puedo; y hay muchas cosas que quiero, que no hago porque no sé cómo o no puedo.- dice ella.

- ¿Seguro que haces lo que quieres?

- No. Solo algunas veces. ¿Y tú?

- Sé hacer lo que quiero y quiero hacer lo que sé, otra cosa es que lo haga.

- Estás más cerca que yo.

- No lo entiendes. Tú estás más cerca de conseguirlo, yo no lo hago y además soy consciente de mi frustración. La afortunada eres tú.

- Yo no sé hacer todo lo que quiero.- insiste.

- Hay gente que hace cosas que no quiere y hace cosas que ni sabe. Lo peor es no saber lo que quieres y no saber hacer lo que quieres.

- Cierto.

- Ya tienes disertación para tus jefes y empleados. Me debes un café por las clases.

- Cuando quieras ¡ja, ja, ja¡- remata Kate.

Grito porque me acabo de percatar que al demonio se le identifica con cabeza de cabra, pero en la Biblia era la serpiente la que convenció a Eva para comer del fruto prohibido. Salto dentro de mi mismo por encontrar infinidad de metáforas idénticas en el resto de civilizaciones, religiones y cultos, tanto como seres perversos, como buenos. La verdad es que si repasamos la historia y las leyendas podemos encontrar infinidad de referencias a serpientes, no las voy a citar todas

160

pero si algunas. De entrada, si nos fijamos en el budismo vemos como el naga Muchilinda cubre a Buda de una tormenta. En el hinduismo, el dios Krishná le vemos sobre las cabezas del naga Kalíia, mientras las esposas del nagá le oran a Krishná. Otras representaciones que me acuerde pues a la mismísima Padmavati, la reina de los nagas y compañera de Dháranendra a su vez un rey de los nagas. Páravata akshá, demonio serpiente, cuya espada causa los seísmos y los truenos. Ananta Shesha la serpiente divina con mil cabezas que sirve de cama a Vishnú. Una de las cuestiones que aparecen en los relatos, es cómo esas grandes serpientes viven en cuevas con el fondo arenoso, en donde los cazadores clavan espadas para que el propio peso del animal haga el desgarro pertinente. Cazándolas a diestro y siniestro no me extraña que se extinguiesen, quedando las que yo he visto. Si alguien preguntase ¿Dónde viven los nagas (en masculino) en la actualidad? Habría que hacer la distinción de lo que dice la mitología y las leyendas de la realidad, aunque si te digo la verdad y quitamos las rarezas, coinciden bastante las ubicaciones. Así, para unos en Patala o Nagáloka, el séptimo de los planetas infernales del inframundo, cuya capital se llama Bhoga Vatī, localizándose en el pozo de Sheshna, en Benarés a orillas del río Ganges, en la India, la entrada a los Patalas o infiernos. Para otros, es también Nagalandia otro de los lugares donde habitan, en el extremo oriente de la India, habitado actualmente por tribus nagas, que llegan a modificar su cuerpo y movimientos a semejanza de los ofidios. Para los terceros es Naggar, un pueblo en la cordillera de los Himalayas en el Tíbet, que deriva del nombre de las tribus nagas. También en Nagpur, ciudad india cuyo nombre deriva de Naga Puram o ciudad de nagas. Del mismo modo, si ampliamos los países, el Océano Pacífico, según un mito camboyano. Nagadaa, sitio en Pakistán donde se cree que se llevó a cabo el nagá iagñá o genocidio de los nagas y en donde yo también ha podido comprobar su existencia en el Río Mekong, que cruza el Tíbet, China, Birmania, Tailandia, Laos, Camboya y Vietnam. Entre historia y leyenda. Entre la coincidencia de tener una compañera pakistaní, las serpientes, los demonios y esta habitación se me han pasado el tiempo sin darme cuenta.

- ¿Qué tendríamos que hacer para cambiar la religión y la educación hacia un sentido alegre y positivo, en lugar de losas y preparación al dolor? Al final los chicos pasan del tema o se destrozan. Se les hipersensibiliza de tal modo que se les hace más inseguros que seguros.- me dice Kate.- en lugar de salud, tenemos estrés. En lugar de equilibrio tenemos alteraciones. En lugar de confianza, obtenemos desconfianza y en lugar de respeto tenemos miedo. En lugar de encontrar refugio en la religión y las autoridades, tenemos insolidaridad, opresión y dictaduras que nos aplastan la vida y coartan el futuro.

- El futuro es lo que todavía no ha sucedido o que está próximo en el tiempo. Tiempo que todavía no ha llegado, y por tanto desconocido.- le digo.- los que nos preparan siquiera lo conocen. Solamente han oído lo que a ellos les comentaron otros que tampoco lo conocieron. ¿No es paradójico que la acción expresada se realizará en el momento posterior a aquel en que se habla?. ¿No es paradójico que la propia lengua española tenga en su conjugación cuatro futuros de distinto matiz (futuro imperfecto de indicativo, futuro perfecto de indicativo, futuro imperfecto de subjuntivo y futuro perfecto de subjuntivo)?. ¿Cuántos futuros hay entonces? Hablando de futuro, lo primero que se me viene a la cabeza, como identificador de ese tiempo es la vejez. Personalmente no tengo miedo a la vejez, sino a la dependencia. Es decir a tener incontinencia, a no poder con la cuchara o a que alguien tenga que empujarme para ir de un sitio a otro. No entiendo que no podamos desconectarnos cuando queramos y debamos seguir soportando enfermedades, dolores y humillaciones de este tipo para nada. ¿Temes envejecer Kate?

- No espero la vejez con ilusión si es eso lo que me preguntas.

- ¿De qué tiene miedo en concreto?- insisto.

- Temo la soledad, la dependencia que explicas pero también el ver crecer a mis nietos.- responde. Si tuvieras que destacar algún año de tu vida como el mejor ¿cuál mencionarías, Kent?

- Cuando tenía quince años, era fuerte, duro como el acero, no tenía problemas de enfermedades, soledades o familiares. Mi padre aún no había ingresado en el hospital y estaba rodeado siempre de mis animales. Mi caballo y mis perros.- respondo con nostalgia.- ahora, en cambio, desde mi cama alcanzo las gafas para ver, las pastillas con las que me medico y la lamparita de luz. Me da la impresión de que en lugar de avanzar y mejorar todo ha empeorado, mi salud, mi situación económica, mi trabajo, mi vida sexual, mi vida social, en definitiva, certifico que he sufrido un gran deterioro total de mi vida.

- Si no nos hubieran disparado ¿Hasta qué edad te gustaría haber llegado?.- me pregunta.

- Como sabes, desde que nos conocimos en esta habitación, yo pedía a voces cada uno de los días que amanecía que fuera el último. - Respondo.- vivir sin ilusión y sin medios no es vivir y vivir para seguir pagando impuestos y terminar de cáncer, es algo que no quiero. Por ello bendigo el día en que me dispararon aunque lamento que también fuese tu último día. Recuerdo que cuando salvé del primer infarto de miocardio a mi padre y pasaron unos años, él estaba moribundo por un cáncer que le había postrado nueve años en una cama de hospital, y me dijo "para qué me salvaste entonces". Esta frase quedó grabada a fuego en mi, haciendo que me sintiera culpable por haberle salvado la vida entonces y por ello ser el responsable de los dolores y sufrimientos de esos últimos años. Me enfadé mucho con Dios y con mi padre, por ello, ahora agradezco que los dos disparos que he recibido hayan tenido lugar y me hayan librado de cinco años postrado en un hospital muriéndome yo de cáncer. Siempre tuve un sueño que nunca he realizado, consiste en celebrar el fin de año paseando por los románticos bosques vieneses cogidos de la mano, embarcarnos para pasear por la gruta subterránea de Hinterbrühl y después por el Danubio hasta la abadía de Melk, volviendo para comer un buen gulash, en el pueblo de Baden, en su plaza del mercado contemplando la columna de la Santísima Trinidad. Por la noche hacer el amor con un buen champaña francés, tumbado sobre la hierba del Prater de Viena, subir en su noria, tocar el cielo con las manos y al día siguiente llegar montado en un coche tirado por dos tordos caballos, perfectamente enjaezados, tras pasar por la estatua de oro de Johann Strauss, hasta el Musikverein, en cuya sala dorada, el emperador Francisco Pedro I coronó, y desde donde se celebra el concierto de año nuevo, por parte de la orquesta filarmónica de Viena.

- ¿Te has fijado Kent, que hasta en el amor estamos insatisfechos y lo pasamos mal? Fíjate cuando dos enamorados discuten. Ambos se enrocan en sus argumentos, los repiten y repiten hasta que se olvidan de los argumentos y pasan a atacarse el uno al otro en un sinfín de reproches. Es alucinante la capacidad que tenemos los humanos de ofender a quienes se supone que más queremos.- me dice Kate.- ¿Podemos ser alguna vez objetivos cuando estamos implicados en algo? Creo que no, por ejemplo cuando pasamos una buena temporada, estamos pensando constantemente que pronto se va a acabar. Muchos lo achacan a la suerte, otros al destino y los terceros se ríen de los primeros, porque nunca sabrán lo que se llega a sufrir en esos momentos. Las personas que han pasado calamidades, o guerras, o crisis, se les identifica fácilmente porque se pasan la vida guardando hasta las cosas que aparentemente son más inútiles, tales como cuerdecitas, alfileres y trozos de pan. Los que no saben el sufrimiento de esas personas, hasta el punto de sentirse inseguro, agobiado y lleno de temores. y no han pasado por esos acontecimientos, se ríen ignorantes y desagradecidos a su buena suerte. Los primeros vemos la vida con dolor y poca alegría. Hasta nos creemos con mala suerte y desdichados embocados al desastre sin solución. Los psicólogos (que habitualmente tampoco han pasado esos acontecimientos nefastos) sacan inmediatamente la contestación de que la culpa es nuestra por la actitud. Y terminan la consulta sentenciando que si pensáramos de otra manera, la vida sería más feliz. Yo les contestaría que ni lo uno, ni lo otro, que recuerden la fábula de la cigarra y la hormiga, por si acaso.

-     Acabar, rematar, concluir, finalizar, ultimar, finiquitar (coloquial o malsonante), dar cima a algo, completar, coronar, punto final, despachar, bajar el telón, expirar, caducar. empezar, inaugurar. Se usan igual y al mismo tiempo de maneras diferentes, para significados desemejantes y con resultados dispares.- le advierto.- Así por ejemplo, terminar y acabar pueden referirse al tiempo, al espacio o a una obra cualquiera.- le digo.- En cambio, rematar tiene los mismos usos, pero es vulgar aplicado al tiempo. Concluir no se emplea hablando de espacio. Finalizar pertenece al estilo literario, o al administrativo. Ultimar se refiere solo a una obra o trabajo. Claro que coincide con rematar (aunque es más literario) en la acepción de dar a una obra los últimos toques. A fin de cuentas, todos ellos de una manera u otra hacen que algo llegue a su fin, se consuma completamente, o se destruya. Y fíjate en la curiosidad de este término, pues lo mismo hace que algo llegue a su fin, que dice que lo hace. Así tratamos tan alegremente a un verbo que al mismo tiempo es transitivo-intransitivo, que si le añadimos un infinitivo, entonces explica lo contrario de lo que aparenta. Por ejemplo "no terminar de + infinitivo".- le puntualizo.- señala que una acción no finaliza su realización como estaba esperado o planeado, de este modo yo mismo te podría decir ahora querida Kate que me sorprendió la muerte y no terminé de escribir este último epítome.

Imagino por un momento, que hubiera tenido la posibilidad de cartearme con los personajes de la historia, a través de las diferentes épocas de la humanidad. Seguramente Kate me diría que estoy loco y quizás tuviera razón, pero ¿has visto cómo han evolucionado las comunicaciones? desde una simple carta llevada a caballo por un emisario tras varios meses de viaje en el siglo X a.C., hasta las modernas video-conferencias en tiempo real vía satélite. ¿Quién sabe si en un futuro, lo que he soñado puede ocurrir? Entonces podríamos intercambiar información real y no manipulada de la historia, de cómo eran nuestros personajes favoritos, de cómo se crearon las ideas y las religiones, hasta incluso podríamos favorecerles a ellos mandándoles información del futuro, ¿no sería fantástico? Sí, me preguntasen ¿qué opino de la cultura?, debería contestarles del siguiente modo: Estoy convencido del derecho que tiene todo hombre o mujer a adquirir una buena cultura, lo más amplia posible, más allá de su entorno, llegando a donde alcance un telescopio o un microscopio. Bien para lograr una situación social más elevada, bien para emplear esos conocimientos en ayudar a mejorar el universo, bien para educar y auxiliar a otros que estén carentes de esos conocimientos. Estoy convencido que no solo es un derecho, sino que es una obligación. Es más, yo propondría la obligatoriedad de que todo el mundo aportase algo a este mundo, alguien dijo que para ser parte integrante del futuro de la humanidad debía plantar un árbol, tener un hijo y escribir un libro; yo añadiría enseñar a otro congénere algo nuevo.

- Me llama la atención, Kent, el comprobar el hecho de que los grandes avances en la historia del ser humano, desde el fuego hasta las naves espaciales hayan tenido lugar en la soledad. Siempre me he preguntado cómo es posible que esa persona en solitario tenga la capacidad de sacar tanta utilidad de ese modo, teniendo en cuenta el sufrimiento, las depresiones por el fracaso y los riesgos que ello conlleva.- me dice Kate.- ¿Cuántos esfuerzos en solitario? ¿Cuántas experiencias que terminan siendo dolorosas? Y sin embargo son las que han hecho avanzar al equipo. ¿Te das cuenta Kent, de lo difícil que es trabajar en equipo, encontrar unos buenos compañeros de vida y de trabajo? Y eso a pesar, de presumir de ser gregarios y necesitar al grupo para sobrevivir. Ahora te voy entendiendo amigo mío. Ahora comprendo tu pasión por la conducta de las especies y en particular la del ser humano. ¿Cuántos recuerdos dolorosos acumularán esas personas solitarias? A los que triunfan se les admira como gurús a seguir, pero ¿qué hacemos con los que a pesar de todo fracasan? Algunos les desprecian, otros les condenan al ostracismo y los terceros hasta les ridiculizan o tachan de locos insociables. ¿Cuántas veces te habrás sentido así, Kent?.- me insiste Kate mientras avergonzado bajo la cabeza.- Todas las personas tienen o han tenido utilidad en nuestras vidas, porque de todas hemos podido aprender algo (árbol de huellas). El ser humano es tan complejo como apasionante. ¿Te imaginas si esos que llaman fracasados hubieran podido trabajar, estudiar o crecer al lado de otros con éxito? Entonces hubieran compartido los laureles. Ambos hubieran tenido una simbiosis de tal grado que ni yo soy capaz de imaginar sus aportaciones y hubieran sido felices, haciéndonos más a los demás. Sinceramente, no entiendo a Dios cómo no favorece siquiera estas cosas, más al contrario, da la impresión de favorecer lo contrario y dar muchas posibilidades y medios a gente que dilapida sin aportar nada. No me extraña que haya quienes maldicen su mala suerte y se alejan de Dios o se mueren sintiéndose desaprovechados. Pero el destino hace que no tengamos apoyos y por ende, esas oportunidades.

- ¿Qué es apoyar, Kate? ¿Es acaso colocar una persona o cosa sobre otra de modo que descanse en ella? – le pregunto.- ¿Acaso es estar a favor de determinada persona y confiar en ella? ¿Sería entonces tener su base una cosa sobre otra? O ¿quizás te refieres a basar una opinión en el criterio de otra persona, aprobándola y dándola por buena?

- Para mí, Kent, apoyar es servir de apoyo, sostener, favorecer y ayudar.

- Luego apoyar es amparar, proteger, defender, patrocinar y promocionar. Pero ¿sería también propugnar. abandonar, o desasistir?

- Bueno, para mi propugnar es sinónimo de apoyar cuando se refiere a una opinión o a un sentir.

- Lo pregunto porque también usamos alegremente este verbo que puede ser reflexivo.- le digo.- la mejor ayuda que puedes tener en la vida es la tuya misma, de esta manera no te defraudarán tanto. Decimos que solicitar la ayuda de alguien es fundamental para sobrevivir. Nos apoyamos en la religión, en la lectura, en las artes y en las familias, amigos y asesores para entender y triunfar en la vida. Sinceramente Kate ¿Quién cree en ti para apoyarte?

- No creo que apoyar a alguien lleve implícito el creer en esa persona.- contesta.

- ¿De qué tienes miedo? ¿Por qué no respondes directamente a la pregunta?-insisto.

- Para mi es una pesadilla recurrente.- se lamenta.- no me gusta depender de nada ni de nadie pero constantemente tengo que hacerlo y me da la impresión de ser una mendiga pidiendo favores al tiempo que mi sentimiento de estúpida crece.

Corto por lo sano, como dice la expresión, con las dudas sobre la existencia de las ayudas de Dios. Certifico su poder pues muchos le contemplaron y son testigos de sus milagros. El milagro con personas más grande de Cristo es la resurrección de su amigo Lázaro, esto sin lugar a dudas. Me imagino un cadáver de cuatro días de los muchos que he podido practicar la autopsia ayudando a mi padre. Retengo en mi retina sus órganos, rigideces y principios de putrefacción, para poder darme cuenta de la realidad del milagro. Se me erizan los cabellos solo de pensar en presenciar ese acontecimiento del triunfo de la vida sobre la muerte. Reconozco que con acupuntura y gatos conseguí resucitar a uno que llevaba doce horas muerto. Admito mi soberbia y pecado de querer experimentar hasta dónde la ciencia es capaz de llegar. Ahora bien, los resultados en el animal, distaron mucho de durar más de una hora en un estado de locura absoluta rompiendo la mitad del instrumental de mi clínica. Supongo que habré sido un afortunado llegando más lejos que cientos de miles de experimentadores de este tipo, pues con los conocimientos de las lesiones que la anoxia produce, refuerzo mi convencimiento en que esa resurrección de Lázaro está a años luz del conocimiento humano. Pienso en que Lázaro vivió sano muchos más años después de cuatro días muerto, ¡es impresionante ¡El mensaje divino es que no solo triunfa sobre el cuerpo, sino también sobre el alma. La mayoría de grabados y representaciones acentúan la realidad dejándole a Lázaro los vendajes cual momia egipcia. Me imagino la desesperación de los artistas al no ser capaces de mostrar el dolor del cuerpo al levantarse, el asombro de los presentes, el calor o el frío del sepulcro, la consistencia de los tegumentos amortajados y siquiera el olor de la semiputrefacción. Apenas Giotto lo expresa en su mural de Padua, por el detalle de que Marta, la hermana de Lázaro, se tapa la nariz con un paño. Aprendo leyendo, viendo y reflexionando después en la profundidad de lo absorbido.

Destruyo las dudas rindiéndome ante la evidencia de que Dios existe. Pongo mi cuerpo y alma a disposición de Él. Tiro a la papelera las antiguas formas de pedir que me hicieran fracasar cien mil veces, dejándome una sola petición real y efectiva "Fe". Ayudo a todo aquel que me lo pide para entender cómo se muere, pues es en ese momento cuando comprendo que los miedos, las sombras que enfrían la habitación, que nos paralizan, que nos rodean y tiran de nuestros pies provocan el pánico en los no creyentes. Limpio de telarañas los corazones de los que acuden a mí llorando, consciente de mis experiencias trascendentales, de mis investigaciones científicas con la muerte y de mis antiguas dudas y críticas a la religión. Me duele el fracaso con los que a mi acuden, me duele cuando mueren sin fe, sin creer que al otro lado hay luz, hay amor sin límites y no el dolor que sintieron. Prefiero luchar con estos no creyentes en su último momento porque hace tiempo comprendí la parábola del hijo prodigo, y el fallo del buen hijo al no ser él el que iniciase la fiesta al ver a su hermano. Comprendo el apego materialista a pesar de creer, de ser bueno y de tener fe, pero no basta, hay que sentir esa felicidad de alguien que se recupera hacia Dios.

-    Es complicado no desperdiciar energías cuando la vida nos desprecia. Es muy difícil poner a trabajar la inteligencia cuando fracasamos una y otra vez mientras nos graban a fuego que hemos venido a la vida a sufrir. .- me dice Kate.- ¿Soy dueña de mis propios pensamientos? ¿De verdad crees Kent que no tenemos más opción que darle vueltas una y mil veces a lo que estamos diciendo o haciendo, en cada momento, para ver si acertamos de una vez por todas? En infinidad de ocasiones he sentido que era una marioneta (como dice Benedetti) y la vida que se supone que era mía, no me pertenecía y menos aún la manejaba. Cambiaba de trabajo para ver si alguna vez cogía el timón de mi vida y conseguía poner rumbo a la isla de la felicidad en una especie de huida hacia delante y hacia no se sabe adónde. ¿Te has preguntado alguna vez, amigo mío, qué pasa con las personas a las que caes bien y a las que caes mal? ¿Qué pintan en mi vida las que les caigo mal? Si te fijas bien, son precisamente a esas a las que más tiempo les he dedicado ¿Por qué? No tiene lógica. ¿Quizás importe más su opinión? ¿Por qué? No entiendo cómo puede importarme más alguien que me odia. ¿Acaso necesitamos el ser humano caerle bien a todo el universo para ser feliz o es la influencia estadounidense de la necesidad de ser el "más popular"? Esta situación me ha llevado muchas veces a creer que era una verdadera inútil trabajando o incluso que era una egoísta "trepa" si tenía éxito. El caso es que por unos motivos u otros he sido una desgraciada toda mi vida. En cierta ocasión me subí a la azotea del edificio de apartamentos en que vivía en Londres. Miraba abajo y pensaba que por mucho que me esforzara jamás de los jamases caería bien a todos. Era imposible, absolutamente imposible, hacer coincidir mi felicidad con el criterio de todos los humanos. Por mucho que te empeñes, jamás influiré, o siquiera controlaré el pensamiento de los demás. A lo sumo y a duras penas era capaz de controlar los míos. Lo principal de aquel día en la azotea fue descubrir que un poquito, al menos, mi vida sí que me pertenecía y me sentía poderosa por ello.

- Muchas veces digo que no puedo con él, es superior a mis fuerzas. Que no tengo capacidad para continuar viviendo. Me paso la vida diciendo ¿se puede? con la que pido permiso para entrar en el grupo de elegidos por Dios. Veo el poder de todos los que me rodean y me avergüenzo del uso que le damos, pues lo mismo usamos esa capacidad para crear la destrucción de una bomba, que para controlar y doblegar a otros semejantes. Los humanos tenemos la propiedad de hacer cosas, la posibilidad de crear ideas, la facilidad de devolver favores, y la eficacia para producir un efecto sobre lo que nos rodea; pero también usamos el poder cuando poseemos algo, como demostración de dominio, imperio, facultad y jurisdicción para mandar y ejecutar. ¿Qué es el poder? – le pregunto finalmente.- ¿Es acaso la propiedad o posesión de algo? ¿Es Fuerza, vigor, capacidad, posibilidad, y poderío? ¿Es autoridad?

- Supongo que es un poco de todo.- me responde.

- Psicológicamente es la voluntad de poder o pulsión fundamental del hombre según Alfred Adler, que atravesaría el sustrato de toda actividad del hombre. Sociológicamente hablaríamos de la capacidad de un individuo, un grupo o una clase social para gobernar una sociedad e imponerle las decisiones fundamentales, o bien para influir decisivamente en los gobernantes.- le continuo.- pero a fin de cuentas, usamos más veces el termino impotente, que potente (puedo)…"No puedo con… los estudios…mis familiares…este gobierno…los impuestos…firmar…viajar…etc." y creamos más frustraciones que alegrías y más aborrecimientos que amores. Este término, que al mismo tiempo es verbo-sustantivo y por lo tanto otro concreto/abstracto, es otro de los factores que nos amarga o facilita la vida. Una de las cosas que echo de menos en esta habitación es poder comer un buen chuletón ¿Has estado a dieta alguna vez?

- Casi todas las mujeres hacemos dieta en algún momento de nuestra vida. No soy de esas que todos los lunes se ponen a dieta, ni de esas otras que hacen la dieta de moda sin control, sin pesos, sin analíticas y sin cabeza.

- ¿Qué dieta seguiste?

- Hacer ejercicio, quitarme las grasas e incluir fibra en el desayuno.- responde lacónicamente.

- ¿Conseguiste lo que querías?

- Al principio sí que logré perder el peso que me propuse, pero reconozco que la última vez que lo intenté no lo conseguí.-

responde Kate.- ¿Cuántas veces por semana comes carne?- me pregunta.

- Depende de las semanas, de las estaciones del año y del estado económico.- respondo misterioso y abstracto.- lo normal es que la coma cinco veces a la semana. Desde luego no soy vegetariano si es lo que querías saber, y sí, también he estado a dieta cuando he enfermado. Supongo que esta es otra de las cuestiones que nos diferencian de los animales ¿no?

- ¿Qué diferencia al ser humano del animal? Es lo que preguntas.- me dice.- podría ser una de ellas, del mismo modo que lo es tener medicamentos favoritos ¿Cuál es tu medicamento favorito?

- Los analgésicos.- respondo rotundo.- he llegado hasta aquí gracias a Dios y a los analgésicos, por eso es que tengo tanto miedo a la vejez y me pregunto ¿Qué medicina tomaré con regularidad cuando sea viejo? ¿Quizás los mórficos para paliar el dolor del cáncer que por genética me está concedido?

- Bueno, ya no tendrás que preocuparte por eso.- me recuerda Kate que estamos muertos en esta antesala del Más Allá.

- En su opinión, ¿qué medicina debería tomar y cuál debería de dejar de tomar?

- Si me preguntas como médico tuyo, debo responderte que no sé qué tomas, pero si te digo que cualquier medicamento es una droga y un químico que altera el fisiologismo natural del organismo y debe ser metabolizado y eliminado, de modo que no solo altera al organismo, sino que perjudica seriamente al hígado y los riñones. Al final no eres tú, te han cambiado los medicamentos.

- Cambio, cambias, cambia, cambiamos, cambiáis y cambian. Así nos pasamos la vida porque nunca estamos conformes con lo que tenemos y queremos avanzar y mejorar, aunque no seamos conscientes de que siquiera nosotros mismos somos permanentes ni una centésima de segundo, porque en ese periodo de tiempo se nos han muerto cientos de miles de células haciendo que seamos otro yo diferente. Tampoco nos bañamos en la misma agua que hemos visto antes de tirarnos al mar, porque en ese periodo de tiempo el agua se ha desplazado. A lo largo de las charlas que he dado en mi vida a quien me ha querido oír, he puesto encima de la mesa las piezas físicas, químicas, morales, éticas, filosóficas, matemáticas y biológicas de la vida, explicando, cómo desde una simple herencia genética se forman, se juntan, se adaptan, se defienden las diferentes piezas y todo para generar una descendencia a las que inculcan esa herencia, en este caso genética, todas esas piezas se adaptan a los cambios y mejoran, otras veces fracasan y mueren en la lucha por la supervivencia de su especie. Si nos detenemos a pensar en lo que todo ello nos enseña, tendremos unas buenas bases para crear una nueva sociedad, pero partiendo de una herencia, si no, no hay nada físico que crear. Pregúntate antes de cambiar el mundo ¿Cómo sabes qué y cómo debes crear algo si no partes de una base, y si esa base no te la dan? ¿De dónde la consigues?. Desde que el mundo es mundo, el hombre se ha diferenciado de los animales, no en el habla, porque ellos también usan lenguajes, no en las costumbres sociales o familiares porque también las usan. No sabemos si tienen o creen en dioses como nosotros, creemos que no por creernos superiores y por no comunicarnos con ellos. El hombre se diferencia por su cerebro capaz de meterle en problemas y darle soluciones, en todas las cosas que hacemos incluimos, no sé si bien o mal, pero lo hacemos, incluimos como digo, todo lo que nos han contado sobre el mundo y los dioses dando lugar a ideas arbitrarias. Después y a partir de ahí, cambiamos esas arbitrariedades por necesidades y de éstas a su vez creamos convicciones que imponemos como que las cosas han sucedido porque tenían que suceder o porque nosotros debíamos hacerlas, que al fin y al cabo es lo mismo, dar permanencia constituyéndolo como esencia. Pero en este momento no nos damos cuenta de lo cambiante del mundo y entonces cuando nos surgen si no sabemos afrontarlas, las llamamos apariencias, con lo que tenemos un trauma de luchar por conseguir la unidad de las cosas frente a la multiplicidad de estados y apariencias, fíjate desde cuando se conoce esta lucha que los griegos ya se dividieron en *la razón* frente a *los sentidos*, unos eligieron la primera en donde grandes matemáticos destacaron y resumieron que lo importante eran la unidad, lo permanente y lo que es. En cambio, los que defendían los sentidos exponían que lo plural, lo cambiante y lo que parece ser, es lo que realmente importa. Pero si te fijas en la propia naturaleza verás que el concepto de permanencia y que cada cosa esté en su sitio, no sobrevive sin el de la dinámica, del movimiento y de la actividad. La naturaleza en si nos da la lección de preguntarnos cada día por lo que es cada cosa, para conocer por la dinámica que ha seguido para serlo.

- ¡Kent¡ ¿qué te parecería la idea de tener la posibilidad de recuperar nuestro presente y recomenzar de nuevo nuestras vidas después de esta experiencia juntos? .- me dice Kate.- si lo pienso desde el punto de vista económico, compruebo que el presente es nuestro principal "activo". Me da igual que sea fácil o difícil o las circunstancias que lo rodeen. ¿Te das cuenta de que ha habido ocasiones cruciales en nuestras vidas en el pasado que han modificado el presente que entonces era el futuro? Lo pasamos mal en esos momentos, ¡claro¡ pero si los valoras desde la distancia te percatas de su importancia para que ahora seamos lo que somos. Entonces los vivimos con tristeza, pero ahora, sin ese contexto y analizándolos fríamente nos damos cuenta de lo que aprendimos. ¡Qué difícil nos resulta a veces ver lo evidente, por muy constantemente que se nos muestre¡

- ¿Ves? La constancia, las constantes son otros términos que me traen de cabeza.- le digo.
- ¿Éstos también?.- me responde.- ahora sí que no lo entiendo, pues implica lo firme, lo perseverante, lo fiel, lo persistente y lo que siempre está.
- Es cierto, pero el que una cosa sea constante, no implica su bondad.- le replico.- pues también se refiere a terco, tozudo, testarudo, obstinado. ¡Es más¡ .- exclamo.- lo constante es que perdura.- le digo guiñándole un ojo por lo paradójico del tema. Es una variable continua que se repite. Incluso en matemáticas es una variable que tiene un valor fijo. Lo que no deja de ser una incongruencia. Decía José López de la Huerta «El que no varía, es constante; el que no cede, es firme. El hecho sólo de no mudar de opinión, de inclinación o de conducta, basta para acreditarse de constante. Para ser firme, es preciso tener que vencer las dificultades o contradicciones, y todo lo que puede oponerse a la constancia. Un hombre puede ser constante tal vez por costumbre, por irresolución, y aún por debilidad; pero sólo es firme el que resiste a todo lo que puede separarle de su resolución.» a lo que yo añado que no es que sea constante, sino ¡consta¡, porque no es que tenga constancia, sino que es durable. Lo que no es lo mismo que sea perdurable. ¡je, je, je¡
- A tu juego de palabras le falta añadir que constante era el nombre de algunos emperadores romanos Constante I, Flavio Julio (Flavius Julius Constans) (323?-350) Emperador romano en (337-350), hijo de Constantino el Grande. Recibió Italia y África a la muerte de su padre.-me añade con una sonrisa.- Constante II, Pogonato (Flavius Heraclius Constans) (630-668) Emperador de Oriente en (641-668), hijo mayor de Constantino III Heraclio. Intentó detener la invasión árabe.
- Tienes razón, cariño.- le aplaudo.- ¿Y no es otra incongruencia paradójica más?
- No te entiendo.- me responde.

- ¿No es paradójico que se llamen "Constante" los emperadores romanos, que precisamente eran los que menos duraban?.- le respondo entre risas.- ¡Ja, ja, ja¡ "Constantemente" practicamos deporte porque ya no tenemos empleos que impliquen ir andando y trabajar con esfuerzo, son las máquinas las que nos transportan y ayudan.
- ¿Practicas algún deporte Kate?
- Las mujeres de origen musulmán no practicamos deportes.- contesta.- me limito a venir andando y a trabajar en la casa, que ya de por sí es un ejercicio. ¿Te da la sensación de que debería hacer más deporte?.- pregunta ofendida al tiempo que se levanta de la silla y gira exponiéndose a mi criterio.
- En absoluto, lo digo porque vea que estés gorda o fofa.- respondo exclamando para que no avance por ahí la discusión.- lo digo porque hablamos de constantes en nuestras vidas y los médicos os pasáis el rato de consulta machacándonos diciendo que debemos hacer ejercicio.
- ¿Cuántas veces a la semana haces deporte?.- me pregunta devolviéndome el juego.
- En mi profesión de policía hago ejercicio a diario porque pasamos muchas horas de despacho haciendo informes y papeleos y después sentados en el coche haciendo esperas y vigilancias.
- ¿Cuál ha sido su mejor rendimiento deportivo?
- He sido medallista en karate, baloncesto, balonmano, natación y últimamente en pádel.- respondo.- pero también lo fui en estudios y ajedrez. ¿Qué deporte te gustaría dominar a ti, Kate?
- Me gustaría probarlos todos.- zanja ella.
- Para regenerarnos tras tanto ejercicio duermo, duermes, duerme, dormimos, dormís y duermen la tercera parte de la vida, porque nuestra vida es dinámica y estática al mismo tiempo.- digo mientras paseo por la estancia.- El viaje que hemos

desarrollado, es un ejemplo de lo que he querido explicar siempre en mis charlas, para que el pueblo de nuestros padres, que ha sido admirado y dominador, pasara a dominado, para volver a subir, ha tenido que pasar por todos esos cambios, se ha movido por muchos lugares ¿eso es dinámica no?, pero al final estuvo en el mismo sitio desde antes que Cristo llegara y ¿Quién sabe si lo estará cuando desaparezca? Todo por nuestra herencia genética y adaptación a los cambios, por ser estáticos y fieles a las creencias, religiosas, familiares y sociales, pese a los vapuleos del mundo. Si queremos un mundo nuevo, una sociedad nueva; si queremos cambiar algo o crearlo, ya tenemos las piezas físicas, químicas, morales, éticas, filosóficas, matemáticas y biológicas de la vida al completo y las recogidas de la experiencia de un mundo que está aquí, sobre el que vivimos. El cual nos lleva millones de años de experiencia, y que a su lado no somos más que adolescentes traviesos. Que nos creemos más listos que nadie y que ese mundo, seguramente estará aquí miles de años más tarde que nosotros, si no nos lo cargamos nosotros antes, ¡de lo listos que somos¡.

- Yo no sé tú Kent, pero al menos yo, he aprendido más observando que estudiando lo que me decían los catedráticos y profesores. Estoy de acuerdo que "todo" forma parte del conjunto, pero si nos esforzamos por observar, aprenderemos a ver cómo se comporta la gente y por qué unos triunfan, otros sobreviven y los terceros llegan a ser felices. Ahora voy entendiendo su obsesión por la observación del universo amigo mío.- me dice Kate.- pasamos más de veinte años de nuestras vidas en el colegio, instituto y Facultad, encerrados en clase y luego en nuestro cuarto estudiando. Observamos fotos y documentales, pero muy poco lo que ocurre a nuestro alrededor. Después nos pasamos la vida buscando trabajo y trabajando, para pagar impuestos, hipotecas y sacar a delante a los hijos en un sistema que no les enseña a observar y ser felices, sino a sufrir. ¿No se te cae el mundo encima al pensar lo estúpidos que somos los humanos? En el hospital veo que cientos de nosotros tienen accidentes a diario, en los que unos quedan impedidos, otros malformados, lisiados o traumatizados. ¿Cómo le dices que modifiquen su pensamiento para no sufrir? Veo a los psicólogos de pacotilla que les intentan manipular con la política del avestruz, mientras ellos no han pasado de un dolor de muelas. ¿Cómo tienen tanta cara dura? ¡Es injusto e inútil¡ ¿El qué? Pues tanto los consejos del adoctrinador de pacotilla, como el sistema que nos autoimponemos como "civilizado", como el sufrir por sufrir. Luego te dicen que ante la superación de las dificultades, se obtienen más facultades y competencias. Personalmente era como tú, Kent, al principio de mi vida los palos de la vida, aunque fuesen con apisonadora, yo me levantaba de un salto, me sacudía el polvo de la miseria, me volvía hacia la vida y de cara le decía "vaya mierda de palito que das, ¿pegas como una nenaza?", con el paso del tiempo, el deterioro de mi organismo y los palos acumulados, cada vez que la vida me amenaza siquiera con un palillo de dientes, suplico perdón y que no me vapulee más. ¡Qué pesada es esta tía llamada vida, que siempre tienes que estar pendiente de ella¡ claro que muchas personas que tienen pasados difíciles, luego tienen futuros fáciles. ¡Ojala nos toque a nosotros esa recompensa aunque sea en esta otra vida y no caigamos en el infierno¡ ¿No te parece Kent?

- ¡Ufff¡ ¡caer¡ otro de esos términos que sirven para todo y para nada al mismo tiempo.- le digo.
- No te entiendo.- me responde.
- ¿Qué es caer, Kate? Y piensa ¿Para qué lo usamos?.- le pregunto mientras permanece reflexionando.
- Caer es cuando va de arriba abajo por su propio peso ¿no?.- me pregunta.-

- ¿Ves? Ya empezamos mal, porque la definición del diccionario, no es "va de arriba abajo…." Sino que según qué diccionario, dice "Moverse de arriba abajo…" "Venir un cuerpo de arriba abajo…"
- Sigo sin entender.- me insiste.-
- Caer ya es relativo, pues dependerá del punto de origen y final, del sujeto que lo diga con respecto al objeto y de esta manera aunque es verbo intransitivo, admite casi siempre construcción pseudorrefleja para señalar la participación del sujeto en la acción, tanto si se trata de seres animados como inanimados. Expresa acción perfectiva, pero cuando la caída no se consuma significa inclinarse, pender, colgar, pero también es una forma de caída.
- ¡Ufff¡ ¡vaya tela de verbo¡ ¿no?.- exclama con razón.
- Este intransitivo-reflexivo y pronominal nos trae de cabeza a los humanos.- continuo diciéndole.- porque lo usamos como sinónimo de morir, del mismo modo que de golpearse contra el suelo por efecto de la pérdida del equilibrio, que de decaer, extinguirse, bajar, desaparecer, dejar de ser lo que era. La representación mental del acto de caer puede modificarse según consideremos su punto de partida o su punto de llegada, y también las circunstancias en que se produce. Atendiendo al punto de partida suele llevar las preposición (de) o (desde), decimos (caer de), o (caer desde). Pero además, con la preposición se denota también la parte del cuerpo y hasta la causa de la caída. Con la preposición (en) entonces añade el cariz de parte de algo, o más bien, de parte de ese algo y no lo digo para que "caigas en" la trampa.- le comento guiñándole un ojo de complicidad por el juego de palabras.
- Es decir, que también es concreto y abstracto al mismo tiempo ¿no?.- me pregunta siguiéndome en este ensayo de entender a Dios, la vida y la comunicación que nos traen de cabeza al ser humano y la sociedad que construimos, al tiempo

que nos autodefinimos como inteligentes, avanzados y civilizados ¡vaya tela¡.-

- Añade a este follón de verbo, las expresiones hechas que ya montamos en serie para mayor inri, tales como Caer del burro para cuando queremos darnos cuenta del error u obstinación. Caer de pie cuando tenemos suerte. Caer de un nido cuando perdemos la inocencia. Caer en desgracia para perder el favor o estimación de alguien. Caer en la cuenta, cuando nos percatamos de algo y comprendemos lo que no comprendíamos. Caerse de suyo, o de sí mismo cuando somos naturales o es evidente una cosa. Estar al caer, si está punto de ocurrir algo.

- ¡Madre mía¡ nunca lo había pensado de este modo.- me dice llevándose las manos a la cabeza de las barbaridades que hacemos con los términos lingüísticos.- Además, decaer es sinónimo de caer tratándose de la salud, el bienestar, el prestigio, la autoridad u otra cosa cualquiera que se disfrute, por ejemplo: con los años ha caído mucho. En resumen, bajar y descender se usan como equivalentes de caer cuando se quiere indicar que cierta cosa cuelga en la forma que se expresa. Caer (se de) seguido de espaldas, cabeza, manos, pies, narices, significa caer dando contra el suelo la parte que se nombra; los cinco últimos tratándose de personas; caerse es sinónimo de irse de; este último puede variar su complemento según la dirección de la caída, por ejemplo, nosotros nos vamos de narices al infierno como sigamos hablando así, o nos vamos de cabeza al purgatorio.

Admiro la paciencia y la solera de un árbol como el que inspira el título de esta obra. Muchas ocasiones me he preguntado qué pensarán los arboles de nosotros, pues la mayoría han sobrevivido a varias generaciones y civilizaciones. Son espectadores impertérritos de los acontecimientos y podrían ser nuestros maestros. Recuerdo la conversación que en este sentido tuve con el símbolo toledano en la botánica. Me refiero al almez. Le dije así: ¡Árbol, amigo mío¡. Fiel a tu destino, cada amanecer   embelleces el paisaje. Con las estaciones nos proporcionas estampas nuevas mientras otros te despojan de tus bienes. Querido almez, veo que el polvo se acumula en tu corteza mientras el viento azota tus melenas. Compruebo como en invierno te cubres las sienes de blanco ¿No me estarás imitando, verdad? Envidio cuando proteges los nidos de los pájaros en primavera y los abrigas en invierno. Querido almez ¿Quién perseguirá la crueldad del hombre que tanto daño te hace, mientras te vanaglorias en verano protegiéndole del sol con tu verde eterno? Clandestinamente mañana volveré a este oasis que procuras bajo de ti, y entonces charlaremos tranquilos de los árboles con o sin hojas, de las flores con o sin perfume y de las civilizaciones con o sin cultura. Bajo de ti, siento ahora en los más inexorables días de mi vida, el silbido del tren que pasa, la puerta entreabierta a la noche de mi vida; pues veo que tengo otros seis lustros por delante para conseguir estar finalmente con mi amor. Querido almez, tú nunca conociste a tus padres, del mismo modo que yo perdí a los míos a los diecisiete años. Suspiro su carencia con una sonrisa, que en realidad oculta un gesto de dolor. Del mismo modo que tú enraizaste en Toledo, yo lo hice de igual manera dentro de un gentío ordenadamente desordenado como lo son sus calles. Si te fijas querido amigo las calles toledanas y tus ramas son como mi vida y la relación con el amor imposible de mi vida, un verdadero laberinto a ninguna parte, que termina en la eternidad. Allí serenamente el tiempo pasará y repasará invisible e imperturbable los fallos y los éxitos. Pero nunca te preguntaste ¿a qué precio pagamos las cosas de la vida cuando no tenemos buenos guías? Ahora entiendo la importancia de ser un buen cicerone para otros, pues para ti y para mí ya es tarde. Cuento los días de estos próximos seis lustros, como una cifra más en el que otro, podría aportarme la solución que necesito encontrar. Tú permaneces quieto ante las vistas toledanas, yo vagabundeo entre sus calles buscando respuestas y ambos escuchamos palabras incompletas y música agradable de quien más conoce los secretos, me refiero al que allí abajo fluye tranquilo, el Tajo. Pero su ritmo es por otra parte más profundo que peor el silencio. Encontré un amor auténtico con Toledo, encuentro un amigo fiel contigo, almez y encontré mi amor imposible en ella. Todos hicimos planes inmensos en el horizonte mientras nuestros pies chocaban contra un muro. Nuestro destino se echa a suertes por alguien desconocido. Querido almez ¿A qué precio pagamos las cosas de la vida? A los diecisiete años estaba solo y nómada con mis pensamientos. Mantenía charlas conmigo mismo donde siempre tenía razón. ¿Será por ello que fracasé con ella, porque dudaba, porque no nos creíamos el amor del otro, porque nos faltó el cicerone vital? Querido amigo ¿A qué precio pagamos los recuerdos?

- Kent, ¿cómo podemos saber que acertamos en las decisiones que tomamos? ¿Solamente por la aprobación de los que nos rodean?.- me dice Kate.- lo peor que nos puede suceder en la vida es no saber hacia dónde caminar. El no tener destino, rumbo, meta u objetivos, nos hace perder las ilusiones. Si lo superamos nos creeremos supermanes capaces de superar cualquier obstáculo, pero si fracasamos, seremos alfeñiques incapaces de sobrevivir siquiera. La superación puede implicar también un endurecimiento de la capa externa, haciéndonos cada vez más inmunes, pero también lo seremos al cariño, a la entrega y al amor, por miedo a que nos vuelva a doler. Si fracasamos, entonces nos obligaremos a poner una sonrisa para que al menos nos pregunten ¿qué quería decir con esa sonrisa? En ese momento comenzaremos a caminar por el sendero correcto. Habremos acertado en la decisión. Cuando no vemos salidas es obtuso empecinarse en seguir mirando. Debemos detenernos, relajarnos, respirar hondo, pensar en algún recuerdo positivo y lo más probable es que cuando menos lo busques, más lo encuentres. No sé cómo funciona pero funciona. Si lo buscas demasiado, entonces no lo encuentras y cuando no lo buscas, entonces aparece. La importancia del ejercicio nos ayudará a cansar el cuerpo y a segregar endorfinas. Las cuales, nos harán sentirnos mejor y quizás esa canalización energética, nos ayude a encontrar respuestas.

- ¿Qué es la importancia, Kate?
- Es la calidad de lo importante.- me responde de manera ortodoxa.-
- Ok, entonces ¿qué es lo importante?
- Lo que añade valor hacia dentro.- me sigue respondiendo fiel al diccionario.
- ¿Te das cuenta, Kate, que nos pasamos la vida distinguiendo entre importante y urgente a la hora de tomar decisiones y priorizarlas?
- Es cierto, Kent, así nos comemos la cabeza pensando si hemos hecho bien o mal.- me sigue ella.
- De lo que se deduce que no solo tenemos que tomar decisiones sobre un hecho, sino que hay que priorizarlo, que es la segunda decisión intrínseca y además decidir después si lo hemos hecho adecuadamente a su importancia o urgencia, que es la tercera decisión.- le digo.
- Me he perdido.- protesta.-
- Que no tomamos una decisión, sino tres para tomar una.- le respondo.
- ¡Ja, ja, ja¡ es cierto. ¡qué complicado lo hacemos¡.- me entiende finalmente.- ¿Qué hacemos entonces?
- La importancia es relativa. Es concreta para una cosa o para un individuo, y al tiempo abstracta y relativa según el momento o urgencia.- le explico.- a fin de cuentas no deja de ser una cualidad, un categoría o una influencia al mismo tiempo. De

ahí lo difícil que nos resulte decidir, aunque muchos se la den de importantes.

- ¡Ja, ja, ja¡ ya estás con tus juegos de palabras.- me comenta.- al final le vas a volver loco al ángel y te castigará a cinco vueltas al patio y cuarenta flexiones más.- me dice sonriendo y bromeando.

- Mira, cariño, la importancia de una buena decisión es insoslayable.- le digo.- por eso es urgentemente importante.

- ¡Ja, ja, ja¡.- se ríe.- ¡lo que digo¡, que en el cielo cinco vueltas al patio de castigo no te las quita nadie.

- Cosas que son importantes para mí.- digo irónicamente para relajar la tensión.- son el cuerpo de mi pareja, una velada perfecta y la casa de sus sueños. ¡Ja, ja, ja¡

- ¡Qué cara más dura tienes¡.- me reprocha.- ¡Venga, valiente¡.- me reta.- descríbeme tres cosas que te gusten del cuerpo de tu pareja.

- Su belleza externa, la belleza interior y su personalidad.- enumero mientras mantengo la sonrisa irónica de chiste.

- ¡Qué cara más dura tienes¡.- insiste Kate.- seguro que lo que les gusta a todos los hombres.

- ¡Obvio¡.- contesto rotundo.- y hablando de relaciones y de hombres, habitualmente nos solemos poner motes alusivos al amor que nos tenemos y a alguna característica destacable ¿Qué apodo tienes con tu pareja?

- ¡Meloncín¡.- me responde.-

- ¡Ja, ja, ja¡.- la miro de arriba abajo.- Ya entiendo por qué te lo llama.

- Serás tonto.- responde alejándose hacia el fondo de la habitación entre ofendida y halagada.

- ¿Cuántas veces al día te miras al espejo?.- le pregunto con afán de atraerla de nuevo a mi lado.

- ¿Y a ti qué te importa? ¡cotilla¡.- me reprocha al tiempo que consigo que regrese.

- Cambiando de tema y sin ironías.- le prevengo.- ¿Cuál ha sido la experiencia más amarga y la a más excitante con las drogas?

- De joven tuve una mala relación con un hombre mayor que yo y necesitaba drogas para "ponerse" y tener relaciones, de modo que la cocaína estaba a la orden del día.- responde aparentemente arrepentida.- al principio te excita y las relaciones eran inmejorables, pero a medida que pasa el tiempo te das cuenta que es lo contrario y además cuesta salir de ello.

- Imagino que utilizabas anticonceptivos, ¿Cuáles usabas?.- le pregunto entre curiosidad, terapia y morbo.

- El preservativo cuando había penetración, pero luego solo quería que le practicase la felación, de modo que ninguno.- me responde triste y avergonzada, al tiempo que orgullosa de ver la cara que pongo de asombro y envidia.- ¡Ufff¡ al final vamos al infierno.

- ¡Hombre¡ cada vez que avanzamos en las conversaciones voy entendiendo el objetivo de esta habitación como antesala del examen final.- respondo tranquilizándola en el sentido de que debemos repasar nuestras vidas, ser conscientes de los hechos, tener la oportunidad de arrepentirnos y saber qué nota nos van a poner en este examen final. Cambiando de tema.- le propongo resuelto.- ¿Qué cinco cosas te hubiera gustado hacer antes de morir?

- Me hubiera gustado hacer muchas.- responde.- un hospital con un ala de beneficencia, viajar, conocer otras culturas, hacer una fundación benéfica que diera de comer a mucha gente, tener un amor verdadero y morir perdonando a todos los que me hubieran hecho algo malo, pedir perdón por lo que yo hubiera podido hacer a los demás y morir sin dolor en la fe de Dios.- enumera Kate.- ¡En fin¡ muchas no se van a cumplir ya.- zanja con lamentación y tristeza.

Mis tribulaciones mentales conjugadas con mi edad, hacen que reflexione sobre ¿Qué es la familia? Cojo el diccionario de la Real Academia de la Lengua y tampoco se pone de acuerdo porque de entrada nos ofrece varias posibilidades: A) *Gente que vive en una casa bajo la autoridad del señor de ella*. ¡Ufff¡ se me erizan los pelos de profundizar en cada vocablo y en el conjunto ¿Gente...? ¿Bajo la autoridad del señor...? Mejor lo dejo porque es de traca y sigo leyendo la siguiente. B) *Conjunto de parientes*. Vale, esta me convence algo más, pero no me aclara nada. C) *Conjunto de individuos de una condición común*. Dicho de otra manera que el conjunto de violadores forman una gran familia ¿no?, pues mejor sigo porque me entran náuseas. Me hace gracia ver cuál es la palabra que antecede a ésta, pues es ni más ni menos que "famélico" que significa hambriento. Supongo que algún malintencionado podría sacar muchas gracietas al respecto, sobre todo si está recién divorciado y es hombre. En este momento cubro mi cara con mis manos y reposo los codos en mis rodilla pensando en por qué es tan difícil definir este concepto ¿Acaso es una incógnita? ¡Yo, diría que sí! Preguntemos a la gente su definición... Para unos, la familia se compone con unos miembros que adoran a los padres, añaden, que sufren a veces por las circunstancias que la vida les presenta pero admiten que también hay momentos agradables que les hacen felices y son muy dichosos. En esos momentos afloran los que pueden obtener ese carisma de humor y de placer. Pero siguen sin definirlo y solo justifican por qué hay que tenerla. Otros apoyan el hecho alegando que la familia que está bien unida y observa todos los ejemplos que le corresponde, se quieren y se respetan mutuamente. A lo que yo podría alegar cientos de ejemplos diferentes que cumplen con ese canon sin ser familia. Los siguientes me dicen que la familia familiarizada, es señal de convivencia satisfactoria con el placer y la honestidad. De momento hay muchas redundancias en esta opinión por lo que les suplico lo argumenten con ejemplos, a ver si nos aclaramos. Me contestan que hay casos de algunas familias que están en su casa sin mirar ni observar al ajeno. En este momento se enfadan conmigo porque alego que la curiosidad no es precisamente buena aunque sea el deporte nacional. Entonces profundizan en su explicación diciendo que hay casos muy lamentables, en los que por su forma de ser, es la causa que les produce el mal estado familiar. Siguen poniendo un ejemplo extrapolable a miles diferentes. Les voy a ayudar un poco diciendo que está claro que todos buscamos y ansiamos tener unas raíces. Ejemplo lo tenemos en los niños adoptados que no paran hasta conocer a sus padres y las justificaciones de su abandono. La familia puede ser lo más importante de la vida. De hecho es lo que más se quiere en todos los conceptos que se presentan, ya que si está bien unida se es feliz y se goza de su bienestar. Pero ¿cuántos añaden "afortunadamente" a la frase "madre no hay más que una"? la respuesta está oculta en el secreto familiar, que solamente aflora cuando las lágrimas cubren sus caras en la entrevista. Incansable continué mis entrevistas, obteniendo la siguiente contestación. La vida es efímera y por lo tanto, hay que vivirla honradamente, junto con los familiares. Amar a la familia, es amar a Dios, y él, sabe corresponder a su debido tiempo, el comportamiento de cada persona; y; por consiguiente, premiará con su amor, la felicidad de la persona que le quiere y le ama de todo corazón. Bien en este caso mezclaron lo humano y lo divino, pues justificar el premio divino futuro y justificarse en que hay que vivir de este modo porque la vida es corta me parece muy egoísta e interesado. Es decir que si la vida fuese mil veces más larga, ya no habría quien fuese capaz de aguantar a la familia. Del mismo modo que si no tenemos premio al final, no seríamos honrados. ¡Ufff¡ flaco favor le hacen estos comentarios a la religión ¿no te parece?. La siguiente en darme respuesta me dijo que la familia muy unida es lo más hermoso que se puede pedir, porqué es feliz, es alegre y posee todo el cariño de sus hijos, que los quiere de todo corazón y vive felizmente, alrededor de los suyos; y obtienen el premio del cariño de los padres. Es lo más notable de la Vida, que siempre están a su lado inseparable, con todo su amor y cariño. Supongo que al estar tan rodeada de gente, nunca se preocupó de salir de ese círculo, ni asomarse por encima de él para contemplar el resto de familias. Cuando le hice ese comentario, la respuesta obtenida fue…También, existen personas que viven solas, sea por la causa que sea y se tienen que arreglar a su manera. ¡Qué triste debe ser¡. A lo que yo le alegué que hay poca gente que les echa una mano. Obteniendo como respuesta que la vida se les ha presentado así; y así, hay que vivirla. ¡Ole respuesta chula, donde las haya¡ está claro que la suerte sería el factor que les une a esa familia y no otro. En definitiva, que sigo sin obtener la definición que buscaba ¿Acaso es una incógnita? ¡Yo, diría que sí!.

- ¡Kent¡, estoy perdiendo la confianza en mí misma. Dudo que pueda superar esta prueba y el miedo se apodera de mí. Veo pasar mi vida ante mis ojos, al tiempo que se desmorona como un castillo en la playa. No soy capaz de reaccionar. Soy consciente de que debería luchar y no caer en la apatía, el desencanto, la tristeza, la falta de esperanza, o de ilusión, pero ¿Qué horizonte me espera? ¿El cielo? ¿El infierno? o ¿El limbo? Estoy segura de que tú sí que vas a conseguir el éxito que tanto anhelabas y te merecías, a pesar de tus críticas, dudas y malos humores. Has hecho tanto bien a la gente que eso te va a compensar.- me dice Kate.- Debo poner mi voluntad al servicio de la inteligencia. Debo saber ver que de los fracasos que tuve, conseguí dominar el miedo, pero ahora no soy capaz. Es el todo o nada. Me siento insegura. Mis pensamientos solo ven catástrofes futuras.- me insistía Kate.- Debería estar entrenada para controlar mis miedos e inseguridades, pero aunque cometa muchos errores cuando estoy tensa, nerviosa, inquieta, desmoralizada, o angustiada siempre pienso en los demás y salgo adelante. ¡No lo sé hacer de otra manera¡. Lo difícil es esperar ahora en mi misma y confiar en que Dios sepa perdonarme.

- No puedes hacer más de lo que has hecho, pues lo hiciste tomando la decisión en cada momento con los elementos de que disponías.- le consuelo.- cuando ya han pasado los acontecimientos o el tiempo necesario, entonces es cuando nos damos cuenta en realidad de los errores. Pero no en el momento, o al menos pocas veces en el momento. De todas maneras, hacer sustituye a un verbo aparecido anteriormente e indica que se ejecuta la acción señalada por él, de modo que consuélate con ello.

- Gracias, por intentar consolarme.- me dice abrazándome.- cuando hacemos algo, lo creamos, le damos una existencia. Preparamos una idea, construimos una cosa, realizamos una acción y todo ello causa o produce efectos (hace) en otros.

- Ok, tienes razón.- le digo.- pero también cuando hacemos, arreglamos y producimos, no siempre destruimos.

- Pienso que he perdido mi vida haciendo caso a tanta gente.- continua Kate llorando.- siempre he actuado de manera que daba gusto a todos y a todo, pero ahora veo que solo he hecho el tonto. Obligarnos a realizar una acción, para ocupar un lugar en la sociedad, en el grupo o en el cielo es adaptar a una persona a una situación o costumbre. Es hacerle representar a un personaje. Fingir que se es otra cosa según las conveniencias, para ser apropiada a cada circunstancia. Unas veces porque son los designios de la religión, otros de la civilización que nos ha tocado vivir, pero transcurrido un cierto tiempo en el que conseguimos alcanzarlo usando la imaginación nos transformamos en peleles impersonales como lo es este verbo (hacer).

- ¡Ufff¡ ¿Y era yo el pensador raro? – le comento sonriente por haber encontrado una discípula tan aventajada.- ¡Hace años que no lo veo! Has hecho bien en decir la verdad y has hecho algo negativo que es impropio de ti.

- No te sigo.- me reprocha.

- ¿Te has dado cuenta de que usamos términos concretos y abstractos con tanta facilidad que terminamos por arruinarnos la vida?- le contesto.- este mismo ejemplo me sirve. ¿Qué es hacer? Hacer es una paradoja en sí mismo. Es un verbo impersonal-intransitivo-transitivo y pronominal, todo junto, todo al tiempo; todo por separado y aislado a la vez. ¿Quién es capaz de entendernos si siquiera nosotros mismos somos capaces de "hacerlo"?

- Cuando leo un libro, un periódico o cualquier escrito y me gusta, percibo que tras esas letras existe una persona que sabe poner las cosas en su lugar, del mismo modo que sitúa los acentos o los signos de puntuación.- puntualiza Kate.- que además se puede confiar en ella porque quien respeta hasta las reglas de la escritura, seguro que respeta las cosas importantes de la vida.

- Con la escritura y la lectura tenemos relaciones "textuales"¿no?.- le digo irónicamente.- solo debemos tener cuidado con las enfermedades de transmisión "textual".

- Tienes razón, leer es como besar, a quien lo hace se le nota hasta en la lengua.- me sigue la broma y el juego de palabras metafórico.

- ¡Qué bonito sería tener la capacidad de regar el cerebro a diario como si fueran coliflores¡.- le comento imaginando un invernadero.- la cultura proporciona diferentes puntos de vista y con ello da perspectiva y libertad. Se nota cuando la gente con la

191

que tomas un café tiene cultura. Decía Gabriel Celaya "La poesía es un arma cargada de futuro" y tiene toda la razón.

- Sor Juana Inés de la Cruz decía "No estudio para saber más, sino para ignorar menos".- me aporta la cita.

- ¡Ja, ja, ja¡ efectivamente.- le sigo.- dicen que la lectura perjudica gravemente a la ignorancia. Lo compruebas cuando ves que la gente habla y discute a voces porque no tiene argumentos. Si la gente supiera que leer es la manera de instalar un nuevo programa en la computadora del cerebro, supongo que leería más, hablaría menos con la boca llena y el cerebro vacío.

- Antes hablábamos de "hacer", pero hay otro verbo que sufre agresiones más que nadie.- dice Kate.- me refiero a "haber". "Haber" es un verbo, mientras que "a ver" es mirar y "haver" no existe. "Hay" es del verbo haber, mientras que "ahí" hace referencia a un lugar, "ay" lo hace a una queja y "ahy" no existe. Me duele el hígado cuando recibo sms y whatsapps que no distinguen "haya" del verbo haber, de "halla" que lo es del verbo hallar con sentido de encontrar, de "allá" que hace referencia a un lugar y "haiga" solo existe como coche del siglo XX.

- Siguiendo tu razonamiento, propongo el verbo "ir", que también es de los vilipendiados.- opino.- pues "iba" hace referencia a este verbo, mientras que "iva" es un impuesto e "hiba" no existe. "Vaya" es del verbo, mientras que "valla" es una separación física y "baya" es un fruto.

¿Pero en qué creía yo? ¿Acaso en la eficacia inmediata aparencial de mis reflexiones? Es muy dudoso, y por lo menos no volví, por si acaso, a acuchillar por segunda vez mí insidia. ¿Será esto eficaz? Lo desconozco. La psicología no contiene magia alguna. Es una ciencia emprendedora, cambiante, que, mediante un estudio paciente, se propone averiguar generalizaciones seguras acerca de la conducta. Numerosos pasajes de la historia delatan que no creían gran cosa conseguir su propósito de restaurar en aquel momento lo que fuese que anhelasen. Para unos sería la caballería andante, para otros la religión, para los terceros el poder y para los cuartos la cultura. ¿Y qué importaba si así vivía él y se inmortalizaba su hazaña? ¿Pensaría acaso en lo que se imaginarían las generaciones siguientes? ¿Se darían cuenta del ridículo que hacen? Lo digo porque con el paso de los años y los avances tecnológicos nos pueden parecer ridículas muchas de las cuestiones, diálogos y hazañas. El ejemplo más claro es el de Cervantes con su obra el Quijote. ¿Se puede denunciar más ridículo de alguien? Don Quijote se puso en ridículo, ¿pero conoció acaso el más trágico ridículo, el ridículo reflejo, el que uno hace ante sí mismo, a sus propios ojos del alma? Y además, dejó una obra costumbrista, de aventuras, y literaria sin igual. Decididamente estoy de nuevo solo, buscando un nuevo amor, un nuevo destino, una nueva meta lleno de preguntas sin respuesta. Del shaman de las tribus primitivas a la reflexión de los filósofos griegos y hasta los avances científicos de los laboratorios bien equipados del siglo XXI, el hombre ha tratado de comprender su naturaleza y los motivos de por qué alguien o algo les ha metido en medio de eso llamado vida. La física, las matemáticas, la biología, la medicina, la alquimia fueron los desencadenantes para que algunos humanos como yo nos fijásemos en las costumbres y conductas de la fauna, de la flora y de las personas que habitan la naturaleza. No olvidamos el mismo estudio de rocas y minerales, de gases y fluidos porque son lo que nos une y da vida. Los pioneros psicólogos como Wundt o Freud solo pusieron unas estacas con indicadores de por dónde debía ir un camino y el resto lo hemos ido asfaltando y decorando para el estudio científico de las reacciones humanas. Más adelante, introdujo el estudio de los por qués de esa conducta del individuo y del grupo. Cierto que unas veces es más racional y la mayoría de ellas es más bien irracional, en tanto que ahora está surgiendo una nueva psicología que trata de conocer los medios gracias a los cuales el individuo puede percibir los valores creadores de la vida y participar en ellos, uniéndose a los analistas espirituales. Personalmente me encanta estudiar tanto los motivos como los actos para conseguir respuestas a mis propias dudas.

Lleno sendos vasos de agua, uno para ella y el otro para mí. Se lo acerco. Hace un gesto de agradecimiento con la cabeza. Me alejo unos pasos recordando la última noche que estuve en mi casa vivo. Pasé mucho tiempo viendo los noticiaros de la televisión. Quité el sonido y todas las imágenes de muerte y degeneración humana me parecían un denominador común. ¿Cómo reaccionará cada uno de esos asesinos, soldados y degenerados en el momento de su muerte? Supongo que habrá quienes ante el anuncio de su fin, decidan acrecentar aún más su sadismo. Habrá quienes lloren desesperados. Habrá quienes intenten tratos con el destino para ser buenos en adelante si les condonan la pena. Habrá quienes se arrepientan de su vida y se conviertan en creyentes. Es durísimo pensar que dentro de nada, todo lo que aprendiste y coleccionaste no servirá de nada ¿o sí? Nadie lo sabe. Hasta las mismas religiones cambian, hoy hay limbo, mañana no lo hay. Hoy hay purgatorio, mañana dejará de existir. ¿Es que alguno de los que lo dicen, estuvo allí y cuentan lo que vieron? O ¿son intentos de confundir para adquirir protagonismo terrenal? ¿No se dan cuenta del perjuicio mental que ocasiona en quienes les escuchan? Siempre hay esperanzas de que se equivoquen pero los síntomas aumentan y solamente pensar en un solomillo con patatas me produce nostalgia de lo que dejo atrás. Deduzco que esta noche me pondrán los exámenes, o quizás tampoco sea hoy y tengamos que seguir preparándonos esta prueba final. Lloro por fuera porque ya no tengo fuerzas para aguantar por dentro. Entiendo la necesidad de este mundo de que todos tuviéramos una experiencia de éstas, al cumplir dieciocho años, de la cual, saldríamos preparados para ser buenas personas. Los malos, entenderían que ¿de qué sirve matar, cuando su víctima va a morir de todas maneras? ¿De qué sirve vengarse en el asesino si va a morir de todas maneras? Algunos pensarían que el destino, o Dios les tienen reservada una muerte como las de esta habitación y si la adelantamos, a lo mejor, hasta les hacemos un favor y nos perjudicamos nosotros en los dos mundos. Está claro que nunca sabes cómo duele una muela hasta que te duele a ti, ni sabes los dolores de un parto hasta que pares, del mismo modo que nunca sabes lo que duele morirse hasta que te certifican. Durante la vida ves morir a tu alrededor como en las películas de cine. Unas veces te hacen sentir las que otras, por la cercanía de los difuntos, pero jamás les comprenderás hasta que te señale la guadaña y ya no olerás perfumes, no degustarás comidas ricas, no tocarás a nadie, no verás colores y no oirás músicas ni trinos. Seguramente será mejor que lo pasado y quizás sigamos teniendo todos esos sentidos más algunos otros ¿Quién sabe?

- Hablamos de los sentidos como instrumentos de sentir.- le digo.- En realidad ¿qué sientes?
- ¡Vaya¡ ¿otro verbito curioso?.- me pregunta.-
- Juzga tu misma si te digo que "sentir" puede ser verbo transitivo-sustantivo masculino-pronominal-verbo transitivo-intransitivo junto, a la vez, solo y separado.- le digo poniendo una mueca.- dicho de otra manera, concreto y abstracto al tiempo.
- Percibimos por los sentidos, olores, gustos, tactos, visiones y sonidos. Experimentamos sentimientos. Lamentamos cosas y sufrimos cuando nos duelen y estamos en determinados

estados emocionales.- me dice.- a eso me refiero cuando digo que "siento".

- Tengo la impresión de que va a venir el ángel de un momento a otro y nos va a pillar hablando de sentimientos.- le digo.- Sentir dolor o molestia por una dolencia, especialmente si es pasada, es lo lógico en una situación como la nuestra. Sin sentir, sin sentimientos, sin que se note o sin darnos cuenta, el tiempo pasa y todo llega. Al final habrá un dictamen y ese parecer se basará en los hechos, pero también en el sentimiento de Dios para salvarnos o condenarnos.

- ¿Es todo relativo entonces?.- me pregunta.

- El juzgar y opinar de unos, hace presentir y barruntar en los otros.- respondo.- pero todo es "sentir". Todo se basa en el "sentimiento". En fisiología sentir es percibir una sensación de un estímulo externo o de su cuerpo.

- Eso está claro. Por ejemplo cuando decimos "Siento calor… mejor me quito el abrigo".- responde continuándome la conversación.

- ¡Eso¡, pero experimentamos un sentimiento cuando nos referimos a remordimientos o dolores del alma y no del cuerpo.- continuo.- sentimos a Dios aunque no le veamos, es otra manera de sentir. Y presagiar un acontecimiento lo es también, porque presentimos que ocurrirá. Por ejemplo cuando se dice de los animales que con sus acciones anuncian un cambio de tiempo, un terremoto o detectan un peligro.

Preparo mis sinapsis neuronales para la vida, para la muerte y ahora para entender mi propio comportamiento ante semejante habitación. Aunque la edad nos quiera pasar implacable su factura, podemos usar estrategias que nos proporcionen dignidad. "Me gustabas más cuando te conocía menos", es una frase que he usado muy a menudo en mis relaciones y que resumen a la perfección a lo que me refiero. ¿De dónde la saqué? Pues de estudiar el comportamiento humano. He llegado a la conclusión de que los fenómenos psicológicos son susceptibles de investigación objetiva y cuantitativa. Soy consciente, porque los uso y he sufrido que se utilizan muchos métodos para lograr comprenderlos y comprendernos. Decía Samuel Goldwin que "El arte de vivir se compone en un 90 por ciento de la capacidad de enfrentarse a personas que no puedes soportar". ¡En efecto¡, la complejidad y la variabilidad de la naturaleza humana imponen el estudio de muchas variables a la vez, aunque muchos autores han defendido la idoneidad de usar tan solo una en cada momento. Mi experiencia me dice que si no hubiera manipulación, ninguna disciplina única es capaz de abarcar la amplitud de dicha naturaleza, porque todo interacciona, se interrelaciona y dependemos de ello. La contradicción del estudio de la conducta estribaba hasta hace unos años en el hecho de limitarse a observar fenómenos objetivos. ¿Quién es capaz de ser objetivo sin aportar sus propias experiencias a las conclusiones? No se puede concluir nada objetivo de una subjetividad por muy aséptica que se quiera ser. El ejemplo lo tengo en lo que decía Tom Peters: "El 70% de los clientes que pierde una empresa se marcha, no por el precio ni por la calidad, sino porque no le gustaba en lo humano trabajar con ese proveedor". ¿Por qué se produce esto? Simplemente porque los fenómenos subjetivos, son a la vez fenómenos introspectivos. Es decir, los que van más allá de la función sensitiva. Tomando lo primero, lo segundo y esto último, entonces podríamos encaminar en el sendero correcto a las nuevas generaciones que estudien y tengan inquietudes por la conducta humana. De este modo es posible que la psicología se acerque mejor al estudio en profundidad de la humanidad. ¡A ver si alguien se entera¡ ¡Las ciencias, las religiones y las humanidades se están fusionando¡.

- ¿Quién tiene garantizado su futuro Kent? ¿Los que no tienen problemas de salud? ¿Los que no los tienen de dinero? O ¿Quiénes? La respuesta es sencilla, nadie lo tiene. Nadie sabe lo que ocurrirá el minuto siguiente, si le atropellan, o se caerá o le matarán como nos ha pasado a nosotros, que nos han disparado. No pretendo constituir una revolución.- me dice Kate.- ¿Pero no será mejor que vivamos de verdad con toda la alegría y no con el sufrimiento permanente? No hay nada que explique el que «nos matemos o nos sacrifiquemos» en nuestro presente para garantizar un futuro que nadie nos puede asegurar. ¿Qué vamos a dejar para ese futuro? ¿Qué vamos a recordar si no hay alegría en nuestro presente, que pase a ser pasado, para recordarlo en el futuro? La mejor ilusión, el mejor objetivo que nos podemos plantear es el de ser felices, aunque eso vaya en contra de lo aprendido en la niñez, de que hay que sufrir y esta vida es de pesadumbre. Pensemos que el futuro llega sin que se lo pidamos y sin nuestro consentimiento. Todo llega y pasa. Nos acostumbraron a hacer todo para el futuro y no dejar nada para el presente. Vivimos en un mundo cambiante que no podemos controlar y nos pasamos la vida intentando controlarlo hasta el punto de que no existan sorpresas, imprevistos o accidentes. Siempre he visto y vivido en el hospital cientos de familias que se lamentan de que el familiar fallecido no haya podido disfrutar de la vida porque se la pasó haciendo todo para el futuro, para cuando se jubilara. Siempre digo que un Ferrari hay que disfrutarlo cuando aún puedes salir de él y no cuando solo puedes pagarlo. ¡Qué pena de vida malgastada siempre luchando para nada!

- No te enfrentes. No combatas. Trabaja y esfuérzate para vencer los obstáculos, para conseguir una cosa o el fin determinado que te hayas planteado.- le recomiendo.- Batallar tratando de erradicar el sufrimiento, te ha causado más dolor que felicidad. Lo sé. Debemos perseverar por conseguir algo de ello aunque solo luchamos contra la contaminación y manipulación del ser humano. Si queremos pelear, ¡ok, hagámoslo¡ pero en una biblioteca donde se puede perder la inocencia sin perder la virginidad. Donde veremos suicidarse a los diccionarios cada vez que recibimos palabras sin "h", sin vocales o con "k" en lugar de "q", tras lo cual me digo a mí mismo "tranquilo, ¡shhh¡, todo está bien, ¡shhh¡", pues soy consciente que las bibliotecas son más exigentes que las televisiones y la cultura es más fuerte. ¿Acaso puede alguien mencionarme un delito no deshonroso?

- Tienes razón en que cualquier delito es deshonroso.- me responde.- y veo por dónde vas al comentarlo.
- ¿Sí?
- ¡Sí¡.- responde.- estás comparando los delitos como policía con los pecados como cristiano ¿no?
- Es verdad.
- Los clasificamos a ambos en categorías y les aplicamos penas diferentes según el daño causado y la intención, premeditación, alevosía y no sé cuantas cosas más. Pero tienes razón.- repite.- no hay delito que no sea deshonroso, del mismo modo que no hay pecado que no lo sea. ¿Cuál es la diferencia?
- La diferencia es que el delito se ve a ojos humanos, mientras que el pecado no se ve, (la mayoría de las veces).- contesto.
- Además, que uno lo juzgamos en la tierra y otro en el cielo.- añade Kate con decisión.-
- Lo absurdo es que además podemos ser castigados a la vez por lo mismo, es decir, nos pueden juzgar en la tierra y luego en el cielo.- añado yo.- hay un delito que al tiempo es pecado y en ambos casos de menor importancia que puede ser muy dañino y siempre me ha llamado la atención la impunidad que tiene.
- ¿Cuál? – Me pregunta con curiosidad.

- ¿Has leído alguna vez el diario o los correos electrónicos de alguien sin que lo supiera el interesado?.- le planteo al tiempo que le respondo.- es curioso vivir la situación de que alguien te esté leyéndolos mails, sms, whatsapp, etc. y no solo no se arrepienta de haberse enterado de ello, sino que utilice esa información para hacerte daño. Recuerdo a una tal Adriana y a un tal Jesús especialistas en ello. ¡Dios les tenga en su gloria¡. Como ves, un delito y un pecado al mismo tiempo y tan extendido que parece una pandemia.

- No solo es un delito y un pecado.- me corrige Kate.- sino varios.- puntualiza.- porque los usa para hacer daño y además mentirá si se le acusa de haberlo hecho.

- ¡Ja, ja, ja¡ ¡tienes razón¡ - me río sin muchas ganas.- ¿Cuándo fue la última vez que mentiste?- le pregunto con intención.

- Supongo que mi última mentira habrá sido esta misma mañana.- responde.- suelo mentir piadosamente sobre la progresión de la enfermedad a los pacientes para infundirles ánimo. Supongo que también será considerado un delito no honroso y además un pecado ¿no?

- ¡Pues sí¡ - respondo contundente.- pero al ser por una buena causa se perdona de inmediato, aunque tu credibilidad esté por los suelos junto a tu sinceridad y seas una mentirosa…piadosa…pero mentirosa a fin de cuentas.

- ¡Vaya tela contigo¡.- me reprocha.- ¿En qué aspectos engañas tú?.- me la devuelve claramente.

- Yo nunca miento, solo me callo datos o no digo toda la verdad, pero nunca miento.- respondo.- el resto lo hace el cerebro del contrario.

- ¡Qué cara más dura tienes¡.- me reprocha levantándose a pasear por la sala.

Me recosté en un sofá que de repente apareció en la habitación sin saber cómo, ni de dónde, a lo que ya empiezo a acostumbrarme. ¡A ver si era capaz de relajarme de una vez por todas¡ Entrecierro los ojos pensando en el concierto de sucesos de la noche en que nos dispararon. Particularmente en coincidencia con el musical que acaba de sonar en la radio del coche. Era un concierto. El concierto también es, en definitiva, una sonata para algún instrumento, acompañado de una orquesta y a veces con algún solista. Al principio se usaban grupos de contraste, "el concerto grosso" y el "concertino". Después se incluyeron los solistas como tercer elemento entre los dos grupos musicales en oposición. De todas maneras siempre se ha mantenido el esquema del primer tiempo de una sinfonía, independientemente del objeto que se buscaba o separarse de la ópera, como la Obertura de Tannhduser, de Wagner o como propia pieza de concierto, como la Obertura de Coriolano, de Beethoven. Las últimas aportaciones al concepto de *orquesta*, las aportó Liszt con sus *poemas sinfónicos*. En definitiva venía a ser algo más articulado que contaba algo, similar a una narración literaria. Si entro en divagaciones podemos incluir como variantes otras formas, como el *canon, el nocturno, el estudio* y muchas bailables. Kate me despierta. Me había quedado traspuesto recordando que las cosas ocurren por algo. Normalmente vivimos apostados en la rapidez, pero cuando uno se ve zambullido en una ruptura amorosa, parece que todo se ralentiza, y que no pasan las horas. Se deja de coexistir con el presente porque es donde se simpatiza con la desesperación y nos dedicamos a examinar el pasado como si se pudiera descomponer. Existen personas que le dan vueltas y vueltas, especulan con la eventualidad de devolver en el tiempo lo perdido y lo verbalizan sin parar porque así se sienten mejor. ¿Es posible revertirlo? ¡No¡ pero se puede asegurar que tras unos tres años de desintoxicación, se habrá superado el averno.

¿Quién sabe si a lo mejor, esa pérdida se ve con otros ojos, incluso se llega a atisbar su parte positiva?.

- Dices algo que no es verdad. Induces a error como muchos de tus amigos filósofos creen que los sentidos mienten.- me dice Kate.
- ¿Que yo miento?.- protesto.- jamás doy por cierto deliberadamente lo contrario de lo que sé por verdadero. No falto a lo pactado. No trato de engañar como el demonio. Solo digo lo que pienso ¿a mi manera? ¡sí¡ ¿Qué a veces duele? ¡también¡ Lloro al recordar los desastres que hace la mentira. Esa arma del diablo nos hace preguntarnos a cada paso ¿Qué es verdad? llegando a la conclusión de que el pasado solo sirve para aprender. Si está arrepentido de algo, es mejor buscar su propio perdón que seguir intentando que le perdone el otro, porque si ya no le ama, da igual que haga muchos méritos por demostrar lo que vale: sencillamente no le atraen porque ya no le quiere. Dos clases hay de verdad, la lógica u objetiva, cuyo contrario es el error, y la moral o subjetiva que se opone a la mentira. Guarda esos valores para personas que puedan apreciarlos y derrocha tu energía en otras actividades. Tampoco parece buena idea de cara a superar una ruptura pensar que "podemos ser amigos". Si eso es posible, ya llegará solo; por el momento, la distancia es lo más sano en la mayoría de los casos. Y ya en otra vida trataré de demostrar cómo el error es hijo de la mentira.

¡Vaya¡ el tipo de blanco que esperamos no ha venido. Estamos cansados. Ella se retira a sus soledades mientras la observo alejarse. Me acuesto y leo Eclesiastés (Qohelet-Kohelet) cuando dice: *"Hay un mal que he visto debajo del cielo, y muy común entre los hombres: Hombre a quien Dios dio riquezas, y hacienda, y honra, y nada le falta de todo lo que su alma desea; más Dios no le dio facultad de comer de ello, sino que los extraños se lo comen. Esto vanidad es, y enfermedad trabajosa. Si el hombre engendrare ciento, y viviere muchos años, y los días de su edad fueren numerosos; si su alma no se hartó del bien, y también careció de sepultura, yo digo que el abortivo es mejor que él. Porque en vano vino, y a tinieblas va, y con tinieblas será cubierto su nombre. Aunque no haya visto el sol, ni conocido nada, más reposo tiene éste que aquél. Porque si viviere aquel mil años dos veces, si no ha gozado del bien, cierto todos van a un lugar. Todo el trabajo del hombre es para su boca, y con todo eso su alma no se harta. Porque ¿qué más tiene el sabio que el necio? ¿Qué más tiene el pobre que supo caminar entre los vivos? Más vale vista de ojos que deseo que pasa. Y también esto es vanidad y aflicción de espíritu. El que es, ya su nombre ha sido nombrado; y se sabe que es hombre, y que no podrá contender con el que es más fuerte que él. Ciertamente las muchas palabras multiplican la vanidad. ¿Qué más tiene el hombre? Porque ¿quién sabe cuál es el bien del hombre en la vida, todos los días de la vida de su vanidad, los cuales él pasa como sombra? Porque ¿quién enseñará al hombre qué será después de él debajo del sol?"*

Me duermo con lo que decía Unamuno: *"¿Cuál es nuestra verdad cordial y antirracional? La inmortalidad del alma humana, la de la persistencia sin término alguno de nuestra conciencia, la de la finalidad humana del Universo. ¿Y cuál su prueba moral? Podemos formularla así: obra de modo que merezcas a tu propio juicio y a juicio de los demás la eternidad, que te hagas insustituible, que no merezcas morir. O tal vez así: obra como si hubieses de morirte mañana, pero para sobrevivir y eternizarte. El fin de la moral es dar finalidad humana, personal, al Universo; descubrir la que tenga -si es que la tiene- y descubrirla obrando".*

CAPÍTULO 4

"Gracias por lastimarme, me hiciste más fuerte y gracias por mentirme, me hiciste más inteligente. Busqué en Google: "Infidelidad" y adivina,... me salió tu nombre. ¿Me ayudas a buscar algo? - ¿Qué cosa? - Todo el tiempo que perdí contigo. Sigue jugando a que te extrañe y quien me terminará extrañando serás tú. Y cuéntame: ¿Tu orgullo besa mejor que yo? Si me ignoras, Ok - Si no me contestas, Ok - Si no me buscas, Ok - Solo Recuerda: ¡Puede haber alguien que haga lo contrario!" (Dichos recogidos en la calle).

Me despierto en la misma habitación sin que el tipo de blanco se haya presentado. ¡Bueno¡ aprovecharé para seguir leyendo el libro de la mesilla y para repasar los temas que he vivido y así preparar la entrevista para cuando llegue. Me levanto y leo Eclesiastés (Qohelet-Kohelet) cuando dice: *"**Mejor es la buena fama que el buen ungüento***; y el día de la muerte que el día del nacimiento. Mejor es ir a la casa del luto que a la casa del convite: porque aquello es el fin de todos los hombres; y el que vive parará mientes. Mejor es el enojo que la risa: porque con la tristeza del rostro se enmendará el corazón. El corazón de los sabios, en la casa del luto; más el corazón de los insensatos, en la casa del placer. Mejor es oír la represión del sabio, que la canción de los necios. Porque la risa del necio es como el estrépito de las espinas debajo de la olla. Y también esto es vanidad. Ciertamente **la opresión hace enloquecer al sabio: y el presente corrompe el corazón**. Mejor es el fin del negocio que su principio: mejor es el sufrido de espíritu que el altivo de* *espíritu. O te apresures en tu espíritu a enojarte: porque la ira en el seno de los necios reposa. Nunca digas: ¿Qué es la causa que los tiempos pasados fueron mejores que éstos? Porque nunca de esto preguntarás con sabiduría.* **Buena es la ciencia con herencia;** *y más a los que ven el sol. Porque escudo es la ciencia, y escudo es el dinero: más la sabiduría excede en que da vida a sus poseedores. Mira la obra de Dios; porque ¿quién podrá enderezar lo que él torció? En el día del bien goza del bien; y en el día del mal considera. Dios también hizo esto delante de lo otro, porque el hombre no halle nada tras de él. Todo esto he visto en los días de mi vanidad. Justo hay que perece por su justicia, y hay impío que por su maldad alarga sus días. No seas demasiado justo, ni seas sabio con exceso: ¿por qué te destruirás? No hagas mal mucho, ni seas insensato: ¿por qué morirás antes de tu tiempo? Bueno es que tomes esto, y también de estotro no apartes tu mano; porque el que a Dios teme, saldrá con todo. La sabiduría fortifica al sabio más que diez poderosos la ciudad en que fueron. Ciertamente no hay hombre justo en la tierra, que haga bien y nunca peque. Tampoco apliques tu corazón a todas las cosas que se hablaren, porque no oigas a tu siervo que dice mal de ti: Porque tu corazón sabe, como tú también dijiste mal de otros muchas veces. Todas estas cosas probé con sabiduría, diciendo: Hacerme he sabio: más ella se alejó de mí. Lejos está lo que fue; y lo muy profundo ¿quién lo hallará? Yo he rodeado con mi corazón por saber, y examinar, é inquirir la sabiduría, y la razón; y por conocer la maldad de la insensatez, y el desvarío del error; Y yo he hallado más amarga que la muerte la mujer, la cual es redes, y lazos su corazón; sus manos como ligaduras. El que agrada a Dios escapará de ella; más el pecador será preso en ella. He aquí, esto he hallado, dice el Predicador, pesando las cosas una por una para hallar la razón;* **Lo que aún busca mi alma, y no encuentro: un hombre entre mil he** *hallado; más nunca hallé mujer de todas éstas. He aquí, solamente he hallado esto: que Dios hizo al hombre recto, más ellos buscaron muchas cuentas".*

A estas alturas ya he dejado pinceladas de mis creencias pero si alguien me pregunta, debo comentarle que se choca una y otra vez con gentes que no reconocen la capacidad de los niños, bien por propia incapacidad o por complejo de inferioridad. Consiguiendo que esos niñas/os se tuerzan en vengativos, en inadaptados y al final, que la sociedad les tache de "locos". El mal consuelo está en los ejemplos que siglos más tarde se admiran. Einstein, que le suspendían las matemáticas. Johann Wolfgang von Goethe, Bertrand Russell, Galileo Galilei, Nicolai Tcherniechevski (escritor y líder socialista), Charles Darwin, René Descartes, Blas Pascal, Friedrich Nietzsche, Nicolás Copérnico y tantos más que no voy a poner. Todos ellos criticados y tachados de locos en su época. ¡Imagínate lo que son capaces de hacer esos adoctrinadores de pacotilla en mentes normalitas o con problemas¡ Según nos cuentan los ilustrísimos catedráticos, procedemos del mono, más bien de un homínido. Parece ser que el primer homínido era el Austrolopithecus originario de África de hace cuatro millones y medio de años. Él procede a su vez de mamíferos insectívoros. Yo criticaría esa acotación ampliándola a la denominación de omnívoros y entonces me caerían muchos suspensos en esa cátedra. Sigo con esa teoría. De repente, ese mamífero insectívoro desarrolla los ojos frontales de carnívoro, en lugar de laterales o separados de los herbívoros. Según ellos, desarrolla un cerebro más grande. Cuestión que posteriormente se ha demostrado que es incierta y que tan solo tenía un cráneo mayor. Debo aclarar que un cerebro más grande, no implica necesariamente más inteligencia. La teoría también sostiene que desarrolla los miembros anteriores para la manipulación y los posteriores para el movimiento. Por último empieza la bipedestación. Dos millones y medio de años después aparece el *Homo habilis,* al que sigue un millón y medio de años después el *Homo erectus.* El *Homo Neandertal* apareció hace 300.000 años para terminar con el *Homo sapiens,* (nuestra especie), hace 150.000 años. Así hemos tenido que aguantar miles de charlas sin rechistar y aplaudiendo al terminar. Pero mira tú por dónde, alguien descubre la Genética y demuestra que los genes de esos homínidos y los del hombre actual, tiene una diferencia de un 15%. Lo que nos aleja muchísimo de ser descendientes. Entonces otros investigadores portugueses incluyen al *"Homo evolutivo"* descubierto en la selva del Amazonas como nexo de unión. El problema es que genéticamente hablando seguimos estando muy alejados de esos ancestros. Si esos homínidos están alejados del mono en la misma proporción que nosotros de ellos ¿Por qué tenemos que considerarlas ciertas? Simplemente porque no hay otra teoría demostrable que diga que el hombre es así desde el principio?. El hombre tiene muchas razas ¿no? Y se han desarrollado por igual en diferentes puntos del planeta sin posibilidades de comunicación entre ellos. Llegando todas esas razas a los mismos denominadores comunes de proximidad genética que casi no varían. Pienso ahora cuántos primates hay en esos sitios y han evolucionado a su mismo denominador común. Lo mismo que los caballos y los peces. Yo creo que el hombre desciende del hombre y el mono del mono y eso si que lo puedo demostrar. Recuerdo que en cierta ocasión dibujé al mono y al hombre poniendo una diferencia del 15% de genes y una lombriz poniendo una diferencia de 10% de genes con el hombre (que es lo que tiene en realidad). Por esa simple ecuación podríamos decir que si el hombre tiene menor diferencia de porcentaje genético con uno de ellos, luego hay más posibilidades de proceder de la lombriz que del mono ¿no te parece?. ¿Cuál es tu teoría preferida sobre la evolución del hombre? La conocida del

Génesis de la Biblia. La teoría de la *generación espontánea*. El *Lamarquismo* que defiende que un carácter adquirido puede heredarse si se repite en número suficiente de generaciones como consecuencia de sus costumbre, pero puede desaparecer si no se usa. El *Creacionismo* sustentado en que los cambios biológicos son simples variaciones sobre los modelos originales creados por Dios. El *Darwinismo* en que el origen de las distintas especies de seres vivos se debía a transformaciones de otras especies preexistentes. La *teoría Sintética* en la que se incluían las mutaciones, como cambios permanentes y transmisibles en el material genético de una célula que causaban tales variaciones, sobre la que actúa la selección natural. También podría ser cierta la presunción mixta en la que mezcla todas esas teorías. Sin embargo, se han escrito ríos de tinta sobre cada una de ellas. Se han expulsado a niños de los colegios por no defender tal o cual de las primeras o simplemente por criticarlas. Con el paso de los años la teoría que era tan fantástica, pasa a ser obsoleta; sin compensar a aquellos niños expulsados injustamente de clase. ¿Cómo sería el recibimiento si aquellos defensores del geocentrismo aparecieran hoy en día en Oxford como profesores? ¿Serían quemados en las hogueras de internet, como ellos hicieron en realidad con sus contrarios? ¡Cuántas cosas tenemos que limpiar los humanos antes de enfrentarnos a este examen final de nuestra vida¡

Quito la suciedad de una mancha moral del mismo modo que material. Elimino lo que estorba o no sirve ya sea una mala hierba o un mal pensamiento. Excluyo de un colectivo a los miembros que no cooperan y creo que los maleantes deberían ser tratados de igual modo. No me gusta limpiar cuando se refiere a ganar todo el dinero de los demás. Me gusta limpiar para higienizar, purificar y sanear, pero también para enmendar corregir los desperfectos de algo, limpiar los errores o erradicar la porquería de un lugar quedando libre de lo que es perjudicial. Siempre ahorro un poco para ser independiente y no solo me refiero al aspecto económico. Claro que no necesito mucho, lo suficiente para no comprometer el placer que el dinero da y más cosas sólo me dieron trabajo. Comencé a estudiar psicología como uno de los caminos para comprenderme a mí mismo y comprender a los demás. Cuando te propones dedicarte a una profesión en la que vas a ayudar a otros es fundamental comprender que algunos factores del desarrollo humano y de las acciones recíprocas con el medio nos ayudarán. ¿Cómo? Simplemente por el hecho de comparar, emular, o imitar una relación más directa entre las formas de conducta y nuestras propias experiencias. Por ejemplo, no es lo mismo el comportamiento de ignorar a alguien diciéndole "¡vete a la mierda¡" que diciéndole "No te he olvidado pero ya no pongo tanto empeño en recordarte". Únicamente si empezamos a conocernos y a confiar en nosotros, estaremos en condiciones de ayudar a otros. La aceptación y el respeto de los demás sólo tienen lugar después que cada uno de nosotros haya empezado por aceptarse y respetarse a sí mismo. Este es el fallo de muchos pensadores, psiquiatras, filósofos y religiosos que han pretendido enseñar algo, o ayudar a alguien que no se conocían ni confiaban en ellos mismos.

- ¿Nos faltan ilusiones?.- me pregunta vehemente.- ¿Qué nos falta Kent?.- insiste.- Somos infelices la mayor parte del tiempo. Nos pasamos la vida diciendo ¡No puedo más¡ ¡basta¡. Nuestros familiares y amigos están igual que nosotros y no pueden ayudarnos. Estamos aburridos, hastiados, hartos de tanto dolor, que se nos quitó hasta el brillo de los ojos ¿Qué nos falta? ¿Esperanza?.- me dice Kate.- no podemos vivir sin ilusiones. ¿Tienes ilusión ahora? Según comentabas cuando nos conocimos ya no las tenías y hasta pedías morir. ¿Y ahora, qué pides Kent? La vida es sufrir. Es un cúmulo de compromisos sin sentido, de energías dilapidadas, de responsabilidades innecesarias, de insatisfacciones permanentes y de engaños constantes. ¡Demasiado compromiso a nuestras espaldas! ¿Por qué exhorto así? Porque veo demasiada tristeza, demasiados niños, adultos y viejos agotados y confundidos sin ilusión, ni esperanza, que ya no están por nada. Hace tiempo que lo perdieron y solo la losa cristiana, el miedo o lo que sea, les impide quitarse la vida. ¿Y qué pasa si después de tanto esfuerzo y sacrificio suspendemos este examen final de nuestras vidas, Kent? Me alegro de que al menos no sea una oposición, ni se evalúen con curvas de Gauss, sino que todo dependa de nosotros mismos y solos. Si no lo hicimos mal del todo en la vida, seremos como la mayoría que pasa al limbo, que se han esforzado, en mayor o menor medida; que lo intentaron al menos. Me consuela el hecho de que al menos allí conoceremos a gente maja y los malos se quedaran fuera definitivamente. En los Masters te enseñan a pasar entrevistas de trabajo, pero ni la iglesia, ni religión alguna, enseñan a superar este examen, y dar buenas respuestas. Todo se basa en que tú mismo te das cuenta de lo que hiciste. Sientes el dolor que causaste y la felicidad que proporcionaste. Lo que dejaste de hacer y lo que intentaste a pesar de equivocarte. Aprendamos por tanto a relajarnos este tiempo que pasemos en esta habitación ¿no te parece? aunque sea harto difícil relajarse en tales circunstancias. No basta con tener las metas claras en la vida, sino que, además, éstas deben ser sensatas. Necesitamos reírnos. Necesitamos huir de las quejas permanentes. Necesitamos escuchar, dialogar y coexistir.

- ¿Qué virtud consideras sobrevalorada, Kate?
- ¡La bondad¡.- responde tajante.- porque siempre oímos que si tal o cual persona son buenos y subliminalmente nos creemos malos en comparación. Considero que esos que llamamos "buenos", no lo son tanto, solo que desconocemos

todos los detalles de su vida y algunos se convierten en sus homenajeadores sin tener ese derecho, pero marcan con el marketing su destino y por ende, el nuestro.

- Hablando de buenos y malos.- le predispongo a mi pregunta.- Suponiendo que esperases un niño que, con toda seguridad, fuera a nacer discapacitado, ¿cómo te comportarías? ¿Abortarías o no?

- Reconozco que he estado siguiendo la política del avestruz para no tener que enfrentarme nunca a esa pregunta. Supongo que la respuesta final sería que la vida está por encima de todo, pero no dejo de pensar el infierno y la responsabilidad que dejo si yo falto. ¡Ufff¡ es fácil decir que no abortaría y que haría tal y cual cosa cuando no se tiene el problema. Pero he visto cambiar radicalmente a muchas personas de las llamadas "buenas" cuando lo han tenido enfrente. Unas veces por egoísmo de que se arruinaría su vida, pero otras, han tomado la decisión de abortar cerebralmente por lo que te acabo de decir de las cargas a otros si ellos faltan.

- Al ser de origen pakistaní y musulmana, has vivido con talibanes, soldados y terroristas.- le introduzco la pregunta.- ¿Has estado a favor o en contra de la guerra contra el terrorismo?

- No estoy a favor de la guerra sea por el motivo que sea.- responde.-

- Pero te habrá gustado que unos soldados te defiendan, te saquen de allí protegida y te den la posibilidad de estar en Londres y ser médico, cuestión que allí jamás hubieras siquiera imaginado.

- Y les estoy muy agradecida porque hayan liberado a muchos de mis familiares y amigos.- responde sin entrar en el fondo de la cuestión.-

- Entiendo que la situación sea la misma que la del aborto.- le ayudo.- mientras no tenemos el problema nos podemos abrir el pecho en exclamaciones, pero cuando lo tenemos, la cosa cambia y con ello las ideas, las personas y hasta los principios religiosos. Tanto es así que hoy se puede vivir en Roma y en la época de San Pedro no. En España hoy y no en siglo VIII, o en Jerusalén hoy y no en la época de Cristo, al cual mataron incluso. Y todo, gracias a que se ha combatido a sangre.- le comento esperando tener respuestas cuando llegue al otro lado, porque yo tengo también mis dudas.- como te veo cansada de este tipo de preguntas, no insisto más.- le digo.

Pulso las diferentes etapas de la vida y me percato de sus variaciones. Cuando llegamos a mayores y tenemos hijos, nos pesa muchísimo gastar en nosotros mismos creyendo que les traicionamos de alguna manera y dejamos de ser buenos padres. No debemos sentirnos culpables de la situación financiera de hijos y nietos. Ya hicimos todo lo que estaba en nuestra mano por ellos durante su infancia y juventud. Ya les dimos conocimientos, educación y sanamos sus enfermedades. Cuando llegan a la mayoría de edad se quieren independizar, como nosotros mismos quisimos hacer y por tanto ahora, la responsabilidad es de ellos. Debemos ser conscientes de que fisiológicamente hablando, el núcleo del tipo de conducta se establece en los primeros años. De tal modo que la relación entre padres e hijos, junto con los medios externos que se hayan tenido tanto antes, como después del nacimiento y todo unido a los factores hereditarios, condicionarán el tipo de conducta del niño. Posteriormente, en la adolescencia tiene lugar en la variación de la inteligencia, y en adelante, el niño se transformará en un sistema activo en crecimiento. Ya no es época de sostener a nadie de su familia. De ayudarles y aconsejarles si. Debemos basarnos en mantenernos lo más sanos posible, para darles a ellos los menos dolores de cabeza y preocupaciones posibles. Ahora son ellos los que deben protegernos y cuidarnos. Seamos un poco egoístas sin caer en la mezquindad. Pensemos con humor e ironía y sigamos el ejemplo de la frase que usábamos de jóvenes en las clases de la universidad cuando hacíamos las fiestas "Según la química, el alcohol es una solución, dicen ellas y nosotros leeríamos "solución es" al revés". Aunque parezca un chiste, tiene sus bases biológicas. Recordemos que el organismo se desarrolla como unidad, pero las partes del cuerpo no crecen, con todo, al mismo ritmo. El esquema de la dirección del desarrollo es: 1) de la cabeza hacia abajo, 2) del tronco hacia fuera y 3) de lo general a lo específico. Las estructuras del lado de la cabeza crecen más rápidamente en la infancia y la primera niñez. Luego, en la niñez avanzada, dichas estructuras crecen más lentamente, y las que quedan más lejos de la cabeza lo hacen más rápidamente. En conclusión, dejémosles ser independientes. Tengamos nuestra propia independencia y permanezcamos juntos en familia protegiéndonos los unos a los otros.

-      ¿Crees tú, Kent, que la culpa es nuestra? Me refiero a ser infelices. Si me fijo en las estadísticas veo que el estrés es el causante de más bajas laborales que los accidentes. Que existen más cursos y charlas anti estrés que de felicidad. Que cada vez que voy a la iglesia salgo peor de lo que entré porque todo es culpa mía y soy lo peor de lo peor por las broncas que echan los curas. Que los sacerdotes parecen más policías e inspectores fiscales que enfermeros y médicos. ¿Qué está fallando en nuestro sistema de vida? .- me dice Kate.- ¿Qué busca la gente para combatir la ansiedad y el estrés, en lugar de buscar catálogos de viajes y actividades con sus familias? Personalmente busco lo que nunca tuve o he perdido. ¿Qué espero encontrar ahora en esta habitación? ¿Quizás la ilusión? no sabría definirlo. Cuanto más hablamos, más me doy cuenta de que la vida es una trampa mortal, de la que no hay posibilidad de salvarse hasta que Dios quiera y por mucho que hagamos, todo es inútil. Tan solo podemos controlar las conductas que a ti tanto te gusta estudiar. Nos pasaremos todo ese tiempo que Dios nos concede dándole vueltas y más vueltas a las ideas, pensamientos, aprendizajes, esperanzas, ilusiones perdidas, y viendo si todo es bueno/malo porque nuestro cerebro no parará nunca de pensar. Luego aparecerán las religiones, idealistas y los adoctrinadores para decirnos que si pensamos también es pecado, malo o va en contra del grupo. ¿Por qué Dios nos creó de esta manera y nuestro cerebro está continuamente pensando cosas, si somos a su imagen y semejanza?

- Si tuviera que decirle algo a la vida que he dejado atrás, le diría "Eres el pasado que más presente tengo."-respondo.- Traigo a mi memoria mi etapa de adolescente. Ciertamente no he tenido una etapa clara en la que haya podido disfrutar y sufrir lo que de ella se dice. Más bien he tenido que madurar desde muy joven. Por lo que cada etapa ha sido un periodo de transición, tanto en cuanto proceso biológico, como en cuanto a adaptación cultural y social se ha referido. Dicen que aquí maduras o al menos completas ese periodo de madurez física y sexual que es en definitiva el ciclo biológico. Si aconsejara a alguien de cómo afrontar cada etapa de su vida, le diría que independientemente de la edad, mantuviera siempre vivo el amor; que se olvidara de angustiarse por tonterías, aunque en ese momento las vea como un mundo insuperable. A fin de cuentas, en la vida todo pasa, ya sean los buenos momentos o los malos. Le aconsejaría mal si le dijera que olvidase estos últimos y recordara siempre los buenos, pues su supervivencia, su experiencia y formación se verían muy comprometidas si lo hiciera así. Debemos ser conscientes de que es esa adaptación social y cultural la que crea tanto ilusiones como problemas. Por desgracia, muchos padres abandonan a sus hijos desde que nacen. ¿Qué ocurre entonces con esos niños negligidos? La mayoría serán personas descuidadas, propensos a patologías cardiovasculares y que tendrán Propensión a la delincuencia social, salvo que se les reeduque inculcándoles los valores socialmente aceptables. A este tipo de personas solo les puedo aconsejar que se mantengan limpios, sanos y sean algo vanidosos. De esta manera controlarán sus complejos y se insertarán en la sociedad como buenas personas; porque irán a la peluquería, al médico, al dentista, usarán cosméticos, se verán guapos y la gente los aceptará de tal manera que se olvidarán los desarraigos y complejos infantiles. A medida que el organismo juvenil atraviesa los procesos de maduración y desarrollo, ha de adaptarse a la función de ser un miembro adulto, responsable y autónomo de la sociedad. Para lograrlo, el niño en proceso de desarrollo necesita la guía, la simpatía y la comprensión de los adultos. Son necesarios sin duda, los controles externos, pero éstos no deben ser hostiles. Nada de ser muy modernos, intenten ser clásicos con moderación. Es triste ver gente mayor con peinados y atuendos hechos para jovencitos y jovencitas pintadas y maquilladas como señoras mayores. Veo que desde el principio al fin "todo" forma parte de una especie de estructura. Todo es un conjunto de relaciones que mantienen entre sí las partes de un todo. De tal modo deben estar organizadas u ordenadas esas partes del todo, que sirven de soporte rígido de algo. ¿Cuál es la estructura de la base de datos del ser humano? ¿Es acaso la disposición de las partículas subatómicas en el interior del átomo? ¿Es su estructura cristalina en lugar de la atómica? Observo que en ese todo y en esa estructura que lo mantiene hay niveles. El primero el de generación de los mensajes, anterior a la emisión, en que estos están perfectamente formados, no son ambiguos y no han sufrido transformaciones. El segundo nivel es cuando después de ese mensaje emitido, después de que la información de la estructura profunda sufra transformaciones, lo que puede tener como consecuencia errores de ese "todo". ¿Distribución? ¡si¡ ¿Orden? ¡También¡. ¿Y qué más? Pues relación y comunicación, para establecer el "todo" sin grietas.

Encuentro una nota en mi bolsillo. La saco. Desconozco por qué ahora tengo bolsillos y antes no. Leo la nota. La recuerdo porque es lo último que había escrito como despedida de alguien de mi pasado. Dice así: "Antes cruzaba un Océano por ti, hoy no cruzo ni los dedos. Disculpa, te confundí con el amor de mi vida, pero igual gracias por todo, de los errores siempre se aprende algo. Yo solo perdí mi tiempo contigo, tú.... a alguien que te quería de verdad. Tu problema es que te fuiste cuando más te necesitaba y volviste cuando ya no me importabas. Con lo difícil que es llegar a amar a alguien de verdad y tú ahí, desilusionándome". (Dichos recogidos en la calle). Me recompongo de la nostalgia con lo que decía Unamuno: *"Preguntad a cualquier artista sincero qué prefiere, que se hunda su obra y sobreviva su memoria, o que hundida ésta persista aquella, y veréis, si es de veras sincero, lo que os dice. Cuando el hombre no trabaja para vivir, e irlo pasando, trabaja para sobrevivir. Obrar por la obra misma es juego y no trabajo. ¿Y el juego? Ya hablaremos de él. Y este erostratismo, ¿qué es en el fondo, sino ansia de inmortalidad, ya que no de sustancia y bulto, al menos de nombre y sombra? ¿Orgullo querer dejar nombre imborrable? ¿Orgullo? ¿Cuánto durará?".*

- He dudado hasta la saciedad comentarte todas estas cosas de mi vida. De modo que a lo hecho pecho y te lo terminaré de contar. Tú eres la que decide escucharlo o no. Mi punto de vista, de aquellos años que marcaron más aún si cabe nuestras vidas, es la mezcla de los dos. Al principio era solo una vida, luego tuve que rehacerme varias veces porque aquello no tenía ni pies ni cabeza. Finalmente tuve que separar en dos mi existencia, que ya conoces, para que tuviera coherencia. De esta manera imagínate el coctel interior que tuve en mi vida y durante esta preparación al examen final, removiendo en mi interior mil veces cada frase pasada. – Le digo.- Seguí pensando para mis adentros sin pronunciar palabra… A pesar de que con la impotencia de tenerte, te diga cosas que no siento. Lo que si siento es un profundo agradecimiento (además de lo que ya sabes o deberías saber a estas alturas que siento por ti). ¡Sí¡ un profundo agradecimiento por haber sido de los escogidos para sentir algo que no se puede expresar con palabras. Soy, y tú me has hecho un privilegiado por entregarte a mí, por haber protagonizado semejante historia de amor (que aún está muy, muy viva) y haber escrito otra segunda leyenda toledana. Como toda leyenda, no tiene buen final, lo sé. Pero una mezcla de aragonés y toledano, no se rinde aunque se caiga y diga constantemente que ya no puede más. Lo cierto es que espero poder intercambiarnos nuestro último aliento y cogidos de la mano pasar juntos al otro lado sin que haya penas ni dolores.- le digo a Kate.- Si escuchas el relato de mi vida como un paciente más, te gustará, llorarás con los protagonistas y concluirás lo que todas las mujeres que lo escucharon concluyen. En cambio, sé que es imposible hacerlo de este modo, porque es tu letra y mi letra, son tus besos y los míos, son tus palabras y las mías. Es la parte oscura de nuestra mutua convivencia, y sin embargo, a pesar de las dudas que expreso en las líneas, el amor no se borra y sigue luchando por ella (y por ende por mí) porque aunque no esté firmado nada entre nosotros, siento en cada fibra, poro y trozo de mí ser que formamos uno solo. ¡Es cierto¡ no hay un "nosotros", ¡tienes razón¡ porque cuando decimos "yo…" también está el otro. ¡Joder, la quiero¡.- pienso.- Y si no hubiera ocurrido, seguramente tendríamos que haberlo provocado, para saber qué es el amor, ¡el verdadero¡.- me quedo en silencio pero sigo pensando para mi mismo…- Gracias de nuevo por lo afortunado que me has hecho y gracias por lo desgraciado que me haces por no estar junto a ti, pero con ello he descubierto que sé amar, que sé lo que es el amor y estar enamorado "hasta mi final". Por eso es muy complicado encontrar algo que pueda acercársele, de modo que déjame evolucionar de nuevo sin ti.

- Sabios consejos como siempre.- me responde Kate consciente de que en esta dimensión la telepatía es el medio de comunicación y por tanto ha escuchado mis pensamientos.- Entonces, no soy un bicho raro ¿No crees que tenga una grave patología? Aunque no sé si seré capaz de conseguirlo. Pocas veces estoy satisfecha con lo que tengo o consigo. Quizás sea una necesidad, o la deformidad de ser tan perfeccionista. Necesitaré tu ayuda. Que conste que me ruborizo y siento vergüenza cuando hablo de estas cosas. Ahora sí que me has sacado los colores. ¿Qué edad tenías cuando te fuiste de casa?

- Lo curioso es que no tuve que irme de casa para lo que tú propones.- respondo.- simplemente la casa se fue de mi y con ella mi familia. Tuve que hacerme cargo de todo desde los diecisiete años en que mi padre ingresó en el hospital y no salió hasta nueve años más tarde a su entierro.

- Ahora entiendo que no hayas querido tener más hijos.- me dice.- ¿Has estado a favor o en contra de que se prohíba adoptar niños a las parejas del mismo sexo?

- Estoy radicalmente en contra de la manipulación que nos hacen con el tema del matrimonio y de la adopción, porque no es cierto que persigan lo que dicen, sino adquirir poder amparándose en falsas persecuciones. ¿Por qué? porque ya tienen los derechos de pareja mejores que el matrimonio que solo conlleva obligaciones y ya tienen el apadrinamiento, tutela y amparo de todos los niños que quieran, sin tener que trastornarles.

- Te pasas la vida protestando porque no has encontrado alguien que te diga "te quiero" de verdad y haya un "nosotros"

También has estado en soledad la mayor parte de tu vida ¿Cómo prefieres vivir: sólo o en compañía?

- Nietzsche decía que no quería cadáveres a su lado, sino compañeros de viaje.- respondo.- y eso es lo que nunca he encontrado. Siempre eran lastres y cuando yo quería avanzar una especie de maldición tomaba forma y siempre había alguien delante más lento y torpe que impedía mi avance. Con esos datos te he contestado suficientemente.

- Eres policía, te has enfrentado a mafias, cuando eras mercader has sufrido y presenciado multitud de infamias por parte de los malos ¿Has estado a favor o en contra de torturar a los malos para acabar con ellos?

- No estoy de acuerdo con la violencia, la tortura o la muerte.- respondo tajante.- ahora bien ¿te has planteado poner en la balanza las injusticias y tropelías de unos contra la defensa de estos inocentes? ¿Cómo se debe actuar ante una violación de una mujer, un maltrato animal, una masacre por dinero o lo que sea? ¿Crees que pidiéndole por favor, o por piedad, van a dejar de hacerlo? ¿Crees que razonando con ellos se logran los objetivos? ¡Por favor¡ mira la historia de la humanidad. Para defenderse y defender hay que pelear. La policía emplea violencia para detener a los malos y usamos perros de defensa, porras, caballos, bolas de plástico, humo, chorros de agua y escudos para conseguirlo. Hasta la biblia describe la violencia del Apocalipsis que ya ha empezado y estamos a la espera de la "Batalla Final" donde el mal y el bien se enfrentarán entre fuego, truenos, tempestades y no sé cuántas cosas más.- recuerdo.- Cristo habla de la no violencia y luego predice que la empleará contra el mal. Tanto es así que la empleó "echando a latigazos a los mercaderes del Templo" ¿Absurdo cristianismo? ¿Incongruencia de los traductores? ¿Manipulación para someternos? O ¿realidad?

- ¡Ufff¡ pones el dedo en la llaga o manipulas inconscientemente, pero lo que dices lo pone la biblia.- me dice Kate compungida.- con tanta crítica te será complicado creer en alguien ¿A cuántas de esas personas calificarías de amigas?

- Depende de lo que definas como "amiga/o".- le respondo.- Todas estas últimas preguntas que me has hecho son el equivalente a que yo te preguntase ¿Has estado a favor o en contra de las acciones de toma de rehenes? Y ¿Has estado a favor o en contra de que se despidiese al último compañero de trabajo? Para cuando terminases tu exposición preguntarte ¿Qué piensas hoy?

- ¡Vaya¡ apareció el Séneca que llevas dentro.- replica Kate.

Leo libros y periódicos, oigo la radio y los rumores, veo programas en la Tv y realidades en la vida, todo ello aunque sean malos y pocas veces buenos. Navego por internet y las redes sociales, envío y respondo e-mails, chats, blogs, guasapitos (como yo les llamo) y hasta twitteo de vez en cuando, pero lo que mejor se me da es llamar a los amigos. Y absolutamente siempre me mantengo actualizado. La tendencia general de la edad adulta ha sido la de pasar de un periodo de preocupación acerca de uno mismo, de relaciones con los otros y de problemas económicos, a un periodo de interés por las convicciones políticas, por la salud y por la felicidad conyugal. Respeto la opinión de todo el mundo, tanto de los jóvenes a pesar que a veces pueden estar equivocados, como de los viejos, pasando por los que tienen culturas e ideologías diferentes a las mías, porque de esta manera conseguiré aprender algo nuevo o tener mejores argumentos para rebatirles. Veo a las nuevas generaciones que perciben las contradicciones de nuestro sistema de valores y tratan de cambiarlo para incluir la buena vida para toda la humanidad, pero confunden la sociedad del bienestar, con los derechos humanos y el champán para todos. Mezclan los cócteles espiritosos del mismo modo que los derechos y deberes, algunos por medios violentos, pero la mayoría por caminos más lentos. Lo de que sean constructivos o no, ya dependerán de los resultados. Jamás empleo la expresión "en mis tiempos...", pues estoy convencido que mi tiempo es hoy, por ello empleo la palabra "históricamente..." Lamento que destruyan los valores de siempre. He sufrido la época de acatamiento absoluto a la disciplina paterna y ahora sufro el cambio social en el que debo seguir sometido a la opresión de los hijos. Lamento que los procesos para completar la educación, la de emprender una ocupación, la de escoger y aprender a vivir con y como un cónyuge, es decir, la de crear una familia, equilibrándose en un nivel de vida apropiado, para terminar los hijos en adultos responsables y contentos, que nos sustituyan en la labor de compartir las responsabilidades religiosas, civiles y sociales, se hayan deteriorado de tal modo que se haya corrompido el espíritu abierto, la flexibilidad y la audacia de personalidad, con términos de libertinaje, derechos e irresponsabilidad. Soy dueño de mi casa por más simple que pueda ser o parecer, pues allí soy quien manda, cuando no hay una mujer, que entonces ella manda. Al menos soy de los hombres que lo reconocemos, los otros no lo reconocen pero acatan de igual manera terminando siempre con la última palabra "si cariño...". ¡Je, je, je¡. No caigo en la tentación de vivir con mi familia aunque de vez en cuando vaya unos días como invitado ¡no está mal¡. Prefiero una mujer que me quiera o en su defecto un ama de llaves que me acompañe y colabore con las tareas del hogar. Antes lo hacía yo solo, pero ya me da miedo caerme de una escalera y romperme un hueso. Pues soy consciente de que me quedaría allí solo, tirado en el suelo más de un mes, hasta que alguien me echara en falta. A medida que se acercaba este final y sólo entonces, hubiera tomado la decisión de vivir con alguien. En la tercera edad asistimos al desprendimiento de las exigencias del mundo exterior, para centrarnos en ser individuos plenos de valores interiores. Aunque a veces, la frase "Murió el amor, vivió el orgullo, y nació el odio" sea el denominador común que una a todas las etapas vitales. Los cambios sociales, políticos, económicos, migratorios se mezclan con los propios de la edad afectándonos en la manera de ser, en la conducta y hasta en la personalidad. Estamos contaminados, infectados por la enfermedad de "las exigencias externas". Nos inculcan los derechos y deberes implícitos en la libertad de voto, pero no nos aclaran la responsabilidad de la decisión. Deberíamos ser conscientes de que las elecciones que uno hace en cada etapa del ciclo de la vida, se revelan ahora en el inventario de la personalidad como un gasto y no como una inversión. "Históricamente…" como suelo decir, los elementos positivos conducirían a una vejez rica en economía y valores, dejando que únicamente los valores pasivos obstaculizarán la salud de la personalidad. ¡Actitud y aptitud¡ Cuando se habla de la situación de ánimo con respecto a una persona, nos referimos a la manera de comportarse u obrar una persona ante cierto hecho o situación, la postura de su cuerpo y las ganas de llevarlo a cabo revelan una intención o un estado de ánimo del ser humano. Decía José Joaquín de Mora «La postura es la situación relativa de los miembros del cuerpo con respecto al espacio; actitud es la postura que se toma con una intención u objeto determinado, de modo que en la actitud la voluntad tiene más parte que en la postura. Esta es horizontal o perpendicular, holgada o incómoda, indecorosa o decente. La actitud es de ataque, de defensa, de fuga, de temor, de mando. La actitud es más artística que la postura. El Apolo del Belvedere está en actitud, y no en postura, de lanzar una flecha. El Moisés de Murillo está en actitud, y no en postura, de herir la piedra con la vara. Estar de pie, estar sentado o de rodillas no son actitudes, sino posturas.»

Mando callar para mis adentros a los gobernantes del mundo, a los docentes de tebeo, a los adoctrinadores de pacotilla y a los sindicalistas de baratija. Puede ser muy divertido convivir con gente de mi generación y lo más importante, a mi edad daré trabajo a muchos pero no daré molestias a nadie. Soy consciente de la necesidad de que existan cambios sociales y culturales exquisitos para eliminar los obstáculos que impiden a las personas más desfavorecidas integrarse. Lamento que tachen de personas ancianas para las tareas laborales a partir de los cuarenta y cinco años de edad, mientras los políticos amplían la edad de jubilación a los setenta años en las funciones proseguidas de una ciudadanía productiva. Si queremos una pirámide de población apta y óptima, apliquemos la lógica de que una experiencia puede rentabilizar el equivalente a tres puestos de trabajo sin ella. Claro que políticamente no es lo adecuado, por favor ¡No les neguemos a los "ancianos" de cuarenta y cinco años, una razón de desear que llegue el mañana". Entonces cada uno de nosotros podrá mirar adelante serenamente y con confianza hacia sus últimos años y creer, con Robert Browning: "Lo mejor está todavía por venir, ¡El final de la vida, objeto de su comenzar!" Cansado de peleas inútiles como la anterior, decidí ser lo más inteligente posible y organizarme de modo que mi dependencia máxima fuera de mi mismo, así que ahora asesoro empresas, al tiempo que cultivo muchos "hobbies", como bien, camino, cocino, leo, bailo, crio un gato, un cachorro, cuido de plantas, juego a los videojuegos de la Play Station, viajo, cazo, hago deportes extremos, pinto, soy voluntario y colecciono varias cosas. En definitiva, hago lo que me gusta y lo que mis recursos me permiten. El envejecimiento constituye un proceso complejo que implica mengua a todos los niveles, física, económica, social, intelectual y familiarmente, pero sobretodo de salud y en especial en el nivel psicofisiológico. ¿Tiene algo bueno? En el mejor de los casos puede producir aumentos en la comprensión y maduración de la personalidad, del entendimiento del mundo y de la conducta. El elemento personal conserva a duras penas sus tipos característicos de organización. Es por ello que suelo aceptar todas las invitaciones de bautizo, fin de curso, cumpleaños, bodas, conferencias y presentaciones a las que me invitan. Visito museos, voy al campo y a misa.... lo importante para mi es salir de casa por un rato, pues quince horas en soledad al día serían demasiadas. A veces ya no me invitan porque no se puede, porque ya soy mayor o porque estorbo. Tampoco me amargo por ello, más al contrario me invento otra cosa que hacer, la fotografía que hago la coloco en el WhatsApp y entonces sí que me hacen caso. Reconozco que cuando era joven tampoco invitaba a los mayores a todo lo que hacía. Desde luego la edad no es precisamente el factor de progreso que conduzca a la mejora de la mente, del cuerpo y de las relaciones, pero tampoco encauza a la desintegración de la personalidad. ¿Qué es lo que lo provocaría? Sin dudar, serían otros los factores desencadenantes. ¿Cuáles? Tales como la pérdida de la salud y las pérdidas sociales y psicológicas. El problema de la vejez es la consecuencia de la sociedad, en gran parte es aquello que la sociedad ha hecho de ella. En unas tribus, los ancianos son escuchados, mientras que en los países mal llamados civilizados, los ancianos son desechados. Personalmente les digo a los jóvenes que ya he aportado muchas cosas para que ellos tengan lo que tienen y remato mi frase diciéndoles "Tengo edad de comerme el mundo, no la cabeza". En Europa ocurre lo mismo que en Estados Unidos y en particular en España con más profundidad. ¿El qué? Pues muy fácil, todos los países occidentales se enfrentan a la paradoja de que, pese a las demandas crecientes de talento, capacidad, aptitud, competitividad, entendimiento, experiencia, costumbre, práctica, estilo, cordura, discreción, reflexión, madurez, sabiduría y sensatez, las oportunidades de nuestros ciudadanos mayores de participar en los beneficios del empleo productivo quedan muy atrás.

- Me gustaría poder quedar contigo de vez en cuando, si a ti no te parece mal.- le digo a Kate en la esperanza de que acépte la cita aunque sea en el "otro lado"
- Podemos quedar cuando tú quieras. Para disponer de más tiempo y sin tener que mirar el reloj, por mi parte, los viernes por la tarde trabajo hasta las 15h, no sé si es demasiado tarde o no, sino podemos quedar el fin de semana, pero tendría que ser a partir del que viene.- me contesta ella sin darse cuenta aún de que al "otro lado", no hay reloj. Aunque no sabemos si habrá trabajo.
- Ten cuidadito que hablas con un escritor y tenemos la mala costumbre de dejarnos influir por las musas y de momento, vas comprando muchas papeletas para convertirte en esta nueva profesión. Claro que no necesitas cursillos de formación, ni horas extras y mucho menos CRMs. Office o powerpoints.- le contesto en un fútil intento de hacerme el gracioso.- La verdad es que es un poco desesperante no tener control del tiempo, pues cuando vivía me pasaba ese tiempo intentando agotarme mentalmente para poder dormir ¿cómo haremos cuando pasemos al "otro lado"?
- Lo de procurar el agotamiento mental, es más común de lo que crees, te recomiendo que si quieres éxito en tu objetivo, lo compagines con el agotamiento físico.- me contesta ella.- Quizás te entienda porque hay mucho de común entre ambos, y quizás no sepamos definirnos sin tener que acabar con todos los

adjetivos y adverbios. Naturalmente que podemos quedar a comer, el problema será ¿cuándo?

-   ¡Madre mía¡, entre lo que intuyes y lo que te cuento, conoces más de mí que a lo mejor yo de mi mismo. ¿Te das cuenta que estoy compartiendo contigo episodios de mi vida que no cuento nunca?.

-   Es fácil y lógico.- me contesta Kate.- Has creado un vínculo de confianza impresionante conmigo. Algo difícil de conseguir con alguien como yo. Reservada, desconfiada, ermitaña e incluso pienso muchas veces que insociable. En mí hay una importante paradoja, me cuesta abrirme, aunque necesite hacerlo o lo esté deseando ¿Por qué, dime?. Seguramente que tengo más de una patología. Estoy un poco cansada, no sólo por el cambio (ya te imaginarás que con lo exigente y perfeccionista que soy, no quiero defraudar a nadie y mucho menos a mí misma), sino porque llevo un lastre a mis espaldas, porque siempre he trabajado a un ritmo muy fuerte y apenas he tenido descanso. Además están mis propios problemas personales (y me refiero principalmente al amor de mi vida, aunque también a problemas de salud de mi padre, que me han tenido muy preocupada), esto me ha desestabilizado completamente y he intentado ponerme la careta para que nadie lo percibiera. Al final, esto exige un esfuerzo demasiado grande y te va minando. El tener problemas de sueño, el darle vueltas y vueltas a las cosas, el intentar agotarme física y mentalmente y el recluirme para que nadie lo sepa, es lo que tiene. Al final soy una más del montón, aunque eso sí, que da mucha guerra ¿Verdad?. Mi anterior jefe me decía que no sabía de dónde sacaba tanta energía de mi cuerpo. Yo por mi parte le pedía más y más exigencia. ¿Soy acaso masoquista?. No sé cómo definirme la verdad, aunque la conclusión que extraigo es que he intentado suplir mi fracaso personal con el profesional. ¿Tú qué crees?. Aunque tampoco en este aspecto estoy satisfecha.

- Te noto cansada. Supongo que los cambios tienen eso. Me alegro y agradezco tus continuos elogios, al final me sacarás los colores a mí. Mis amigos tienen prohibido comprar mis libros, yo se los regalo encantado. Lo único que les pido es una opinión. Espero recuerdes lo que hablamos cuando pasemos al "otro lado".

- No tienes que darme las gracias por los elogios, porque te los mereces. Así que no te preocupes porque te saque los colores. Sólo disfruta de ellos y se feliz, que ya te toca.

- ¿Querrás comer algún día, conmigo?- insisto.-

- Bueno, cuando comience a vivir al "otro lado" ya te diré si me resulta difícil. Lo único entonces que tendré que hacer es buscar un momento más tranquilo para poder disfrutarlo. No obstante tengo conexión con el maestro.- me dice en clara referencia a Maese Mercader y al Maestro Cristo.- así que lo que no entienda ya os lo preguntaré.

- Muchas gracias por tu ofrecimiento, pero ya me has dado bastante ¿no te parece?. Eso sí, si en algún momento tengo oportunidad, te pediré lo de siempre.... un beso.- le digo guiñándole un ojo.-

- Por cierto, me está gustando mucho estar contigo en esta habitación. No sé si recuerdas alguna vez que te he comentado que he vivido situaciones más difíciles a las de ahora. Durante tres años aproximadamente fui víctima de mobbing por parte del subdirector de traumatología, todo por unas cuantas mentiras que yo descubrí y que él, a toda costa, no quería que salieran a la luz. Un amigo mío, el abogado de la empresa, sabía lo que ocurría, al igual que el director de traumatología. Cada uno me aconsejaba sobre cómo afrontar esta situación, aunque finalmente encontré mi propia manera de hacerlo y aunque en un principio reconozco que fue duro y lloré de rabia e impotencia en más de una ocasión (y por qué no decirlo, tuve miedo en algún momento), conseguí que no me afectará y se convirtió en una lucha de quién puede más. Conseguí crear una barrera e ignorar todo lo que hacía o decía y yo seguía a lo mío. Él se ponía muy nervioso, me gritaba y me amenazaba cuando no había nadie, pero no me digas cómo, conseguí que ni me alterara y lo más importante, que ni me afectara. Así hasta que finalmente le echaron de la compañía. A veces me sorprendo a mí misma de mis reacciones, también de mis fortalezas y creo que mi orgullo ha jugado un papel muy importante en mi vida.- Kate baja la cabeza, oculta su cara entre los cabellos y las manos.-

- La mayoría de las veces, las piezas de la vida son muy difíciles de unir y no nos van a gustar los resultados. Normalmente, están hechos para profesionales. Lo otro que me cuentas es otra historia más, con otro imposible. Pero no te preocupes más, me lo pides y te lo regalo.

- ¡Bueno, bueno, bueno¡ Aunque tengo la cabeza como un botijo, estoy dejando un hueco para tu cena y... como no podía ser de otra manera, estoy ya enganchada a ti. Tal es así, que ya he adquirido dos reservas más que serán las siguientes para que quedemos antes de caer en tus brazos ¿Será que también tengo alguna dependencia, Sr. Maese, Mr. Kent, o es que me estoy enamorando de ti?

Hablo poco y oigo más, pues mi vida y mi pasado sólo me interesan a mí mismo. Si alguien me pregunta sobre esos asuntos, soy breve y procuro hablar de cosas buenas en calidad. Peco en que siempre me lamento de las carencias de este mundo. Hablo en tono bajo y con cortesía. Critico todo lo que me rodea, aunque acepte las situaciones tal como son. Soy consciente de que todo es pasajero. A pesar de ello me dicen que pocas veces me entienden y cuando les pregunto los por qués, se encogen de hombros y se sonríen, dándome a entender que es obvio. ¿Puede ser porque hago preguntas del tipo: *¿Por qué todo junto se* *escribe separado y separado se escribe todo junto? Así no se puede hacer un "nosotros" ¿no?* Claro que quienes me lo dicen suelen pasarse el día hablando en los nuevos lenguajes de mensajes en los que para decir *"Por qué a nosotros no nos han llamado?"*, escriben *"xq a nst no ns llmrn?"*. O los otros más modernos que usan el lenguaje de marketing on line diciendo: *buen deep link con interstial, freemiun, leads, hot spottings, pharming, podcasting, grow hacker y sin phishing = doble opt-in.* Cuando quieren explicar que ese fin de semana han hecho el amor y lo han pasado muy bien sin problemas. Para hacerme entender mejor reproduciré lo que le contaba a un antiguo amor sobre el manchego (ciudadano de Castilla la Mancha), ayudado por la escenografía propia del momento que cualquier hombre usa para hacer reír e impresionar a la chica que luego se va a acostar con él y de paso hacer reivindicación de mi idioma. Le decía. *"El manchego No se cae: se pega una costalá. No dice hola: te dice ¡yeee, hermooooosoo! No es goloso: es galgo. No se enamora: se pone borrico. No se lanza: sale flojo. No trata de convencerte: se pone "cansino". No va sucio: lleva relejes. No se agacha: se amaga. No te llama la atención: te dice ¡Ande vas! No tiene amantes: tiene zagalas o mozas. No pide que lo lleven: pide que lo acerquen. No se impresiona: dice ¡La Virgen! No tiene lumbalgias: está arriñonao. No cotillea: es un bacín, luego bacinea. No hace recados: hace mandaos. No es un gandul: es ¡mu peeerro¡. No pierde el tiempo: está perreando. No dice "No tardaré en venir": dice "vengo al contao". No te dice que estás equivocado: te dice" ¿te paece quéee?" o "amos calla". Para decir que sí (No niega dos veces), niega tres: ¡No, ni na! No se enfada: se condena. No está gordo: está lustroso. No duerme: se queda traspuesto. No se va: sale arreando. Y además se comen carcamusas, gachas, pisto, zarajos, morteruelo, duelos y quebrantos, tostones etc.".* ¿A quién de todos se le entiende mejor? Al tratar de explicar el "por qué" de la conducta del individuo, lo primero que veo es una criatura que se mueve, piensa y se desarrolla por impulsos. Este ser humano impulsivo puede parecerle a Dios o a un extraterrestre que lo conozca por primera vez un inconsciente. Tal vez sea lo acertado pensar, pero al menos podremos justificarlo diciendo que con el impulso libera energía que dirige el organismo hacia la satisfacción de sus necesidades. Lo más complicado será explicarles a estos dos observadores que son estos impulsos, los que precisamente producen el equilibrio del cuerpo y la homeostasia, aunque parezcamos un poco trastornadillos. Donde ya me será harto difícil el hacerme comprender, será cuando llegue a intentar justificar, más que explicar, que la motivación es regulada por esos impulsos. En este momento la risotada de los observadores será de antología, deberé permanecer impávido (como cuando jugaba a ese juego… je, je, je) y rematarlo agregando que los impulsos intervienen en el mecanismo que regula la motivación, tales como los factores sensitivos, químicos y neurales. Claro que todo tiene su contra y los dolores y las molestias estarán siempre presentes. Por ello se aconseja no volverlas más problemáticas de lo que son hablando constantemente de ellas. Pues al final, no solo le afectarán a esa persona, sino que se transformarán en problemas de todos los que tengan contacto con ella. A partir de estas primeras realidades, aprendemos de qué modo los impulsos biológicos proporcionan la materia prima de la que se desarrollarán nuestros motivos más complejos y de qué manera el ambiente o medio cultural modela inclusive los impulsos humanos más simples. Mis observadores quedarán atónitos cuando les diga que a medida que estos impulsos del nivel biológico se van satisfaciendo, otros motivos superiores pueden hacer su aparición para dirigir nuestra conducta. Es por ello que se aconseja levantar un poco la losa religiosa, la civil, la social, (yo añado la de hacienda), pues como dice la frase, "lo bueno y breve… dos veces bueno". Llegados los humanos a cierta edad de madurez, con casi todo hecho en la vida, es cuando esos motivos sociales complejos se cargan de importancia, de actitudes y valores, que enraízan en nosotros, y se decide mucho mejor a qué empleos aplicamos nuestras capacidades. En realidad, esos impulsos se producen como los campos magnéticos. Me explico. Es un proceso continuo producido por la acción recíproca de fuerzas internas y externas. Río. Río mucho. Me río de todo, sobretodo de mí mismo. Soy un suertudo, porque he tenido una vida media, quizás por debajo de mi generación pero muy, muy y requeté muy intensa. Todas las etapas eran algo duras, difíciles y nuevas, pero la muerte será solamente para mí, una nueva etapa. ¿Incierta? ¡Eso si¡ así como fue también incierta toda mi vida. Decía Quino ¡la vida debería ser al revés! Y lo explicaba del siguiente modo: "Se debería empezar muriendo y así ese trauma quedaría superado. Luego te despiertas en un Hogar de ancianos mejorando día a día. Después te echan de la Residencia porque estás bien y lo primero que haces es cobrar tu pensión. Luego, en tu primer día de trabajo te dan un reloj de oro. Trabajas 40 años hasta que seas bastante joven como para disfrutar del retiro de la vida laboral. Entonces vas de fiesta en fiesta, bebes, practicas el sexo, no tienes problemas graves y te preparas para empezar a estudiar. Luego empiezas el cole, jugando con tus amigos, sin ningún tipo de obligación, hasta que seas bebé. Y los últimos 9 meses te pasas flotando tranquilo, con calefacción central, roomservice, etc. etc. Y al final… ¡Abandonas este mundo en un orgasmo!" A pesar de ser imposible empezar muriendo, porque allí acaba todo, me gusta la gente que deja huellas, pone una sonrisa, lanza una mano cuando lo necesitas y no deja cicatrices.

-     Aún no he encontrado respuesta a cientos de preguntas.- me dice Kate.-¿Cómo voy a poder cambiar a estas alturas de mi vida? ¿Para qué seguir viviendo si, pase lo que pase, voy a seguir teniendo que actuar como siempre? ¿Toda persona sensible es insegura? ¿Hay personas a las que todo les afecta y a otras todo les resbala? ¿Estoy gorda y fea? ¿Qué pasó para que esto sucediera?

- ¿Dirías que una persona de 167 cm con 54 kilos está gorda?, ¿entonces qué te ocurre? ¿Acaso te pesas en básculas manipuladas?.- le respondo.- Me parece que tienes los nervios de punta y el miedo no te deja ver bien la realidad. No intentes racionalizarlo todo, deja que fluya y pasará.

- La culpa es tuya por no haberle metido dos tiros a ese delincuente que perseguías.- me reprocha por fin.- no estaríamos metidos aquí sino hubieras sido un inútil policía.

- Es fácil echar la culpa a los demás.- le digo, pero ya estoy acostumbrado a tener la culpa de todo.-

- ¿Quién ha tenido la culpa?, ¿quién ha sido?, ¿quién ha hecho los disparos?.- insiste.-

- Cuando era niño y me echaban la culpa de las cosas aún sin tenerla, me sentía muy vulnerable. No tenía el cariño, apoyo o reconocimiento ni de mis padres, ni de los sacerdotes. Si no hubiera sido por mi gran autoestima, a estas horas sería un pingajo humano. Además de sentirme culpable de lo que había pasado, sin que hubiera mediado un mínimo de reflexión por su parte, me sentía responsable de lo que mi acción había producido en los demás. Jamás quise proceder del mismo modo con los otros y quizás por eso yo era blanco fácil de echar la culpa, aún cuando el malo no había sido yo. Pero con eso de la educación, del respeto, de la no discusión, de ser cristiano, etc., etc., etc., me callaba. ¡Vaya mierda de educación¡ te preparará para la vida del Más Allá, no lo sé, pero para la vida del Más Acá, te hace débil, vulnerable y un amargado. Si no hubiera sido por ello, a estas alturas sería el mayor coleccionista de orejas del mundo y quizás hasta feliz, respetado y fuerte. Muchas veces me resigno y ofrezco, pero también me pregunto si ¿se puede ser feliz sin suerte, sin las personas adecuadas y con estas educaciones? .- le respondo.-

- ¿Ofrecer dices, Kent? ¿Qué es ofrecer?.- me pregunta Kate.- ¿Dar o dejar voluntariamente alguna cosa a alguien para que la use o la tome si lo desea? ¿Proponer a alguien para ocupar un puesto determinado o participar en una actividad concreta? Acaso es ¿Prometer dar? o ¿entregar algo, generalmente a cambio de otra cosa?

- Siempre es poner delante de alguien una cosa, o poner delante a alguien acercándole algo.- le respondo más generalista.

- Para mi ofrecer es algo que parte del alma.- me sigue.- es mostrar o presentar algo o a alguien un aspecto determinado o unas ciertas características.

- Ofrecer es obsequiar, es poner algo a disposición de una persona, ofrecer trabajo, caramelos, casa, comida o dinero; pero también amor, cariño, protección y educación.

- Lo que más solemos ofrecer a los demás es comida. Tú como veterinario y biólogo sabes muchos de los riesgos que conllevan los alimentos. Como profesor de manipuladores de alimentos y certificador de APPCC enseñas a prevenir esos riesgos. ¿Qué riesgos relacionados con los alimentos te preocupan más?

- Cuando ofrecemos comida, inconscientemente ofrecemos enfermedades y muerte, aunque nuestra intención sea la de dar nutrición y esperanza.- respondo.- He dado comida. He recogido comida para otros y he cocinado para más. Es cierto que formo a la gente para cultivar la conciencia y recordarles que "por la caridad entró la peste" para que no "den peste por caridad". Esto me ha costado más disgustos que alegrías y hasta que mi hija me retirase la palabra por obsequiar a una amiga suya y a mí, con un bollo de nata que había comprado con toda la ilusión en la pastelería Belem de Lisboa, pero los bollos llevaban cuatro días en la maleta, sin nevera y con nata. Ese regalo hecho con cariño, podría haber portado la muerte de alguien y el posterior trauma de la niña con el peso de la responsabilidad de por vida. Pues lejos de entenderlo, mi advertencia fue tomada como gesto de desprecio y de que no la quería. Y sí, la perdí para siempre a ella, pero puede que le salvase de otras cosas.- digo con lágrimas en los ojos ante otra constante de mi vida que es la incomprensión de mis críticas y el no conseguir que haya alguien que me entienda y menos que me quiera.- tú Kate, como médico estarías de acuerdo conmigo, pues conoces los riesgos aunque no sepas de materias primas, ni de métodos de elaboraciones industriales.

- Lamento mucho oírte decir que aunque has encontrado el amor verdadero, éste haya sido un amor imposible.- me dice Kate.- Tengo muchas dudas en este campo.- continua.- cuando amas a tu pareja ¿En que lo nota? Y si la pareja nos ama ¿En que lo notamos?

- Cuando amas a alguien se convierte en la prioridad número uno y no en la última.- comienzo a enumerar según lo entiendo yo.- notas que deseas a tu pareja y ella a ti. Que hay caricias y besos, pero también comprensión y equilibrio, de tal modo que lo que le falta a uno, lo pone el otro. Sientes que todo se conjuga en primera persona del plural y no en primera y segunda del singular. Sientes que no te esfuerzas por cuidarla. Que no te molestan sus sudores o temblores. Que sus caricias y abrazos concluyen con un "estoy por fin en casa" tras un suspiro de abandono. Amor no es el "descanso del guerrero" pues ahí solo uno recibe, ni es el "abastecimiento del no guerrero" pues es entonces cuando recibe el otro. Amor es igual a "nosotros".

Encuentro un escrito de alguien que estuvo en esta habitación antes que nosotros. De nuevo desconozco por qué aparecen las cosas aquí y menos quién las pone cuando las necesitamos. Lo que pone el escrito es Ubuntu. Me suena y no sé de qué. Me quedo pensativo unos instantes y me viene a la memoria que es algo importante. ¡Sí, ya recuerdo¡ Es una palabra que significa "mucho", Ubuntu es una regla ética o filosofía sudafricana enfocada a la lealtad con las personas y a su manera de relacionarse. Recuerdo el artículo que publicó el ABC Redacción I Ibiza, ante la presentación de la película "Mandela" en los cines. Dice así: "Ubuntu es una regla ética o filosofía sudafricana enfocada a la lealtad con las personas y a su manera de relacionarse. La palabra proviene de las lenguas Zulú y Xhosa. Surge del dicho popular «Umuntu, nigumuntu, nagumuntu» que en Zulú significa « una persona es una persona a causa de los demás». Ubuntu es visto como un concepto africano tradicional. Al ser una palabra que abarca muchos aspectos, creo que una buena manera de explicar su significado es mediante un cuento, que ya otros contaron antes: Un antropólogo que estudiaba los usos y costumbres de una tribu en África del Sur propuso un juego a los niños del lugar. Consiguió una buena porción de frutas y dulces que trajo de la ciudad, y los colocó en una cesta bajo un árbol. Llamó a los niños y les dijo que aquél que llegara corriendo primero al árbol ganaría el cesto con frutas y dulces. Cuando el antropólogo dio la señal para que corrieran, inmediatamente los niños se tomaron de las manos y corrieron juntos hacia la cesta. Entonces todos se sentaron y repartieron los dulces y disfrutaron de las frutas. Cuando él les pregunto por qué fueron todos juntos, si uno solo podía haber ganado toda la cesta, ellos respondieron: ¡ubuntu! ¡ubuntu! ¿Cómo uno de nosotros podría estar feliz si todos los demás están tristes? Desmond Tutu, clérigo y pacifista sudafricano, conocido por su lucha contra el Apartheid y laureado con el Premio Nobel de la Paz en 1984, le dio un definición más extensa al decir, que «una persona con «ubuntu» es abierta y está disponible para los demás, respalda a los demás, no se siente amenazado cuando otros son capaces y son buenos en algo, porque está seguro de sí mismo ya que sabe que pertenece a una gran totalidad, y que se decrece cuando otras personas son humilladas o menospreciadas, cuando otros son torturados u oprimidos.» Nelson Mandela, líder emblemático de la lucha contra el sistema político del Apartheid, en una entrevista realizada por Tim Modise, cuando le pregunta qué es el ubuntu, Mandela contesta que en los viejos tiempos cuando la gente recorría el país, al parar en los pueblos no hacía falta que preguntaran por comida o agua. Cuando los veían, la gente les daba comida y agua. Para Mandela esto es sólo uno de los aspectos del ubuntu, ya que éste contempla varios aspectos más. Por lo tanto, después de las palabras de estos personajes, vemos que es una forma de pensamiento alejada del individualismo, que aboga por el trabajo en equipo, el respeto y la honradez. Además de incluir la confianza, el compartir, la comunidad, el cuidado, en definitiva, una palabra con mucho significado, ese es el espíritu de ubuntu. Nelson Mandela, hace hincapié en que ubuntu no significa que la gente no deba mirar para sí mismos, sino que la cuestión es, si ellos van a hacer algo que permita que la comunidad mejore. Para él estas son las cosas importantes de la vida, y en sus propias palabras, «si nosotros como personas podemos actuar así, es algo muy valioso que debería ser apreciado». Resumiendo, el ubuntu es una gran enseñanza que Sudáfrica aporta al mundo, una filosofía aplicable a muchos aspectos de nuestra vida. Podemos empezar con pequeños cambios, de manera, que sin darnos cuenta, comience una auténtica revolución. Poco a poco, se irán uniendo toda clase de esfuerzos e ideas hacía una vida más saludable y equilibrada. Esto nos permitirá disfrutar de una mejor relación con uno mismo, con los demás y con el entorno. Disfrutar de una vida sencilla nos ayuda a reconocer nuestro potencial como seres humanos, hacia una cooperación efectiva y un bienestar común.

En Sudáfrica el ubuntu sirve de lazo de unión entre las dispares culturas del país, los ideales del ubuntu abogan por un deseo de integración y aceptación de los unos a los otros a pesar del violento pasado. Las enseñanzas del ubuntu, sin duda, son beneficiosas y aplicables también en otros lugares del mundo, tanto en la vida cotidiana como en la búsqueda de soluciones alternativas a los retos que presentan los tiempos actuales.

- ¿Te has fijado la cantidad de misterio y sufrimiento que produce el amor?.- me dice Kate.-
- ¿Por qué lo dices?
- Lo digo porque si Dios es amor, vamos a sufrir mucho ¿no te parece?
- ¡Ahhh, l'amour¡.- le respondo con un suspiro.- misterio, dolor, alegría, lágrimas, escritos, canciones, pinturas, mausoleos, esculturas y qué poco preparados estamos para amar.
- Defíneme el amor si te atreves.- me desafía.-
- Nos pasamos la vida hablando del amor, esperándolo y deseándolo, pero es muy complicado definirlo.
- ¿Merece la pena vivir sin amor?
- No lo sé.- le digo.- Sé que viví un amor de leyenda, que tuve tres amores imposibles, dos amores verdaderos y ciento diez pasajeros. ¡No lo sé. Kate¡. ¡No lo sé¡
- Una cosa es estar enamorada y otra el amor.- me puntualiza.
- ¡Ufff¡ si vas a ese nivel entonces me aparto.
- El amor debe ser algo que vaya con nosotros.- insiste.- ¿Has visto cuánta gente quiere dejar de vivir cuando pierden a la pareja?
- Cuando te enamoras sabes que vas a ser muy feliz unos días y luego muy desgraciado unos meses.- le continúo.- Si te pones así de filosófica, entonces puntualizo que una cosa es enamorarse, otra el deseo y otra el amor.

-   Lo normal es que coincidan enamoramiento y deseo, lo mismo que comer, respirar, dormir y demás necesidades fisiológicas.- me dice.- no entiendo el sexo sin amor aunque me llamen anticuada.

-   De todas maneras es necesario, pero no suficiente para vivir.- le respondo parafresando las leyes matemáticas.-

-   Tener necesidad de algo o de alguien que hace falta de manera obligatoria para un fin, se hace cuando falta algo imprescindible y entonces necesitas ayuda o te quedas desamparada.- me dice.

-   Todos necesitamos amor, salud, dinero, amigos, familia, cobijo y a Dios.- remato.- cuando te falta alguna de esas cosas necesitas ayuda. Te conviertes en necesitado aunque solo lo apliquemos al que le falta dinero. A medida que vas perdiendo esos parámetros, te conviertes en más, y más, y más necesitado. Y hablando de necesidades ¿Qué imagen te viene a la cabeza cuando piensas en tu gran amor?

-   Son tantos los recuerdos que literalmente se me encoje el corazón. Siento un gran dolor en el pecho y tengo la sensación de opresión que me impide respirar. Es cuando sé lo que significa el dicho que "el amor duele".- responde ella.- ¿cuál crees que será el mayor reto en tu relación de pareja?.- me pregunta.

-   Sin lugar a dudas el conseguir estar con el amor de mi vida algún día.- le respondo.

-   Debe ser duro el que el amor de tu vida coincida con el amor imposible de tu vida.- exclama Kate arqueando las cejas al mismo tiempo para enfatizar la frase.

-   Si tuviera que hacer un pronóstico, diría que pierdo por goleada, ya que ella es mi amor verdadero pero al tiempo es imposible, porque no me quiere en la misma me medida.- le explico.- lo nuestro no fue posible por su familia y sé de muchos casos similares. ¿Le caes bien a las amistades de tu pareja, Kate?

-   Hay de todo.- responde encogiéndose de hombros para restarle importancia.- hay quienes me aceptan y quienes me consideran muy poco para él. ¿Qué te molesta de la familia de tu pareja?

-   ¡Todo¡.-   respondo   tajante.-   son   egoístas, malintencionados, déspotas, metomentodo, manipuladores, y...- respondo mientras se me acaban los calificativos despectivos.

Trato de superar este examen pero me desanimo al entender la cantidad de interrogantes que me quedan sin respuesta. Personalmente creo que me faltarían dos vidas para comprender y asimilar el conocimiento actual. Sabemos que somos perecederos y queremos prevalecer infinitamente, pero la ciencia de dos mil quinientos años ha sido incapaz de dar explicaciones a la muerte, lo mismo que a la creación del mundo. Todo son "Yo creos..." y puras especulaciones. Que si meteoros, que si génesis, que si Big-bang, pero de cierto irrefutable nada de nada. Si Aristóteles hubiera conocido el ordenador o las memorias USB, diría que somos electricidad y nuestro cerebro una condensación de electrones. Después otro llegaría defendiendo la teoría de cuerdas y que somos haces de luz percibidos por los sentidos. Lo que está demostrado es que todas las ideologías y teorías, nacen, crecen, maduran y mueren, porque algo las hace obsoletas. Aparecen otros que defienden la moral y otros la ética, y yo pregunto ¿Qué más da una u otra, si en definitiva consiste en no hacer a otro lo que no quiero me hagan a mí, para que esta vida funcione estabilizada? Está demostrado que necesitamos que nos enseñen para convivir y progresar, esos conocimientos nos refuerzan y fortalecen en el "ser" pero con tanto conocimiento, no hacemos más que darnos cuenta que somos cada vez más incapaces e imperfectos, entonces elegimos dos caminos, unos prefieren echarle la culpa a alguien, bien un ser imaginario superior o a algo tangible de al lado. Los segundos eligen otra vía, la de apoyarse y esperar que un ser superior les ayude a la eternidad. Bien, eso es lo que me queda por intentar averiguar, si Dios (en el que personalmente creo) existe o si los humanos necesitamos de un "amigo imaginario" para andar. Intentaré dar respuesta a preguntas como ¿La religión es un marketing? ¿El hombre es producto del azar? ¿Qué hay tras la muerte? ¿Desaparición, eternidad o transformación? ¿Creó Dios solamente un planeta habitado? Está claro que en mis estudios he demostrado que gracias a estos pensamientos, las ciencias se desarrollaron, las matemáticas, física, química, biología, astronomía, medicina, literatura, música, etc., porque supongo que absolutamente ninguno de los artistas, científicos, pensadores y políticos, se hayan propuesto martirizarnos. Algunos tan solo sobrevivir, otros ayudar, otros competir, otros aprovecharse, sin conocer las consecuencias de sus actos. Espero que los dos mil quinientos años que vienen a continuación, se hayan aprendido muchos errores. Yo les aconsejaría que si alguien ve este mundo limitado, se meta en un cuarto cerrado de dos por dos metros, esté unos seis meses sin salir, cada semana vaya dejando entrar sucesivamente, vacas, ovejas, gallinas, plantas, libros, etc. hasta completar las 24 semanas; el último día abra las puertas y saque todo, regrese un par de días y verá lo grande que le parecen esos cuatro metros cuadrados, luego estará en disposición de escribir un tratado de física y teología de nivel. A los que no admiten las críticas, les diré que si son mandamases de algo, piensen que de esta manera pueden mejorar, si no lo piensan de este modo, les digo que las admitan porque de este modo presumirán de ser abanderados de la libertad al permitirlo. A los que critican, les diré que sepan diferenciar entre crítica que es sinónimo de construir juntos, de criticismo, que lo es de destrucción y anti solidaridad. Me voy de este mundo tangible recordando el parecido con este mundo transparente, con estas filosofías y tantas "ías…" y "uras…" a las que se puede aplicar el final de la obra "Archipiélago Gulag" de Solzhenistsyn cuando dice: *"Dios mío, ¿cómo no nos habíamos dado cuenta? Mientras nos arrastrábamos por el lodo en las cabezas de puente, mientras nos acurrucábamos en los cráteres que dejaban los proyectiles, mientras sacábamos los binoculares periscópicos entre las matas, ¡otra juventud había crecido y había echado a andar¡ ¿y no era otra dirección la que habían tomado? ¡Una dirección que nosotros siquiera hubiéramos osado tomar¡ porque a nosotros nos habían educado de otra manera. Volvería nuestra generación, entregaría las armas con tintineo de medallas y contaría orgullosa sus vivencias en el frente. Pero nuestros hermanos más jóvenes no tendrían por contestación más que un mohín de desprecio: ¡Pobres bobos¡"* A fin de cuentas todo consiste en poner las cosas en su sitio.

- Te vas a reír de mí, Kent, pero dentro de las cientos de miles de preguntas que me quedan sin resolver hay algunas graciosas.- me dice.-
- ¿Por ejemplo?
- Si te manchas la ropa con jabón líquido, ¿Quedará más o menos limpia cuando la laves después de seca?
- ¡Ja, ja, ja¡
- ¿Cómo se escribe el cero en números romanos?, si la pizza es redonda, ¿Por qué las cajas son cuadradas?.- pregunta Kate.
- Los romanos no concebían que el cero fuera un número y por eso no tenía representación, y las cajas cuadradas se apilan y transportan mejor que las redondas.- le contesto.-
- ¿Vemos colores diferentes las personas? O solo depende de la iluminación del entorno? Me explico. ¿Tu verde es mi azul? O aquella otra que siempre respondía cuando me decían

que perdía el tiempo... si disfruto perdiendo el tiempo, entonces ¿es tiempo perdido?

- ¡Vaya tela¡ y ¿luego me dicen que el raro soy yo?.- le respondo.- ¡Ok¡, colaboro aportándote algunas mías.- Por ejemplo ¿de qué color es un camaleón en una habitación rodeada de espejos por todas partes?

- ¡Ja, ja, ja¡ ¡Por fin me río en esta habitación¡.- me responde retirándose la melena de la cara para dejar más espacio a la expresividad?- ¿Tenían ombligo Adán y Eva?

- Ese es bueno ¿Qué te parece éste? ¿Por qué dicen que la vida es corta, si es la actividad más larga que pueden hacer?

- ¡Muy bueno Kate¡.- le digo animándole a que continuemos este combate intelectual pero divertido.- cuando decimos que se congela el tiempo, cuando se reanuda, ¿Cuánto tiempo estuvo detenido? ¿Si la muerte es inevitable, lo es también el nacer?

- Veo que subes de nivel.- me reprocha.- ¡Ok¡ atento a ésto. Si los átomos y partículas son predecibles y nuestro cerebro está formado por átomos y partículas, entonces ¿por qué se dice que tenemos libre albedrío?

- ¡Guauuu¡.- le digo.- para relajarlo contéstame si puedes... ¿Qué cuentan las ovejas cuando no pueden dormir?

- Estamos jugando con las palabras y los pensamientos, así es que tengamos cuidado porque una palabra mal colocada estropea el más bello pensamiento.- me advierte dándome el primer beso.- Hay un dicho que me preocupa.

- ¿Cuál?

- Dice así: Todo lo que recibe muchos elogios antes de que ocurra, no llegará después a la altura esperada.- me dice avergonzada y entristeciéndose.- ¿Te imaginas que nos ocurra eso con el cielo y con Dios?

- Tranquilízate porque eso no va a ocurrir y además el fracaso llega cuando dejamos de esforzarnos.- le digo manteniendo el nivel de frases e intentando animarla al tiempo. ¿Por qué tienes miedo al cambio cuando te has pasado la vida cambiando? Deberías estar acostumbrada, de modo que tranquila. Tú eres lista y un listo se recupera de los éxitos, un tonto nunca.

- Si tener éxito no es difícil, lo complicado y difícil es merecerlo.- me contesta.- Kent.- me dice levantándose y abrazándome. ¡ámame cuando menos lo merezca, pues es cuando más lo necesito¡.- me da un beso en la boca de los que hacen historia.-

- No te preocupes porque si esto tiene solución la encontraremos y si no la tiene ¿Para qué preocuparse?

- Bueno, las dudas son frecuentes en mi.- me replica.-

- La duda es el principio de la sabiduría.- le contesto dando por zanjado el diálogo de frases.-

- ¿Puedo elegir no hacer nada? O ¿elegir no hacer nada, ya es algo?.- me replica tomando la última palabra.-

- Para entenderte es necesario tener una idea clara del sentido de las cosas. Conocer el sentido de los actos o sentimientos de una persona facialita el entendimiento y por lo tanto la comunicación entre ambas.- le respondo.- después de entender, formas el juicio crítico, la valoración que sea que haya elaborado. Con ello, además de tener conocimientos sobre un asunto, tu personalidad, tu temperamento y el modo de complementarse llegan con facilidad. ¿Cómo se entiende? Muy simple ¡Dando a entender¡ Entender el mundo es difícil. Concebir la religión es casi imposible. Comprender a los humanos es tarea ardua. De modo que todo se reduce a entenderse con la pareja. Si tu pareja te es infiel, ¿quieres que te lo confiese?.- pregunto.

- La sinceridad es la base de la estabilidad en la pareja.- me responde.- pero entiendo que esa curiosidad conlleva dolor, de modo que personalmente prefiero no saberlo.- responde Kate aplicando el cerebro y no la curiosidad cardiaca. ¿Le has confesado alguna vez tus infidelidades?- me pregunta dando por sentado que lo he hecho.

- ¿Significa eso que das por sentado que ha habido alguna infidelidad? Pues quiero aclarar que solamente he sido infiel cuando me lo han sido primero a mi.- respondo en un vano intento de exculpación.- y solamente lo he dicho cuando me lo han dicho a mí, sino no. ¿Podrías imaginarte continuando la relación si tu pareja fuera en silla de ruedas o tuviera la cara desfigurada?.- agudizo la pregunta aportando profundidad a la fidelidad.- Me adelanto en la respuesta a tu posible devolución de pregunta, diciendo que yo si lo sería, mientras que a mí me abandonaron pidiéndome el divorcio y yéndose con otros cuando estuve un año en silla de ruedas.

- Por mi forma de ser y por mis creencias te aseguro que hasta que no se recuperara no pensaría en otra persona.- zanja Kate rotunda.- ¿Qué diferencia hay entre tu pareja actual y la anterior?

- Como del día a la noche, como el bien y el mal.- respondo.- están a las antípodas la una de la otra, tanto en forma de ser, como en comportamiento conmigo. La primera me usó y me ha destrozado la vida, mientras que la segunda va pegando los trozos que encuentra de mí.

- ¿Qué sientes cuando ella habla de su pareja anterior?

- ¡Ufff¡ ¡Vaya tela con la preguntita¡ - respondo.- por serte sincero, hubiera preferido que nunca me hubiera contado nada de su vida con él, ni cómo hacían el amor, ni cómo discutían, ni siquiera de cómo se separaron, pues las imágenes que el cerebro crea me han traído muchos bloqueos y rechazos con ella.

- Comprendo lo que dices.- me consuela Kate.

Si alguien me dice que ahora no hago nada de importancia, ya no me preocupo en absoluto. Lo más importante para los demás ya lo hice y ahora me toca hacer lo más importante de mi vida para mí mismo, pues el proceso de la vida a la muerte no lo puedo compartir con nadie y debo prepararme para ello. Mi historia, buena o mala, ya sucedió, y sinceramente al que no le guste que no mire. Los impulsos que me movieron de joven despertaban emociones que dirigían mi actividad diaria. Me he pasado parte de esta actividad diaria tratando de entender la conducta de todo bicho viviente en la tierra y he encontrado parámetros comunes de comportamiento en la fauna y flora. Ahora bien, cuando del ser humano se ha tratado, entonces los impulsos que nos mueven están entre los fenómenos psicológicos más complejos y poderosos. ¿Por qué? Pues porque lo mismo le hacen autodestruirse, que adaptarse, o arrasar su entorno, o construirlo. El hombre es capaz de concebir grandes planes y de adaptar el mundo a ellos. Tanto es así, que llegamos al extremo de encontrar preciosas las palabras de los poetas al tiempo que arrasamos bosques en el Congo. Por ejemplo, si analizo lo que dice Mario Benedetti: "No te rindas, por favor no cedas aunque el frío queme, aunque el miedo muerda, aunque el sol se ponga y se calle el viento. Aún hay fuego en tu alma, aún hay vida en tus sueños, porque cada día es un comienzo nuevo, porque ésta es la hora y el mejor momento". Veo que hay dos clases de emociones implicadas, a saber: Las desagradables o amenazadoras, que producen estado de alarma y medidas a breve plazo, para preparar el individuo a "luchar o huir", y las emociones agradables, que estimulan las condiciones óptimas conducentes al bienestar. Mario incita con sus palabras a no rendirse como motivación. Desconozco si es consciente o no de que en el mundo que nos hemos forjado, lo hemos hecho tan complejo y dificultoso que no exige ni permite este tipo de "luchar o huir", de respuesta emocional primitiva. Estamos tan encerrados y con tantas ataduras, responsabilidades, lastres y anclajes a este sistema que nos impide salir de ahí y eso hace que cuando estas tensiones emocionales no se "explotan", su carácter de breve plazo toma un aspecto de largo plazo, dando lugar a situaciones crónicas de miedo, agresión, odio o celos que constituye la base de una buena parte de sufrimiento humano. Así, por ejemplo, muchos de los males ulteriores de la vida se derivan de la ausencia de bienestar, cariño o seguridad en la niñez temprana. Los momentos agradables crean impulsos de enfoque de la vida o de espontaneidad constructiva que transforman el placer en sinónimo de utilidad. En este momento vienen a mi memoria las relaciones de mi vida y después de ciento nueve mujeres que soportaron mis noventa kilos puedo decirles a todas "Gracias por enseñarme de nuevo que nunca se conoce bien a alguien". Les justifico porque en este mundo que hemos creado, los impulsos emocionales se convierten en motivadores conductuales y moldeadores de la personalidad, en donde todo gira en torno a dos extremos de ida y vuelta ¿cuáles? Los podemos denominar el "tormento" y la "delicia". Por ello siempre digo que en la amistad, en la vida y en el amor se es más feliz con la ignorancia que con el saber. Por ejemplo, a mi me hicieron un desgraciado enseñándome los riesgos de las enfermedades y el interés compuesto bancario a los seis años. ¿Que me hicieron más cuidadoso, sano y rico? Pues seguramente, pero también más infeliz, porque cualquier emoción afecta tanto al cerebro, como a los sistemas glandular y nervioso autónomo, de ahí, las modificaciones que sufrí con los procesos generales del aprender, de la maduración, de conducta, de relación y de la adaptación. Tanto fue así que la frase más habitual que se me oía decir en aquel entonces era "Si te gusto dímelo, si me extrañas actúa y si me quieres demuéstralo".

- ¿Acaso obsesionándonos con ellos resolvemos mejor los problemas, dándoles vueltas y más vueltas? ¿Acaso el llorar, el dolor o el sufrir nos alimentan?.- me dice Kate.- Entonces, ¿para qué destruir un presente?

- ¿Y tú me lo preguntas siendo médico? Porque es necesario analizar, prever, estar preparados para las contingencias.- le respondo.- ¿Para qué entonces las vacunas, las medidas profilácticas?

- Lo digo porque a veces nos pasamos y rayamos la patología.

- ¿Hay algo más inevitable que la muerte?.- le suelto a bocajarro.- Nadie está preparado para ella.

- Creo que te confundes Kent, porque hay que tener previsto, el seguro médico si se puede pagar, el testamento si se tienen bienes y herederos, y hasta el entierro si no quieres pagar una cantidad de dinero que posiblemente necesiten los herederos para después.

- En eso tienes razón, hasta para morirse hay que tener dinero.- le respondo con lamentación.- pero si vivimos de ese modo, entonces deberíamos hacer una lista de cosas imposibles de evitar para dedicarles el menor tiempo posible ¿no?

- Fíjate en la cantidad de cosas que hacemos para complicarnos la existencia inútilmente, para dejar de ser felices. Nos llamamos inteligentes, civilizados y avanzados, pero la realidad es que el dinero manda, la burocracia y el ordenancismo dirigen nuestras vidas. ¡Ahhh, la felicidad¡ ¡Quién la tuviera¡.- se lamenta.

- ¿Conseguir ese estado de ánimo de la persona en que se encuentra plenamente satisfecha al tener lo que desea o disfrutar de una cosa buena? Solo se consigue en momentos puntuales. ¡Hay que aprovechar los momentos de felicidad¡.- le respondo.- y de igual manera ocurre con la suerte. La dicha, el bienestar solo son estados anímicos de alguien que siente satisfacción plena bajo alguna puntual circunstancia que le ha tocado vivir y que le provoca este estado de ánimo. Cuando nos deprimimos echamos mano del pasado y hasta convertimos en utópicas situaciones que en la realidad no lo fueron tanto. Del mismo modo tratamos a las personas que amamos en el pasado ¿Con cuál de sus ex parejas te imaginas teniendo de nuevo una relación y con cuál te acostarías otra vez?

- Supongo que los hombres tratáis este asunto con más ligereza y posiblemente elegiríais a una "ex" para volver con ella y otra "ex" para acostaros.- me ataca Kate, ante la impertinencia de mi pregunta.- en el caso de las mujeres, difícilmente volvemos con alguien que hemos dejado atrás.- zanja.- lo siento por ti, porque con ello te aclaro que si esperas que alguien de tu pasado vuelva contigo, dalo por perdido. Todos somos románticos de alguna forma, en tu caso ¿A qué lo atribuyes?

- Podría contestarte que es debido a mis genes, a lo que he vivido en mi casa y cosas similares, pero mentiría.- respondo.- supongo que me gusta escribir y hago poesías, canciones y cartas que suelen gustar a las chicas. Si le añado unas gotas de perfume para el olfato, unos dulces para el paladar y flores para la vista todos los sentidos de la pretendida darán sentido al mío, aunque pierda el común de ellos por enamorarla.

- ¡Ja, ja, ja¡ no lo puedes evitar. Eres un don Juan.- me reprocha.- ¿Has probado alguna vez un servicio de emparejamiento o de webs de ese tipo?.

- Yo nunca lo he necesitado.- respondo a caballo entre orgulloso y dolido por cuestionarme en ese campo.- pero sé de gente que se ha metido en webs de esas y unas veces han salido escaldados porque les han estafado y otras porque no se podían quitar de la Web, siendo acosadas por trashumantes mentales.

- En cambio, yo conozco amigas que han encontrado pareja en algunos chats.- me replica Kate.

- Es como todo.- le comento.- también hay quienes les gustan las posturas coitales y quienes las odian, del mismo modo que las penetraciones diferentes, tríos y sexo oral. Supongo que hay para todos los gustos.- ¿Con cuál de tus amistades (de cualquiera de los dos géneros) podrías imaginarte en la cama?

- No voy a responder a eso.- me reprocha.

- Ok, entonces dime ¿Qué aspecto del coito consideras sobrevalorado?.- insisto.

- Tampoco voy a comentarte nada al respecto.- responde Kate sonrojada y ofendida por mis impertinencias.

- Discúlpame, no quería alterarte en absoluto y más si viniendo de donde vienes te han practicado la ablación.- le digo mientras ella se levanta de la silla y se aleja a su rincón de la habitación.

¡Vaya¡ el tipo de blanco que esperamos no ha venido. Estamos cansados. Ella se retira a sus soledades mientras la observo alejarse. Me acuesto y leo Eclesiastés (Qohelet-Kohelet) cuando dice: *"¿Quién como el sabio? ¿Y quién como el que sabe la declaración de las cosas? La sabiduría del hombre hará relucir su rostro, y mudárase la tosquedad de su semblante. Yo te aviso que guardes el mandamiento del rey y la palabra del juramento de Dios. No te apresures a irte de delante de él, ni en cosa mala persistas; porque él hará todo lo que quisiere: Pues la palabra del rey es con potestad, ¿y quién le dirá, Qué haces? El que guarda el mandamiento no experimentará mal; y el tiempo y el juicio conoce el corazón del sabio. Porque para todo lo que quisieres hay tiempo y juicio; más el trabajo del hombre es grande sobre él; Porque no sabe lo que ha de ser; y el cuándo haya de ser, ¿quién se lo enseñará? No hay hombre que tenga potestad sobre el espíritu para retener el espíritu, ni potestad sobre el día de la muerte: y no valen armas en tal guerra; ni la impiedad librará al que la posee. Todo esto he visto, y puesto he mi corazón en todo lo que debajo del sol se hace: hay tiempo en que el hombre se enseñorea del hombre para mal suyo. Esto vi también: que los impíos sepultados vinieron aún en memoria; más los que partieron del lugar santo, fueron luego puestos en olvido en la ciudad donde con rectitud habían obrado. Esto también es vanidad. Porque no se ejecuta luego sentencia sobre la mala obra, el corazón de los hijos de los hombres está en ellos lleno para hacer mal. Bien que el pecador haga mal cien veces, y le sea dilatado el castigo, con todo yo también sé que los que a Dios temen tendrán bien, los que temieren ante su presencia; Y que el impío no tendrá bien, ni le serán prolongados los días, que son como sombra; por cuanto no temió delante de la presencia de Dios. Hay vanidad que se hace sobre la tierra: que hay justos a quienes sucede como si hicieran obras de impíos; y hay impíos a quienes acaece como si hicieran obras de justos. Digo que esto también es vanidad. Por tanto alabé yo la alegría; que no tiene el hombre bien debajo del sol, sino que coma y beba, y se alegre; y que esto se le quede de su trabajo los días de su vida que Dios le dio debajo del sol. Yo pues di mi corazón a conocer sabiduría, y a ver la faena que se hace sobre la tierra; (porque hay quien ni de noche ni de día ve sueño en sus ojos ;) Y he visto todas las obras de Dios, que el hombre no puede alcanzar la obra que debajo del sol se hace; por mucho que trabaje el hombre buscándola, no la hallará: aunque diga el sabio que la sabe, no por eso podrá alcanzarla".*

Me duermo con lo que decía Unamuno: *"Corre entre las gentes de nuestro pueblo una respuesta admirable a la ordinaria pregunta de «¿qué tal?» o «¿cómo va?», y es aquella que responde: «¡se vive!»... Y de hecho es así; se vive, vivimos tanto como los demás. ¿Y qué más puede pedirse? ¿Y quién no recuerda lo de la copla? «Cada vez que considero / que me tengo que morir, / tiendo la capa en el suelo / y no me harto de dormir.» Pero no dormir, no, sino soñar; soñar la vida, ya que la vida es sueño".*

CAPÍTULO 5

"¿Cuánto tiempo te quedarás conmigo? Preparo café o preparo mi vida? Eras mi vida y ya no estás, te siento y siempre te voy a recordar. Un día me verás y dirás ¡Guaouuu¡ lo que me perdí y yo te veré y diré ¡Ufff, de lo que me he librado¡. Te amé, cuando las razones para odiarte eran muchas. Te quise cuando nadie lo hacía. Ahora me engañas cuando he perdido tanto tiempo contigo. Te daría mi corazón, pero prefiero guardarlo para alguien mejor que Tú. Mi ex me decía: "Hola, te vas a enamorar de mí y te voy a destrozar el corazón", pero yo solo entendía "Te quiero". (**Maese Mercader**).

Me despierto en la misma habitación sin que el tipo de blanco se haya presentado. ¡Bueno¡ aprovecharé para seguir leyendo el libro de la mesilla y para repasar los temas que he vivido y así preparar la entrevista para cuando llegue. Me levanto y leo Eclesiastés (Qohelet-Kohelet) cuando dice: *"Echa tu pan sobre las aguas; que después de muchos días lo hallarás. Reparte a siete, y aún a ocho: porque no sabes el mal que vendrá sobre la tierra. Si las nubes fueren llenas de agua, sobre la tierra la derramarán: y si el árbol cayere al mediodía, o al norte, al lugar que el árbol cayere, allí quedará. El que al viento mira, no sembrará; y el que mira a las nubes, no segará. Como tú no sabes cuál es el camino del viento, o como se crían los huesos en el vientre de la mujer preñada, así ignoras la obra de Dios, el cual hace todas las cosas. Por la mañana siembra tu simiente, y a la tarde no dejes reposar tu mano: porque tú no sabes cuál es lo mejor, si esto o lo otro, o si ambas a dos cosas son buenas.*

Suave ciertamente es la luz, y agradable a los ojos ver el sol: Más si el hombre viviere muchos años, y en todos ellos hubiere gozado alegría; si después trajere a la memoria los días de las tinieblas, que serán muchos, todo lo que le habrá pasado, dirá haber sido vanidad. Alégrate, mancebo, en tu mocedad, y tome placer tu corazón en los días de tu juventud; y anda en los caminos de tu corazón, y en la vista de tus ojos: más sabe, que sobre todas estas cosas te traerá Dios a juicio. Quita pues el enojo de tu corazón, y aparta el mal de tu carne: porque la mocedad y la juventud son vanidad".

Me he enriquecido de experiencias creyendo que a mi edad esa capacidad estaba agotada. Para la mayoría de la gente, el simple hecho de asistir a un baile de gala es un sueño que no se realiza nunca. Para otros, es una fantasía cumplida y para los terceros una costumbre o un trabajo. Pero reconozco que en esta vida, las sensaciones son diferentes, en ella se juntan el pasado, el presente y el futuro; con cada baile, cada acontecimiento se cumplen un nuevo sueño o una fantasía se hace realidad. Siempre te acuestas en la esperanza de que lo mejor esté aún por llegar y al día siguiente se realiza o debes seguir esperando otro día más. Me planteo como uno más de los cientos de observadores de Londres y del mundo ¿Cómo se formó esta ciudad, este país, este mundo, este universo? ¿Por qué se fundaron y quién lo hizo? Personalmente creo que Dios tuvo esa responsabilidad voluntaria, pero como científico y observador he estudiado muchas teorías y aseguro que las hay a decenas. Algunas peregrinas, otras mitológicas y las terceras interesadas. Todas ellas suponen una sintonía, al tiempo que una dicotomía de teorías que yo siempre comparo con lo ocurrido con las leyes de la física. Hace 200 años Euler presentó una serie de ecuaciones para explicar la formación de la materia y por tanto de cualquier cosa. En 1968 cuando el físico Gabrielle Veneziano descubre en esas ecuaciones formuladas por Euler una interacción nuclear fuerte; se inicia un movimiento, que llevaría al físico Leonard Susskind a crear la idea de los hilos vibrantes como interpretación de otra fórmula y se saca de la manga la Teoría de Cuerdas para responder a la pregunta ¿De qué está hecho el mundo? Y naturalmente yo la concreto en ¿De qué está hecho el universo para que todos lo queramos? Estas serie de teorías estarían fenomenal si cuando las estudiamos, vemos que todo lo aprendido hasta ahora, que todo lo que nos decían en el colegio, de que el átomo estaba formado por bolitas que eran los electrones y protones, se tira por tierra diciendo que los componentes básicos de la materia (átomos y partículas subatómicas) no son puntos ni esferas, sino hilos vibrantes de energía denominados "cuerdas" y que aquel electrón es en realidad un lazo. Profundizan defendiendo que además hay oscilación y según ésta sea, veremos al electrón. Pero si oscila de otra manera, entonces vemos un fotón, o un quark. En esto de las teorías siempre sigo este ejemplo, porque termina afirmando la existencia de una partícula hipotética conocida como taquión, que viajaría a velocidades superiores a la de la luz, contradiciendo la teoría de la relatividad de Einstein. Me quedo reflexionando ¿Qué teoría es cierta? Si tantos premios Nobel no se ponen de acuerdo en algo tan simple ¿por qué discutir sobre la formación y fundación del universo si cualquiera podemos aportar algo? En este viaje he reflexionado sobre los avances que la humanidad hace apoyándose en el siglo anterior y acelerando cuando hay guerras. Ahora me pregunto ¿Qué nos queda por descubrir? ¿Qué secretos encierran aún la materia y la antimateria? ¿La vida y la muerte? ¿Nuestro mundo y el universo? Desde Nostradamus a mí mismo, pasando por Julio Verne, todos especulamos con lo ulterior y hasta fantaseamos con que lo venidero será mejor. Personalmente creo que todo será un bucle en donde los avances vendrán por los del siglo anterior y se progresará acelerando con las guerras venideras. Pero conviene ser cautos ¿Quién disfrutará de la vacuna contra el cáncer? ¿Quién conducirá vehículos de hidrógeno o de CO2 como solución a la contaminación para poder mantenerla en esos niveles que permitan la vida? Quizá nuestros nietos aún no sean ellos los que hagan viajes interestelares, ni correteen con robots humanoides en un panorama de energías limpias e inagotables. Nunca se sabe lo que la ciencia propondrá. Lo más probable sea que tengan que resolver el problema de la superpoblación, de la sequía y falta de agua potable o de alimentos para todos. Probablemente las luchas científicas se vuelquen en estabilizar la tierra y el medio ambiente. Posiblemente tengan que afrontar un mundo futuro radicalmente diferente al que vivimos desde el positivismo o del empeoramiento. Posiblemente resuelvan el teletransporte y las enfermedades actuales, pero tengan otras nuevas por resolver. Quizás la entomología resuelva esos problemas o se convierta en Ministerio porque los insectos nos invadan. Existen líneas de investigación que, por su desarrollo y por su necesidad social, económica o medioambiental, posiblemente sí que lleguemos a verlas, aunque otras son más bien producto de literatos. Recuerdo en este momento la idea de Verne de subir y bajar a la luna en ascensor. La idea científica fue propuesta por primera vez en 1895 por el científico ruso Konstantin Tsiolkovski. Propuso construir una torre. El contrapeso se situaba a 35.790 kilómetros de altura, un 10% de la distancia a la Luna. Esto permitía la órbita completa de un día. El ascensor se anclaría en el ecuador y así la fuerza centrifuga ayudaba a mantener esa estructura. Personalmente creo lo contrario. Otra cuestión que posiblemente ve sea los cambios genéticos del genoma. Lo sé porque fui uno de los primeros exploradores del transplante de embriones y fecundación invitro inter especies animales. "Todo cambia sin cesar", decía el filósofo Heráclito de Éfeso en el siglo V antes de Cristo. No era consciente de la dimensión exacta de su expresión, que debe ser lo único que no ha cambiado, pues en el Instituto Salk de California publicaron el primer mapa detallado del epigenoma humano de dos células procedentes de gemelos. Debía ser por el 2009, cuando demostraron que el entorno, la alimentación y el estrés entre otros factores externos procuraban modificaciones y adaptaciones de esos genes. Entonces me pregunto ¿Cómo seremos en el futuro? ¿Tendremos branquias y alas? ¿Respiraremos dióxido de carbono como las bacterias? ¿Iremos al cielo o al infierno en esas condiciones? Sonrío pensando que los malhechores estarán frotándose las manos con estos avances y con la posibilidad de ser invisible. Esto que hasta ahora ha pertenecido a las novelas, y a esta dimensión a la que pertenece la habitación que comparto con Kate, está cada día más cerca. Con las modificaciones de la luz seremos invisibles, pero ser invisible tridimensionalmente sin camuflaje está a la vuelta de la esquina. El primer paso lo dio David Smith, de la Universidad Duke, en EE. UU., en 2006 con un dispositivo que bloquea las microondas del espectro electromagnético. Para ello usaba metamateriales, es decir, unos sintéticos con estructura diferente a lo conocido pero que producen nuevas maneras de enfocar y proyectar esa luz a la que antes me refería. Michio Kaku en su libro "La física de lo imposible" dice: *"Se crean insertando en una sustancia minúsculos implantes que obligan a las ondas a curvarse en formas heterodoxas"*. Gunnar Dolling del Instituto de Tecnología de Rarisruhe, en Alemania, ha creado un metamaterial de vidrio que hace invisibles los objetos desde varios ángulos. ¿De qué está hecho el universo? ¿Qué es en realidad la materia? ¿Cuál es el origen de la masa? ¿Qué es la antimateria?, ¿Se puede controlar? ¿Cuánta energía tiene? ¿Por qué las cosas tienen pesos diferentes? ¿De qué está hecho un agujero negro? ¿Cómo era el cosmos en el instante de su creación? ¿Por qué el universo es negro y la tierra tiene luz si el sol ilumina el entorno? En 1998 los científicos determinaron que el universo y lo más sorprendente la capacidad de crecimiento de este universo, se debe y está compuesto por materia oscura en un tercio. Pero que su energía forma las tres cuartas partes de la energía del universo. La ley de Pareto del 80:20 se vuelve a cumplir con esa materia oscura universal. El hombre ni controla la materia que sus sentidos reconocen y menos esa materia oscura. ¡Ufff¡ ¡lo que nos queda por descubrir¡ ¿y muchos siguen sin creer en Dios?. Con todo este desgaste deberemos completar la pastilla de la inteligencia, que ya está muy avanzada. Hasta ahora se compone, según la revista Cell, de P7C3 que potencia la formación de neuronas en el hipocampo. Dicho de otra manera, mejora la memoria y el aprendizaje. También tiene C3A para formar nuevas neuronas, RBE1 que se encarga de la longevidad y de aumentar el rendimiento cognitivo, además de reducir los niveles de agresividad. Otro componente son ácidos grasos omega-3 que mejoran memoria, razonamiento y evitan que el cerebro encoja con el tiempo. Esto que acabo de pensar parece ser muy criticado pero siempre he defendido que el cerebro es un músculo que hay que ejercitar, dejarle descansar y alimentar para que pueda crecer y competir. Ahora resulta que eso que tantas discusiones y críticas me han producido, los científicos de la Universidad de Oregón, lo han demostrado. Pero no solo con cerebro desarrollado podremos construir un futuro, necesitamos ladrillos para construir y eso lo han empezado a hacer en el Instituto Tecnológico de Massachusetts (MIT) creando un banco de biología para que cualquiera lo use (partsregistry.org). La base de datos contiene más de 5.000 piezas biológicas desde células hasta material genético. Otra cosa serán los resultados que cada uno obtengamos al combinarlos y el uso que hagamos de ello. De todas maneras, necesitaremos ordenadores mejores de los actuales y afortunadamente también se están desarrollando los ordenadores cuánticos en las Universidades de California y de Yale donde están intentando unir lo subatómico y lo compatible. En otra universidad de Canadá D-Wave, consiguieron ya cálculos quánticos (270 milisegundos el cálculo, usando 84 qubits) ¿Qué es un qubit?. El profesor David Awschalom, de la Universidad de California lo explica: *"Las ordenadores clásicos están hechos con transistores que permanecen en estado de encendido o apagado, representados respectivamente por un 1 y un 0. Es lo que se llama código binario, que permite a la máquina leer instrucciones e información. En vez de eso, las computadoras cuánticas funcionarían con los denominados qubits, que podrían ser un 1, un 0, o ambos a la vez"*. Pongo mis ideas en orden. Coloco cada punto para completarlo o rellenarlo. Dispongo y preparo cada cosa con un fin determinado. Hago uso de la cualidad necesaria en cada momento. Adopto los gestos y expresiones, especialmente en la cara, para enunciar un estado de ánimo o una manera de ser que se adapte a mi interlocutor. Hago que funcione un aparato eléctrico apretando el botón que lo activa, lo mismo que instalo un negocio. Supongo muchas cosas, demasiadas para mi gusto, como ciertas. Escribo algo, en un lugar, sobre un folio en blanco porque me molesta tanto vacio y necesito expresarme ¿tú qué harías? Represento una obra de teatro y proyecto la película de mi vida para este examen final. Expongo mis ideas, mis justificaciones dejando que el ángel decida o que lo haga el propio asunto. Doy un nombre a un animal, aplico un apodo a una persona imponiéndolos como obligaciones. Considero la manera que se expresa a una persona y lo pongo de ladrón y de mentiroso. Aporto una cierta cantidad de dinero como diezmos, arriesgándome a ser criticado por todos tanto por exceso como por defecto, pues este mundo es así de hipócrita. Me ajusto esta especie de pijama con la que nos visten en esta habitación, pues el que tomó medidas no lo hizo bien y constantemente se me caen los pantalones. En esta habitación tampoco nos ponen mantequilla en las tostadas, ni existen los colores. Tampoco nos manchamos la ropa, ni las manos. Nos enfrentamos con los miedos, temores, dudas, interrogantes y con nosotros mismos, pero no nos manchamos. Las únicas manchas son las del alma. Decía José Joaquín de Mora «Poner tiene un sentido más absoluto que colocar. Colocar es poner una cosa en cierta relación con respecto a otra. Un cuadro mal puesto es el que está torcido o con mala luz; un cuadro mal colocado es el que no está en el lugar que le corresponde.»

- ¿Te has fijado Kent, en el poder que llega a tener la muerte?- me dice Kate.- a muy pocos les gusta hablar de ella y sin embargo hay millones de personas que le rinden hasta culto. Es algo que duele demasiado, que todos pasamos por ella y cuántos se la aceleran, la provocan o les atrae. Por mucho que estudiemos, seamos más inteligentes o recemos, son poquísimas las personas que llegan preparadas a la muerte. Ya sea repentina o esperada, el dolor de los que se quedan es terrible y sus efectos no lo son menos. Las cosas materiales toman un nuevo cariz, cambian su apreciación y dejan de ser las mismas, para convertirse en recuerdos. Esa es la nueva realidad ¿injusta? Si, ¿Te niegas a aceptarla? También, pero no hay nada que hacer. Los que mejor lo llevamos somos los que creemos en la vida después de la muerte, porque al menos está el consuelo de Dios. Nos preguntamos ¿Qué nos sucede al morir? Pero nadie lo sabe con certeza, solo tenemos datos de lo que ocurre una hora más allá de la certificación de la muerte por aquellos que regresaron tras ese periodo y que lo relatan como uno solo independientemente de razas, eras, religiones o edades. (Ref. Al libro del mismo autor Aliquiando Tandem) Tenemos que esperar para averiguarlo por nosotros mismos.

- Es eso cierto, no hay ninguna otra forma de averiguar si la muerte en realidad es el fin de todo o el principio de algo más.- le contesto con las mismas dudas y conocimientos que ella.

- Cuando somos jóvenes no pensamos en ella. Cuando vamos creciendo ya la consideramos como el peor enemigo al que nos enfrentaremos, conscientes de la derrota.- me continua ella.- al llegar a viejos, nos aferramos a la vida con uñas y dientes, en un vano intento de vencerla; ahí tienes los ejemplos de los emperadores romanos y chinos, de los faraones egipcios y de los escritores o artistas que con sus obras le dan un giro en el aire y la vencen a su modo aunque ellos perezcan. Luego están los cristianos con la resurrección que es como una especie de elixir de la vida que se aplica con retraso. Según algunos informes, Juan Ponce de León: explorador español del siglo XVI, recorrió Caribe en busca de la fuente de la eterna juventud.

- Señala la Encyclopedia of Religion and Ethics: "Nos consuela saber que los muertos no están sufriendo; están dormidos en su tumba". Vista así, la muerte pierde todo su misterio y no tiene ya por qué aterrorizarnos.- le digo a modo de alentar nuestros ánimos.- de hecho a la muerte de la Virgen Maria, se le llama la dormición, ¿no?

- Si es tan habitual ¿por qué nos negamos a morir? ¿Por qué nos crearon con la idea de la necesidad de ser eternos, cuando lo evidente es ser efímeros? ¿Para frustrarnos?

- Dios ha prometido que la muerte será derrotada.- le contesto.- y en eso está la eternidad y la vida.

- Nunca entendí por qué Cristo tuvo que morir, resucitar y sufrir. Con ello nos alienta a que al morir no se acaba y resucitaremos como Él, pero por otro lado, demuestra que esta vida es de sufrimiento.

- Mira Kate, yo lo veo de este modo… plantéate que pasases la vida durmiendo ¿Te gustaría de verdad o solo un rato cada día? Del mismo modo si vemos la muerte como un largo sueño, en el que al final nos despertamos... ¿Se muere o se puede volver a vivir?

- ¿Cómo estás tan seguro de la resurrección?
- Tengo dudas porque es algo que supera nuestro entendimiento, pero Cristo resucitó a gente ante la vista de muchos. Sus apóstoles también lo hicieron, de modo que yo me fiaré y confiaré en que haga conmigo lo que quiera, menos volver a este mundo que hemos dejado atrás, pues los humanos somos... no encuentro la definición correcta, pero tenemos un gen de la autodestrucción que periódicamente se tiene que resetear.

Pienso en razonar y convencer, ¡qué difícil, largo y trabajoso! ¿Sugestionar? ¡Qué fácil, rápido y barato! Si ya de por si tenemos un sistema intrínseco hartito complicado en el que el solo contacto del individuo con el medio nos hace sensibles a un sinfín de estímulos; y además, lo observado casi nunca coincide con lo que interpretamos y menos con la situación física, me doy cuenta de que me he pasado la vida intentando razonar con mis semejantes, y he perdido soberanamente mi tiempo. A fin de cuentas, un estímulo de fuera y las diversas partes del sistema nervioso central se traduce en impresiones, que unido a la experiencia acumulada, nos hacen concluir si la sugestión es útil o no. Confirmo que mis mejores amigos fueron siempre los animales y las plantas, ¿Por qué? los animales son buenos amigos porque no hacen preguntas y tampoco critican, solo te ayudan, acompañan, defienden y dan cariño. Los animales se parecen a los humanos en esto de los impulsos, motivaciones y percepciones, pero se comportan más equilibradamente. Por qué? nosotros los humanos, no obtenemos nuestras percepciones de las cosas que nos rodean, sino que las percepciones provienen de nosotros. Un estímulo idéntico es interpretado en una diversidad de formas no sólo por personas distintas, sino también por la misma persona en momentos distintos. Dicho de otra manera, la persona percibe exactamente lo que se basa (en gran parte) en lo que se ha entrenado a percibir. Es decir, que prestamos atención a las cosas que realmente nos interesan. Así, personas diferentes discuten desde puntos de vista opuestos sobre un mismo hecho, porque sus diferentes formas de percibir les proporcionan hechos distintos. Y lo que ya es de antología del disparate en la conducta humana es que además de todo y después de todo, psicológicamente nos hacemos tal composición de lugar de ese mismo hecho, que nos convencemos de llevar la razón ¿Por qué? Porque necesitamos percibir las cosas como estables y duraderas que equilibren nuestro mundo de impulsos desestabilizantes y lleno de probabilidades. Siempre digo que el hombre de talento está naturalmente inclinado a la crítica, porque ve más cosas que los otros hombres y las ve mejor. Si no entrenamos a los niños desde pequeños en esto de la percepción, como un producto final a conseguir con esfuerzo, seguiremos teniendo adultos que un simple croquis se siga percibiendo de modo inmediato como todo un conjunto definido y terminado. Pensemos tan solo en el dato que la retina ve invertido y en plano, un objeto tridimensional, que posteriormente interpreta el cerebro aplicando de manera sugestiva la profundidad y eso desarrolla impulsos motivadores de conducta. Dicho para que todo el mundo me entienda "Antes de sufrir por amor piensa que quizá estás sufriendo por error".

- Bueno, Kate, tranquilízate porque si nos dormimos eternamente, tanto como si vamos al cielo lo pasaremos bien.- le digo intentando poner orden en todos nuestros pensamientos.- ¿Cuándo tendrá lugar esta resurrección de justos y de injustos? Cuando Dios quiera, de modo que tampoco debe preocuparnos porque dudo que nos lo diga. El caso es que según las Escrituras, venceremos a la muerte.

- Otra de las cuestiones que me ha atormentado desde niña es el no ser capaz de entender por qué el mismo Cristo abrió las puertas a la guerra, la muerte y el sufrimiento (Apocalipsis). ¿Por qué permite Dios el sufrimiento? ¿Acaso le complace vernos sufrir? Nos hemos pasado la vida sufriendo, pero también este tiempo en esta habitación. Lo que no nos hemos planteado es saber cómo se sentirá Dios al vernos sufrir.

- Llevo mucho tiempo haciéndome esa misma pregunta, pues es muy difícil mantener el buen ánimo en determinadas situaciones.- le digo.-

- A veces me pregunto cuánto más tendremos que sufrir.

- Desconozco la respuesta Kate, la Biblia dice que Dios sufre al vernos sufrir y tiene lógica. Nadie entiende cómo permite ese sufrimiento sin hacer nada, del mismo modo que a todos nos choca el hecho de que nos someta a pruebas además

- Muchas veces le comparo con la gente que necesita demostraciones de amor constantemente o sino no te cree.- me contesta en tono de reproche.-

- Desde luego demuestran muy poca seguridad en ellos mismos.- le sigo.- ¿Será Dios un inseguro que necesita de constantes rezos, súplicas y muestras de amor?

- Me parece que nos estamos metiendo en un lío que nos va a costar el examen.- me alerta Kate.-

- ¡Lo siento¡ pero es lo que pienso.- le respondo.- si fuese una persona que te pide dedicación exclusiva, adoración, pruebas y demostraciones, diríamos que es una persona acomplejada, egoísta, celosa e insegura. Pero cuando hablamos de Dios todo este análisis esta fuera de lugar ¿Por qué? Porque es el que me castigará si lo pienso. Entonces ¿qué diferencia hay con los adoctrinadores, políticos y semejantes? ¿No es consolador saber que Dios sufre con nosotros?

- Pues sí. Tienes razón en el planteamiento y espero que nos sepa perdonar por pensar así. Está claro que tiene todos los medios para evitarlo y que cuando le conozcamos, posiblemente todas estas dudas tendrán respuesta inmediata.

- Eso es lo que no entiendo. ¿Por qué sigue permitiendo tantas cosas malas si tiene poder para eliminarlas?.- le continúo diciendo.- ¿Recuerdas que el dolor y la muerte se nos cuenta no solo en el Apocalipsis, sino en el Génesis?

- ¿Te refieres a cuando Adán y Eva comieron de la manzana y Dios les castigó a que sufrirían y a la muerte?

- Efectivamente. Son datos contradictorios pues en uno se culpa al hecho de la manzana, mientras en el otro es el propio Cristo quien libera a los jinetes del Apocalipsis.- le respondo al tiempo que pongo cara de entender cada vez menos y de ser uno de los temas que más me han dolido siempre.-

- Que morirían. Así es. Después de eso, el Diablo lanzó una acusación gravísima en contra de Dios diciendo: "Positivamente no morirán" (según traducciones bíblicas). ¿Estaba llamando mentiroso a Dios?

- Esa parte de la historia nunca la había escuchado tan evidente más que en algunas traducciones de la época provenzal.- le digo.-

- Y al llamarlo mentiroso, Satanás hizo surgir una pregunta que tardaría mucho tiempo en responderse. ¿Sabes por qué?

- La verdad es que no.

- Sería como tener que demostrar la honestidad ante una acusación de deshonesta.- me contesta Kate.- El diablo les dijo que Dios mentía y él decía la verdad.

- ¡Ufff¡ ¡vaya tela¡ ahora comprendo, sembrar la duda es lo más fácil.

- La honestidad no es algo que se pueda demostrar con una simple prueba de fuerza.

- Es cierto, Kate. Solo se demuestra con el tiempo. ¡Ufff¡ Es lógico ¡Qué interesante¡.- le digo pensativo.- Pienso que todo tiene un principio y un fin. En la vida damos principio a muchas cosas, ideas y sociedades. Hacemos que existan. Creamos y hacemos que algo se haga. Luego comenzamos a usarlo y a consumirlo, lo que no deja de ser una paradoja, pues a fin de cuentas es otra forma de comienzo. Pasamos de existir, a suceder la acción que expresa este verbo en infinitivo ¡empezar¡. En esta habitación empecé a interesarme por ella; empezamos a conocer mejor la historia de la humanidad y a nosotros mismos. Iniciar se refiere a una serie de actos y aquí iniciamos una conversación, unas negociaciones y reflexiones de lo que hicimos en vida y especulamos con lo que empezaremos tras el examen. Iniciamos pensamientos de lo que dejamos atrás en su significado material y concreto. Decentamos la travesía final. Encetamos un uso de lo inmaterial y encentamos un cuerpo para principiarterminar una vida mortal, comenzaracabar una estancia en esta habitación e iniciararrancar una vida en el Más Allá.

- ¡Ya empezamos! – dice ella como expresión de aburrimiento o de enfado ante mi insistencia en el juego de palabras.

- ¿Ya empiezas con las quejas?- protesto al tiempo.

- Hoy empieza mi retiro.- dice con tristeza ante la posibilidad de separarnos.

- Empieza por bañarte y cambiarte, luego vemos dónde salimos.- le animo como si tuviéramos una cita.

- ¿Necesitamos, para empezar, mandar las invitaciones de la fiesta?.- me sigue el juego de palabras con este verbo y más animada.

- No hay fiesta de amigos.- le comento sonriente.-

- ¿Noooo?

- No porque con el préstamo que me dieron no tengo ni para empezar.- le digo mientras nos besamos para perder los temores juntos.
- ¿Cuánto tenemos entonces?.- me sigue.
- Hemos recaudado solo cincuenta euros, pero por algo se empieza.
- ¡Ja, ja, ja¡.- se ríe.- anda que no eres gamberro hasta en estas ocasiones.
- Al menos tenemos la propina de Caronte para que nos lleve en barca y para San Pedro que es el acomodador del cielo ¿no?
- ¡Mira que eres tonto¡ a este paso te dejan castigado en el patio.- remata riéndose.

Me pregunto qué pasaría si los humanos nos comportásemos como el bambú. En mis viajes por Asia, me llamó poderosamente la atención la cultura y costumbres de aquel continente, pero lo que más me atrajo fue esta planta que los asiáticos usan para todo y en todo. Desde sus brotes en comida, hasta los troncos en construcción. Recuerdo que tuve varias relaciones con chicas asiáticas, pero una de ellas en particular me regaló una flor de bambú el día en que nos despedíamos y debía regresar a España. Le dije que volvería, pues la flor y ella solo estarían en esta parte del mundo. Ella se sonrió y me dijo que si volvía no sería por la flor. Me quedé sorprendido pero al quedar tan cortés con ella no me percaté de mi propio piropo hasta que una vez montado en el avión y conectado a internet estudié la plantita en cuestión. Entre las miles de webs que hablan del bambú, pocas hacían mención a su flor. Curiosa y sorprendente es la flor de bambú. Esta planta que crece más rápido que otras, florecen una sola vez en su vida, pero a una edad avanzada: después de los 32, o 55, o 65 años, según las variedades. La que más tarda es la Phyllostachys nigra, cultivada en Japón y también en muchos jardines europeos, que florece a la edad de 120 años. Pero el hecho curioso es que la floración de todos los individuos de la misma especie es sincrónica en todo el mundo, tanto en las regiones de origen como en los países de importación. Es decir, que la floración del bambú tiene lugar en forma simultánea hasta en ambientes climáticos distintos. ¡Bambú¡. Bajo un enfoque botánico, la especie bambú, se encuentra clasificada dentro de la familia Bambusoideae, perteneciente a las Gramíneas (posee entre 800 y 1000 especies dentro de 80 a 90 géneros). En las flores se forman con rapidez las semillas y luego las plantas mueren. Naturalmente florecen todos los individuos, tanto las cañas más viejas, como las que acaban de despuntar sus rizomas. ¿Por qué? porque todas tienen la misma edad. ¡En efecto¡, todas pueden ser consideradas como parte de un individuo único nacido en su tiempo de una semilla, y luego multiplicado por vía vegetativa mediante rizomas y por división de macollas. Si alguien planta una semilla de bambú, verá que durante los primeros meses no sucede nada apreciable. En realidad no pasa nada con la semilla durante los primeros siete años, a tal punto que un cultivador inexperto estaría convencido de haber comprado semillas infértiles. Sin embargo, durante el séptimo año, en un período de solo seis semanas... la planta de bambú crece ¡más de treinta metros! ¿Tardó solo seis semanas en crecer? La verdad es que durante los primeros siete años de aparente inactividad, el bambú estaba generando un complejo sistema de raíces que le permitirían sostener el crecimiento que iba a tener después. En ese avión, me quedé pensativo recordando que en el estado de Oregón y ocupando toda su superficie subyace un único hongo que florece a la vez en todo el estado en forma de setas, pero es un único ser vivo. El fenómeno de la floración está ligado a muchos factores, a veces oscuros e incomprensibles, cuya investigación ocupa hoy a muchos botánicos especialistas. Ahora medito que si es una forma de crecimiento habitual en la naturaleza, ¿por qué los humanos no la imitamos de vez en cuando?

- El diablo, también acusó a Dios ante los hombres de privarles de poder ver lo que existía a su alrededor.- le dije.
- Supongo que te refieres al hecho de cuando mordieron de la manzana y le dijo a Eva que si comía del fruto se le abrirían los ojos.
- Exacto. Da la impresión de que Dios fuese una especie de secta que no deja ver nada más de lo que Él dice.- le seguí.- y por extensión a todos los seres humanos, que estaría mejor sin la guía de Dios.
- Me fastidia que para hacernos comprender cuál de los dos mentía, Dios le permitiese gobernar en la tierra al diablo.
- Por eso hay tanto sufrimiento a nuestro alrededor: porque el verdadero gobernante de este mundo es el Diablo, no Dios.- me resuelve Kate.-
- ¡Ufff¡ vaya jueguecito maquiavélico que se han traído el uno y el otro con nosotros ¿no?.- le reprocho por el dolor tan innecesario que hemos sufrido.
- ¿Cómo? No entiendo.
- Que Dios sufrirá mucho por lo que nosotros sufrimos, no lo dudo, pero que también puede evitarlo y no lo hace es algo que no concibo.
- Nunca te has preguntado ¿Dónde estuvo Lázaro durante los cuatro días que estuvo muerto? Él no dijo, ni dio a entender que había estado vivo en algún lugar. Si nos atenemos a lo que Cristo dijo, Lázaro estaba dormido.
- ¿Te imaginas que nosotros estemos dormidos, y que todo esto sea un sueño?.- le digo.
- Lo que me imagino es que Lázaro estuvo aquí.
- ¿Cómo que aquí?

- ¡Sí¡, ¡aquí¡, en esta habitación en la que estamos tú y yo.- me replica vehementemente Kate, mientras gesticula por todas partes del habitáculo.- Jesús le dijo a Marta: "El que ejerce fe en mí, aunque muera, llegará a vivir; y todo el que vive y ejerce fe en mí no morirá jamás" (Juan 11:25, 26). ¿Crees tú esto?

- ¡Ufff¡ me estas interrogando como Cristo lo hizo con Marta, la hermana de Lázaro.- le reprocho.- Eso sí que lo creo y además me encantará presenciarlo, estudiarlo como científico y ilustrarme con la conducta que tendremos entonces. Será fantástico vivirlo y estudiarlo. ¡Ufff¡ ¡vaya acontecimiento¡

- ¿Cómo será Dios? ¿Te lo has imaginado alguna vez?

- A veces lo vislumbro como en las imágenes de las iglesias, otras como en la Sábana Santa, pero eso es más bien para imaginarme a Cristo. La verdad es que conjeturar sobre Dios es complicado.- le respondo.-

Presto colaboración desinteresada en una necesidad o en un peligro. Colaboro en la realización de otra. Reconozco que el buen clima de esta habitación ayudó a que estuviéramos a gusto; y los consejos no arreglan los problemas, pero ayudan. Valerse del auxilio o de la ayuda de una persona para caminar, es cooperación. Es cierto que los cuidados de Kate me ayudaron a recuperarme y quizás a aprobar este examen. Sin embargo, amparar envuelve la idea de protección, no solo de la autoridad, sino también de otras personas, lo cual hace posible que el que se oculta huyendo de una persecución, pida a Dios no solo que le auxilie, sino también que nos ampare, nos proteja o nos refugie en su casa del cielo. Dice José Joaquín de Mora «Ayudar es prestar cooperación; auxiliar es ayudar en casos arduos; socorrer es remediar el mal y la privación; amparar es hacer uso de la autoridad o del poder en socorro del que lo implora. Se ayuda en la faena; se auxilia en los conflictos; se socorre en los peligros; se ampara mandando o prohibiendo. El que no tiene la fuerza necesaria para levantar un peso, no pide que lo auxilien, que lo socorran ni que lo amparen, sino que lo ayuden. El que se ahoga no pide que lo auxilien, que lo ayuden, que lo amparen, sino que lo socorran. El que se oculta, huyendo de una persecución, no pide a su amigo que lo ayude, que lo socorra ni que lo ampare, sino que lo auxilie. El que acude al trono para reparar una gran injusticia, no pide que lo ayude, que lo auxilie ni lo socorra, sino que lo ampare.» Busco algo entre los cajones de mi armario sin saber qué busco. Si necesito algo lo busco, si no lo encuentro lo fabrico, si no existe lo invento. Ahora bien me he pasado la vida buscando que me quieran, de modo que sé bien lo que se siente cuando no nos quieren. Esto ocurre ante un desengaño, o una ruptura, o lo más frecuente es que nos abandonen. Entonces es inevitable pasar de la alegría a la tristeza, y de ahí a la desesperación e impotencia. Todo lo que hemos soñado, ansiado, anhelado se destruye. Las ilusiones se rompen. Comenzamos a subir un calvario personal. ¿Cuánto va a durar? Dependerá de cada uno de nosotros. Pero lo que es común a todos es ir pasando por diferentes fases. ¿Cuál es la primera? La primera reacción puede ser llorar y suplicar. Perdemos toda dignidad porque insistimos y ahondamos esa petición a pesar de la negativa de la otra persona a querernos. Ponemos tanto énfasis que da la sensación de que será lo último que pase por nuestra vida. Forma parte del proceso de aprendizaje en donde nos damos cuenta que este proceso va de lo más simple a lo más complejo. En este proceso vamos uniendo aquello, con ésto y formamos asociaciones de ideas como consecuencia de la interpretación que vayamos haciendo de los acontecimientos que sufrimos. Cuanto más cerca se sitúan dos acontecimientos en el tiempo, tanto más fácilmente se forman asociaciones. ¡Ah¡ pero el ser humano no es tan simple, sino que va haciendo y deshaciendo estas asociaciones y juntándolas de maneras diversas, entonces, el acontecimiento se transforma en tal tergiversación que el aprendizaje se distorsiona y con él la conducta y la personalidad. Luego pasamos a una fase en la que la persona negligida va desmigando los detalles, al tiempo que crea razonamientos para convencer a la persona que le desprecia. ¿Cuáles son esos razonamientos? Los más frecuentes serían parecidos a que no va a encontrar a nadie igual, que todo vale la pena por el tiempo invertido y que hay posibilidad de corregir lo que no funcionó. A fin de cuentas la motivación no deja de ser el gran estímulo para aprender ¿no? Para esa persona abandonada esos razonamientos son el equivalente a recompensas. Pensemos que aprendemos por condicionamiento clásico y condicionamiento operante, en la que el último actúa como nexo con las respuestas. Si esta fase y estos razonamientos no obtienen éxito y seguimos abandonados, entonces se crea la ley del péndulo y del razonamiento pausado y con sonrisa, se pasa al odio y con él a la locura. Le decimos al otro todo lo contrario de la fase anterior, en un intento de psicología inversa para que reaccione a nuestro favor y para desahogarnos de tanta presión. Esta transferencia se refiere al traslado del aprendizaje de una tarea a otra. De ahí que sea una función del aprendizaje temprano, pudiendo ser tanto positiva como negativa. El problema práctico en este campo consiste en saber cómo hacer que la persona despechada aprenda a formarse. Si lo conseguimos, entonces el sujeto se adapta y poco a poco se equilibra. Claro que habiéndose dejado muchos trozos en el camino. Empieza a normalizar su rutina, duerme mejor, trabaja como siempre, se relaciona con sus amigos, su ex deja de ser el protagonista de todas las conversaciones y comienza a tener ilusión. Esto no significa que si se lo encuentra por la calle no le dé un vuelco el corazón o vuelva a despertar los buenos y malos recuerdos, pero por la general vive ajeno a su ruptura. En definitiva, mi experiencia la transmito a los que me quieran oír diciéndoles "Rodéese de gente que le quiere. El apoyo social es importantísimo en estas circunstancias. No caiga en la trampa de buscar la soledad constantemente, no le ayudará a distanciarse del pasado".

- Recuerdo mi infancia en Pakistán.- me suelta de repente Kate con nostalgia.- Éramos muy pobres y mi madre nunca aprendió a leer. Criábamos ovejas y cultivábamos hortalizas que a duras penas crecían. Mis padres me enseñaron la importancia de trabajar con empeño y ayudar a la gente.

- El islam tiene fuertes raíces religiosas, pero mezcladas con la política.- le contesto.- eso ha hecho retroceder vuestra civilización.

- Es cierto que estábamos en medio de los musulmanes y que practicábamos esa religión, pero procedíamos del hinduismo, antes de la separación de la India.

- Otro lío político religioso.- le ratifico, lamentando el follón mental vivido por ella.

- Siempre me preguntaba ¿Por qué sufre la gente? ¿Por qué hay tanto egoísmo? Pero no lograba encontrar respuesta a mis preguntas. Años más tarde mi padre encontró a un inglés y gracias a este señor pude estudiar.

- ¿Por qué decidiste estudiar ciencias y no otra carrera?

- Me gustaban las matemáticas y me fascinaba la forma en que las leyes físicas y químicas gobiernan la estructura de todo lo que existe, desde los diminutos microbios hasta el vasto universo. Quería comprender esas leyes. Pero sobretodo ayudar a las personas con el sufrimiento de las enfermedades, mutilaciones y muertes.

- Entonces para ti fue mucho embrollo estudiar la teoría de la evolución, el creacionismo, o el lamarkismo. ¿no?- le pregunto, al tiempo que la entiendo porque somos muy parecidos los dos.-

- Creía que la evolución era un hecho comprobado porque nunca me enseñaron lo contrario. Y, claro, como era investigadora de una de las ciencias de la vida, sería lo lógico pensar. Empecé a levantarme todos los días a las cuatro y media de la mañana para estudiar, ir a prácticas y rezar. Me gustó la biología molecular, las estructuras cromosómicas, la síntesis de proteínas y saber cómo se organizan, conjuntan y estructuran para dar lugar a músculos, huesos, órganos y vísceras. Una máquina molecular puede constar de más de cincuenta proteínas. Y hasta la célula más simple necesita un "taller" completo para producir energía, duplicar información y controlar el acceso por las membranas, entre otras cosas.

- ¡Ufff¡ me llama la atención tu historia porque tenemos las mismas inquietudes y los mismos dilemas. En donde se mezclan los conocimientos científicos con los religiosos.- le digo.- pero lejos de estar enfrentados, creo que nos acercan más a Dios. ¿Quién es capaz de organizar todo eso en plantas, minerales, tierra, agua, aire, reptiles, mamíferos etc.?

- Está claro que eso no surge al azar por mucho que se empeñen. Muchos explican la generación espontanea de determinados aminoácidos con el Big Bang, pero nunca son los mismos aminoácidos y mucho menos son capaces de organizar este mundo de esta forma repetitiva,

- Es decir que les preguntas como yo a esos adoctrinadores de pacotilla ¿Cómo pudieron alcanzar este grado de diseño las máquinas proteínicas?.- le ratifico.-

- ¿Te ha ayudado creer en Dios o te ha perjudicado Kent?

- ¡Ufff¡ reconozco que ha sido una losa en la mayoría de las ocasiones porque todo son prohibiciones y siempre tienes la culpa de algo o más bien de todo.- le contesto en voz baja como si no quisiera que el ángel que está por venir me oiga.- En cambio, en los momentos de la muerte de amigos, parejas y familiares, el creer en Él, si que era de gran alivio.

- A mí me dicen que me ven más feliz ahora. Pues antes estaba acomplejada con mi origen, pobreza y analfabetismo.

- ¿Entonces es por Dios, o por la cultura que eres más segura de ti misma?
- Por las dos cosas sin dudarlo. Kent, a Dios no le importa el nivel social, económico o intelectual que se tenga.- me responde un tanto cansada.-

Prometo ser mejor si me dan otra oportunidad. Digo que lo haré y por lo tanto me obligo a ello. Aseguro que es cierto lo que digo. Me declaro a Kate con la promesa solemne que me compromete a cumplir con rectitud y fidelidad los deberes y obligaciones de ser su marido. Lo hago en esta habitación en la que no puedo mentir si no quiero ser castigado por mentir. Me comprometo con ella para que nos casemos, aunque sus padres la prometieron con un hombre mucho mayor que ella por su religión. Le doy muestras de que vamos a triunfar en este examen final y que si nos dan otra oportunidad auguro que esto va a resultar bueno en el futuro. Establecemos relaciones amorosas formales. Nos comprometemos. Nos prometemos. Nos consagramos el uno al otro en una vida de fe en Dios y culto. Tengo la esperanza de lograrlo sin gran dificultad y no es que me las prometa felices, pero al menos sé lo que quiero y a quién quiero. No quiero pasarme el resto del infinito saltando de nube en nube tras ella, para convencerla de nada y menos para arrepentirme. Quiero vivir con ella si me dejan y si no sentarnos en una nube del cielo y juntos meter los pies en el mar del cielo para pasar el resto que nos quede hasta la resurrección. Decido que uno de los mayores temores del ser humano es diferenciarse del resto y no ser aceptado, entonces veo que la envidia paraliza el progreso por el miedo que genera no encajar con la opinión de la mayoría, ya que a fin de cuentas somos influenciables por nuestro entorno y queramos o no, formamos parte de una sociedad que tiende a condenar el talento y el éxito ajenos. Para hacerme comprender mejor recordaré el caso Solomón. En 1951, el reconocido psicólogo estadounidense Solomón Asch fue a un instituto para realizar una prueba de visión. Al menos eso es lo que les dijo a los 123 jóvenes voluntarios que participaron –sin saberlo– en un experimento sobre la conducta humana en un entorno social. El experimento era muy simple. En una clase de un colegio se juntó a un grupo de siete alumnos, los cuales estaban de acuerdo previamente con Asch. Mientras, un octavo estudiante entraba en la sala creyendo que el resto de chavales participaban en la misma prueba de visión que él. Haciéndose pasar por oculista, Asch les mostraba tres líneas verticales de diferentes longitudes, dibujadas junto a una cuarta línea. De izquierda a derecha, la primera y la cuarta medían exactamente lo mismo. Entonces Asch les pedía que dijesen en voz alta cuál de entre las tres líneas verticales era igual a la otra dibujada justo al lado. Y lo organizaba de tal manera que el alumno que hacía de cobaya del experimento siempre respondiera en último lugar, habiendo escuchado la opinión del resto de compañeros. Solomon Asch les decía con voz muy seria "La conformidad es el proceso por medio del cual los miembros de un grupo social cambian sus pensamientos, decisiones y comportamientos para encajar con la opinión de la mayoría". La respuesta era tan obvia y sencilla que apenas había lugar para el error. Sin embargo, los siete estudiantes cómplices con Asch respondían uno a uno la misma respuesta incorrecta. Para disimular un poco, se ponían de acuerdo para que uno o dos dieran otra contestación, también errónea. Este ejercicio se repitió muchas veces por cada uno de los voluntarios que participaron en el experimento. A todos ellos se les hizo comparar las mismas cuatro líneas verticales, puestas en distinto orden. Solo un 25% de los participantes mantuvo su criterio todas las veces que les preguntaron; el resto se dejó influir y arrastrar al menos en una ocasión por la visión de los demás. Tanto es así, que los alumnos cobayas respondieron incorrectamente más de un tercio de las veces para no ir en contra de la mayoría. Una vez finalizado el experimento, los 123 alumnos voluntarios reconocieron que "distinguían perfectamente qué línea era la correcta, pero que no lo habían dicho en voz alta por miedo a equivocarse, al ridículo o a ser el elemento discordante del grupo". A día de hoy, este estudio sigue fascinando a las nuevas generaciones de investigadores de la conducta humana. La conclusión es unánime: estamos mucho más condicionados de lo que creemos. Para muchos, la presión de la sociedad sigue siendo un obstáculo insalvable. El propio Asch se sorprendió al ver lo mucho que se equivocaba al afirmar que los seres humanos somos libres para decidir nuestro propio camino en la vida.

- Me parece que los dos estamos muy depresivos y lo vemos todo negro. Es lo mismo que cuando se juntan dos personas pesimistas, que al final contagian su pesimismo a quienes les rodean.- me dice Kate.- Tú que estudias la conducta humana te habrás percatado que lo que la mayoría opine, es lo que termina contagiándose a los que no tienen un pensamiento definido.
- ¿Qué es más fácil, contagiar el pesimismo o el optimismo?
- A mí me parece que sin lugar a dudas el pesimismo.- me contesta.
- La mayoría de los humanos tendemos a deprimirnos cuando no vemos salida a nuestros problemas. Por eso se dice que es más difícil hacer reír que hacer llorar.
- A los pacientes que llegan al hospital con depresión, lo primero que hago es escucharles, después hacer que les comprendo y finalmente si puedo, les planteo la situación de manera diferente para que puedan ver esa salida que buscan.

- Efectivamente, querida amiga, es más fácil perder la ilusión que conseguirla, del mismo modo que es más fácil caer en la desesperación que tener esperanzas.

- En el hospital observo que las personas alegres mejoran con más facilidad que las tristes, y es más, estas últimas enferman con mayor facilidad al perder sus defensas naturales. Hay solo un paso entre la tristeza prolongada y un pesimismo absurdo.- me dice Kate.- Insisto muchas veces en repetirles una frase que aprendí y suele funcionarles durante un tiempo, dice así: El éxito no es sinónimo de valía, a veces es una casualidad y en ocasiones, incluso una injusticia.

- Lo mejor sería poder sorprendernos y sorprender a los demás con cosas simpáticas que consigan que nos sintamos bien.

- Si pudiéramos comprar todos los días un kilo de felicidad sería fenomenal.- me dice Kate.- ¿La felicidad se puede comprar?

- Solo se compran sucedáneos, sustitutivos, placebos y distracciones alienantes.- le respondo.-

- De todas maneras sería un bien carísimo, que solamente los ricos podrían comprar. El resto serían más infelices aún.

- ¡Es cierto¡.- le respondo con tristeza.- los humanos somos especialistas en especular con lo que se necesita y enriquecernos a costa del sufrimiento ajeno. Afortunadamente la alegría no se compra, pero el dinero pone más fácil alcanzarlo.

- Volvemos al eterno debate de la libertad. De que si somos libres o no. De que si tenemos un destino o estamos predestinados.- me dice mientras una lágrima recorre su mejilla.

Me levanto a secársela con un pañuelo que de repente ha aparecido sin saber cómo ni de dónde. Le retiro el cabello con delicadeza. Nos miramos. Me sonríe. Le sonrío. Nos besamos por más de dos minutos seguidos, o al menos el equivalente, pues aquí es difícil precisar el tiempo.

- No es realizable obtener nuestra propia libertad, lo mismo que tampoco es sencillo alcanzar la felicidad.- le digo cuando nuestros labios se separan.- Siempre estamos obligados a algo según las leyes o según las normas de convivencia. Siempre tenemos un deber que cumplir. Debemos dejar el asiento a las personas mayores en el autobús y debes comprarte otro pantalón. Estamos obligados por la necesidad y debemos comer, beber y asearnos. Si te fijas, todo a nuestro alrededor son prohibiciones, normas y exigencias sociales, civiles, penales, mercantiles, administrativas, de tráfico, religiosas, fronterizas, ideológicas, familiares, financieras, coercitivas o no, pero siempre estamos forzados. Cualquier compromiso lo empezamos diciendo "he de…", "tengo que…" para adquirir el compromiso, la responsabilidad y la obligación ética, moral, religiosa o legal que cualquier ciudadano tiene. ¡Qué lejos quedan los derechos y la irresponsabilidades¡ Aunque ambos significan lo mismo y pueden sustituirse entre sí. El deber se siente más como de naturaleza moral, espiritual, mientras que la obligación nos constriñe en la práctica. Parece pues, como si el deber naciese de nosotros mismos y la obligación nos viniese impuesta desde fuera. Donde no llegan las obligaciones tabulables, alcanza el sentimiento del deber. La diferencia entre ambos sinónimos puede ser, pues, de estimación afectiva. Otras veces elaboramos expresiones perifrásticas para girar la obligación impositiva y la transformamos en suposición o posibilidad. ¿Cómo? Poniendo la partícula (de), entre medias de deber y otro infinitivo. De esta manera, "Debe de estar…" no es lo mismo que "Debe estar…" Las mayores obligaciones son los hijos. ¿Te gustan los niños?.- le pregunto consciente de que tiene dos.

- Me encantan los niños aunque si te soy sincera no he tenido la llamada de la maternidad de una manera muy fuerte. ¿Le gustas tú a los niños?.- me replica.

- Los niños no son precisamente mi pasión.- respondo.- los aguanto como puedo si son más o menos educados. Ahora bien, cuando tuve a mi hija algo cambió dentro de mí pues hasta los vómitos que echaba en el coche dejaron de molestarme con ella. ¿Quieres tener más hijos?

- Debo responderte que admito los que Dios me dé.- responde un tanto coaccionada por la religión y el lugar en el que nos encontramos.- ahora bien, ya no me apetece tener que cambiar pañales, criarlos y estar para arriba y para abajo con ellos. Me encuentro mayor para tirarme al suelo a jugar y creo que ya he cumplido. ¿Qué es lo que más te preocupó al pensar en tener hijos?

- Lo primero en tener posibilidad de criarlos como es debido, por eso solo tengo una hija.- respondo.- después me preocupaba que salieran sanos y enteros.

- Por lo que noto hubieras preferido un niño como todos los hombres.- me pregunta con media afirmación.- ¿Prefieres niño o niña?

- Como bien dices los hombres solemos querer niño por aquello de mantener el apellido, por poder echar peleítas y jugar a nuestros deportes, por enseñarle a disparar y a defenderse, a cazar y pescar, y sobre todo porque sabemos educar mejor a un hombre que a una mujer.

- ¿Te has encontrado con que tu pareja ya tuviera hijos?.- me pregunta.

- He tenido relaciones en donde ella también tenía hijos y fueron la causa de la separación y que todo fuera de mal en peor.- respondo.- nunca aceptaban mi presencia en sus vidas. En cambio mi hija lo aceptó a la primera aunque me advirtió que no quería otra madrastra (en referencia a que su madre actuaba como tal).

- Luego ninguno lo asimilasteis bien.- contempla Kate.- pues imagínate si además le añades convicciones religiosas y espirituales diferentes a las tuyas, ¡la que se puede liar¡
- Soy muy consciente de ello.- contesto pensativo.

Me reclino en la silla. En silencio miro sus ojos y recuerdo los de mi ex mujer. Creo que no vivo mi divorcio de forma irracional, como si el mundo se acabase después de esa persona. La emoción que tenía en esos momentos era producto de la destrucción de mi núcleo familiar, del arrase económico, de la separación con mis hijos que en estos momentos fue tan intensa que Dios no existía, que me había abandonado también y yo no tenía más que hacer. Todo dependió de la forma de evaluar, de interpretar y de plantear la ruptura que tuve en ese momento como base para luchar y seguir adelante dignamente. Acepté a duras penas las pérdidas. Dejé de hacer reproches mucho tiempo después porque durante años sufrí acoso por parte de ella en un intento de buscar culpables fuera de sí misma, mientras no hacía más que intentar hacerme sentir un miserable... la vida sigue. Pensé que del mismo modo que saber leer y saber sumar (en referencia al libro del mismo autor) es fundamental para ser feliz y aprender rápidamente en la vida, la rapidez, la comprensión, la velocidad, la eliminación de la vocalización y captando el significado de las frases, más bien que de las palabras sueltas, aumentaba mi comprensión de la situación. En mi vida los problemas venían todos juntos y no por separado. Dicen que hay que aprender tanto de manera espaciada, como masivamente. Lo que no me queda muy claro es, ¿cuál es más eficaz de los dos?. Supongo que lo lógico sería una combinación de ambos procedimientos. Cuando nací los valores que te inculcaban distan mucho de parecerse a los de las generaciones actuales.

Entonces lo correcto era la familia para toda la vida supusiese el esfuerzo que fuese preciso, en cambio, hoy en día salvo que se sea feliz en la relación de pareja, nadie tiene la obligación de permanecer al lado de alguien a quien no valora ni ama. Si no tenemos creencias religiosas y basándonos tan solo en los códigos de conducta civiles, seremos libres de estar solos, o buscar con quién compartir un tiempo de la vida. Viene a ser el reflejo de lo que decía Pablo Neruda *"Es tan corto el amor y tan largo el olvido..."* Claro que los humanos aprendemos a golpes, tanto es así que los impulsos que nos motivan muestran mesetas que revelan un desplazamiento o una consolidación en el proceso de aprender. También es cierto que cuando hay interferencias, el olvido es más fácil. Me explico. Para olvidar a alguien, basta con que alguien "interfiera" y se nos meta en medio, pero corremos el riesgo de intentar un aprendizaje con exceso y nos desequilibremos. Si se encuentra en esta situación o conoces a alguien que lo esté, dale unos consejos que le ayuden a tener más autonomía y a contemplar el mundo desde otro punto de vista, para que sea consciente de lo que está pasando. Los procesos mentales superiores, como la conciencia, la solución de problemas y la comunicación por medio del lenguaje distinguen al hombre del animal. La conciencia es el pegamento del pensamiento, el cual consta a su vez de procesos de retroalimentación constante. No tengo la menor idea de cómo sucede este proceso, pero puedo entender la interpretación que le de el afectado. Es por ello aconsejable hacerle reinterpretarlo para que de este modo lo evalúe de una manera práctica y diferente. Creer que la situación es catastrófica e insalvable es solo un estilo negativo de afrontar las cosas. Pero si cree que realmente la situación es así, seguramente ocurrirá así. Lo que piense, lo que haga y lo que siente se influyen mutuamente. Hay que aceptar que se va a pasar una mala racha y que todo volverá a su sitio. Está claro que toda comunicación es complicada, pero también es reflexiva e intencional. Me explico. La comunicación de los insectos sociales es reflexiva. La comunicación intencional, que es la que practica el hombre. ¿Por qué? Porque en la naturaleza, todo bicho viviente mantiene una constante de comunicación generación tras generación. En cambio, el ser humano aplica lenguajes diferentes, cambiantes a los que apoya con gestos, tics y modismos también cambiantes. Todo ello se combina, se vuelve a combinar, o se varían, en relación con diversos propósitos que solamente el individuo emisor es capaz de conocer. Baste pensar que una gran dosis de actividad humana está enderezada a encontrar soluciones a problemas desconcertantes. Sin embargo debemos aprovechar las emociones, su intensidad y variedad, pues es la única manera de tolerar la frustración y las otras emociones negativas, porque con ellas se madura. La solución de problemas podrá producirse lentamente o de repente, pero siempre se sirve de las experiencias de aprendizaje pasadas y las complementa. La intuición se une a la intención dando como resultado una interminable lista de problemas con sus respectivas soluciones. ¿Se puede filtrar todo este mejunje? Naturalmente, la lógica es el tamiz para verificar la viabilidad de nuevas ideas, pero lamentablemente es un bien escaso entre los humanos. ¡Je, je, je¡

- Últimamente estás muy reflexiva. Ten cuidado no te haya contagiado.- le digo irónicamente.-
- Así es, estos días estoy reflexiva.
- Si es para bien me alegro por ti, pero por experiencia te digo que trae muchos quebraderos de cabeza. Yo lo llevo haciéndolo desde pequeño. Leí a Nietzsche con doce años y comprendí que hay que aprender a pensar por uno mismo más allá de lo obvio, de lo que la mayoría opine y de lo que te quieran incrustar a golpes de palabra. Nunca me he atrevido a escribir lo que realmente son mis pensamientos, tan solo dejo

bocetos de ellos porque ¿para qué? cuando adquiero un conocimiento se me abren más preguntas y un ansia de saber más partiendo de esa base ya adquirida. Aunque me echaran de clase por decir estas cosas, el tiempo me da la razón de que hay más partículas subatómicas, compuestas por otras. Pero también hay más universos a parte del conocido de planetas. Que hay animales y plantas sin descubrir a nivel subatómico y gigantes abisales. Que existen energías que tenemos y no controlamos, que autogeneramos y desconocemos. Que podemos leer el entorno con los ojos, con la presión, con la temperatura pero también con impulsos electromagnéticos y otras energías que he sentido y visto cuando medito, y no puedo contar a nadie. Que tenemos capacidad de viajar en coche, pero también con la mente y ser capaces de materializarnos usando partículas ambientales del entorno en que queramos. Por ejemplo cuando yo me he proyectado mentalmente. Que esos puntos azules que tú ves cuando yo me proyecto hacia ti y se yo que existen, son una forma de energía desconocida capaz de atraer materia del entorno, tales como partículas de polvo, etc., para formar un cuerpo. Algunas cosas las has experimentado y sufrido conmigo. Pero ni puedo explicarlas, ni comentarlas, aunque me encantaría conocer. Quizás sea ese el secreto de la resurrección?

- No te preocupes, es un sano ejercicio de introspección y un gesto de compartirlo contigo porque sé que te gusta. A veces es necesario mirar a esa gente que ha dejado una huella en el mundo y reflexionar sobre sus palabras. No me preocupa ahora alcanzar nada, tan solo disfruto de ellas, y las comparto contigo. Seguramente es una forma de estar más cerca de ti, porque te echo de menos e inconscientemente necesito comunicarme contigo. Piensa que aunque haya experimentado otras energías y haya percibido cosas que hasta antes de conocerte no había sentido con tanta fuerza, yo soy solo un canal que las percibe y que pasan por mí porque mi sensibilidad es superior a la de la media. Tu mente tiene una capacidad superior de entender, percibir, y conectar las variables del entorno en que vivimos, así que su influencia en mí es diferente. Tomo tu consejo como una advertencia para que no me desestabilice, ya que es cierto que me puede quitar energía. Toma tú lo que te digo como una muestra de cariño. Gracias por hacerme participe de tus pensamientos e ideas, aunque sepas que no te llego a entender del todo. Son una muestra de confianza que aprecio. Ojalá hubieras encontrado en la tierra gente con quien compartirlas sin temor y hacer de tu singularidad una fuente de satisfacción y de descubrimientos.- me dice Kate.- Seguramente tus ideas sobre la conexión entre la resurrección y esas energías no estén muy lejos de la realidad y eso que es un misterio para nosotros ahora, sea fácilmente entendible con un paso más de la ciencia. Como siempre, la teorías sobre lo que el hombre ha basado su percepción de la realidad, caen continuamente con el fin de alcanzar una nueva teoría más fiable que de una respuesta a lo que hasta entonces ha sido un misterio. Quizás todos tenemos esa facultad de resucitar, al momento de morir, y existamos en otro plano. ¿Te imaginas que pudiésemos existir en la tierra como Jesús de Nazaret durante unos minutos o quizás horas? ¿Con el fin de quizás de dar algún mensaje a una persona, familiar, etc. y que no nos reconociesen? Nada se dice de cómo desaparece Jesús de Nazaret después de ese paseo por Emaús, ¿volvió al cielo? ¿Sigue entre nosotros? ¿Después se pasa a un estado de inmortalidad?

- Se sabe que ascendió a los cielos hasta desaparecer en presencia de apóstoles.- le respondo molesto de que haya olvidado una parte esencial de la religión.

- Gracias, no me acordaba de ello. ¿Crees que puede haber ocurrido esto con más gente?

- ¿Que le suceda lo que a mí cuando meditaba y veía esos puntos azules que luego se hacían presentes en las habitaciones de las chicas en que pensaba y ellas iban viéndome? Estoy seguro de que hay más gente así.- le respondo añadiéndome un tono de importante.- la meditación consiste en una preparación previa de coger distancia y aprender a observar, para coger hábito de autocontrol y concentración, dejando aparte la racionalidad, la autoestima, la proactividad, la autoafirmación y demás chorradas, para centrarse en la comunicación.

- ¿Por qué entonces es algo que no se ha fomentado? .- me dice Kate.-

- Pregúntate más bien ¿A quiénes favorece que las personas no sepan meditar, proyectarse, o que no aprendan a observar y a actuar de forma más intrínseca y no tan racional?.- le digo.

- Es decir, me pides que me pregunte ¿A quiénes benefician estas situaciones?

- ¡Sí¡ ¿por qué?- le digo levantando los brazos para acentuar el énfasis.- Porque si la gente lo dominase, crearía sus propias energías, tendrían autocontrol, comunicación, lógica y racionalidad en un mismo canal y formando un "todo". Se acabarían los monopolios, las multinacionales, las grandes corporaciones, los ideologismos capitalista y comunista, y la gente podría encontrar sus propias respuestas a las preguntas.

- ¡Ufff¡ estaríamos acabando con los sistemas de educación, psicólogos y religiones.- me dice ella.

- En el colegio nos enseñaban que la letra con sangre entra y ahora te enseñan que la mejor forma de aprender es a través del estímulo y la satisfacción.- le contesto.- pues ¿qué mejor estímulo y satisfacción?

- Es lo mismo que antes del monte Sinaí, los cristianos temían a Dios y después Dios es amor.- me dice siguiéndome la profundidad y dobles sentidos.-

- Además en ese momento de la historia, los musulmanes que venían diciendo que Dios era amor, pasaron a después temerle. Es decir, al contrario. ¿Tiene sentido fuera de lo pedagógico? Por un lado se pasa de la insatisfacción, la impotencia, del sentimiento de inutilidad, a la tristeza y la desesperación, mientras que cuando tememos a Dios, a la educación represiva o a los gobiernos tiránicos y a los contrarios cuando amamos a Dios, a la educación estimulante y al gobierno justo y sano.

- ¿Por qué nos manipulan tanto?
- Quizás porque lo merezcamos cariño.- le respondo abatiendo los brazos y tirándome literalmente en la silla desalentado. En este momento necesitaría estar en un lugar en el que me cargue de energía y no me descargue tanto como esta habitación.
- ¿Dónde te gustaría estar ahora?- me pregunta Kate.
- Algo que he soñado y se hizo realidad fue estar en China.- respondo.- pues me prometí a mi mismo después del accidente que no volvería a estar a punto de morirme sin conocerla. Pero no es allí donde me cargo de energía, sino en un lugar donde haya naturaleza. Por ejemplo, me encantan los parques de las ciudades, el paseo por el Tajo que suelo hacer por las tardes, la colina que subo para dominar Toledo en el atardecer, los bosques y praderas de cualquier lugar y las costas de cualquier otro. En esos momentos creo en Dios más que en un laboratorio analizando sus maravillas.
- ¿Por qué?
- Porque en el laboratorio también veo la capacidad de destrucción que Dios ha creado y eso me hace dudar.- respondo.
- ¿En qué crees aunque no puedas demostrar que exista?.- me pregunta.
- Creo en el campo magnético, en Dios, en el Más Allá y en la existencia de otros mundos y submundos.- respondo consciente de que algunos de ellos se demuestran.- pero lo que creo y no puedo demostrar es la existencia del cielo y del

infierno y en la resurrección que no se pueden demostrar. ¿Qué significa para ti la frase «ser espiritual»?.- le devuelvo la pregunta.

- Para mi tiene dos significados.- responde Kate.- por un lado hace referencia a una persona buena y mística que vive y por otro lado a las energías que vagan por la tierra sin evolucionar, procedentes de las personas muertas.

- Supongo que los ángeles y demonios los consideras también seres espirituales.- le ayudo.- ¿Hasta qué punto eres espiritual?

- No me consideraba ningún "ser espiritual" hasta que he llegado a esta habitación.- contesta Kate con toda razón.- ¿Qué crees que eras en tu vida anterior?

- ¡Ufff¡ con esa pregunta das por sentado que hemos tenido vidas anteriores y esa es otra de las cuestiones que nos van a resolver ahora cuando pasemos al otro lado .- respondo.- si te soy sincero y no te molestas por lo que te voy a decir, tengo la sensación que tú y yo hemos estado juntos en otra vida. Cuando nos hemos abrazado o besado, era como si ya lo hubiéramos hecho. Era tan conocido que me he sorprendido.

- A mí también me ha pasado lo mismo.- me sigue ella.- he notado tu cuerpo como si hubieras sido mi pareja en otra vida.

Paseo por la habitación. Como algo, no sin antes ofrecerle la bandeja con comida que acaba de aparecer sin saber de nuevo, cómo, ni de dónde. Dice José Joaquín de Mora «El sentido común es el conjunto de nociones generales que todos los hombres tienen sobre la naturaleza de las cosas y sobre las acciones humanas; la sana razón es el uso ordinario y sencillo del raciocinio. Es contra el sentido común creer en agüeros; el hombre que gasta todo lo que tiene, sin pensar en lo futuro, obra contra las reglas de la sana razón.» Reflexiono en el hecho de que algunas personas miden su vida en dinero, poder, o días; yo prefiero hacerlo en conocimientos cruzados, horizontes, amor, países, libros y culturas. Hablo y escucho. Hablar con mis amigos de lo que ocurre por el mundo, de lo que aconteció y de lo está por venir es importante, pero si puedo lo hago con varios, o cada vez con uno/a diferente y siempre delante de un café. ¿Por qué? Para no disparar siempre al mismo. También les cuento otras cosas de mi vida que ya no son conocidas. Me abro con los secretos, con las cosas prohibidas que hice, con lo que ellos nunca imaginarían que aporté, hice, o apoyé. A esta altura de mi vida ya no importa y a nadie más que a mi puede afectarme. Siempre les pregunto cómo les va, cómo se encuentran. También lo hago por sus familias, sin que esto se convierta en el objeto de la conversación, pues habitualmente pasamos los ratos libres con amigos y familiares en un monotema: "su ex"/"mi ex" (de lo que sea), no solo de cónyuge, sino de cualquier cosa. Cuando entramos en esta dinámica de bucle inevitable, siempre traigo a mi memoria el dicho que reza "El libro es un pájaro con más de cien alas para volar". Afortunadamente existen diferencias en todos los aspectos de la conducta, de la conversación y de la experiencia entre ambos interlocutores. Si no fuera así, ambos aprenderíamos igualmente bien y actuaríamos de modo equivalente, pero cada situación no sería diferente, sino pareja y monótona, y tampoco crearíamos un mundo totalmente distinto cada ocasión en la que nos uniese ese cafetito. En la vida hay ideas, pensamientos, filosofías, conductas y culturas lo suficientemente variadas y diferentes para evitar la monotonía y el aburrimiento. Si además le añadimos que cada uno de nosotros somos personas con problemas, y cada problema compartido deja de ser el más grave, es cuando nos implicamos en causas y proyectos solidarios. El dolor pierde cuantía cuando convive y es empático con el de otros. ¡Ahora bien¡ aunque todo eso lo hago bien, sino lo hago con la medición y mediación de mi intelecto, no encontraría diferencias. No distinguiría la combinación de capacidades de cada uno de ellos. Uno podrá poseer acaso una disposición considerable para las ciencias, por ejemplo, y prácticamente ninguna para las letras. Dicho de otro modo, no distinguiría, no valoraría por separado a una rubia de una morena, ¡je, je, je¡. Actúo sobre mi comportamiento. Hasta me atrevo a conocer a gente nueva, a pesar de tener que visitar ambientes que nunca hubiese imaginado frecuentar. No espero a estar bien para hacer cosas, porque la vida me ha enseñado que jamás estarán como me gustaría que fuesen y siempre habría motivos para no hacerlo. Hace tiempo que aplico la regla anterior al revés y ciertamente me funciona. Me explico, no espero a que todo esté bien para hacer algo, sino que hago cosas para poder llegar a estar bien. En la carrera estudiaba el comportamiento animal comparado con el humano y al revés. De todos los datos, sacaba mis estadísticas comprobando que de las diferencias individuales de muchas aptitudes revelaban una distribución continua de nuevas apreciaciones que no había visto hasta el momento. ¿Qué si había casos extremos? ¡Naturalmente¡, en toda estadística hay un intervalo o segmento a estudiar y sin esos extremos o cotas sería imposible delimitarlo. Pero curiosamente observaba que la mayoría se sitúa dentro de los límites de la categoría o del percentil medio. Las causas de las diferencias individuales llevan los nombres de herencia y medio ambiente. La herencia pone los límites al tipo de desarrollo posible, en tanto que el medio lleva estos límites a los grados máximo o mínimo. Últimamente estaba intentando empezar a cuidarme y mimarme, a pesar de la depresión que tenía. Cuidaba más mi aspecto exterior, la alimentación, la higiene y sobretodo la salud. Dedicaba más tiempo a ésto y menos a pensar. Me daba caprichos que hacían sentirme mejor y que cualquiera que me hubiera conocido, jamás lo hubiese creído de mí. No quiero olvidar nada de lo que hice o aprendí. Tampoco a nadie, ni bueno ni malo que se cruzara en mi vida. Solo quiero recordarlo sin que duela.

- ¡Bueno¡ ¡Mira Kent¡ Realmente lo que creo es que tendemos a verlo todo muy mal. Somos más pesimistas de lo que deberíamos ser.-me dice Kate.-
- No estamos tan alejados de la mayoría.- le recuerdo.- salvo excepciones, los humanos somos pesimistas tanto desde el punto de vista racional, como emocional.
- ¿Por qué nos resulta tan difícil ser realistas?.- me pregunta desesperada.-
- Creo que influye la educación que nos incrusta el pensamiento de que venimos a sufrir, añadido a la educación de que debemos ser modestos y el remate religioso de que somos ínfimos.- le digo en tono bajito para que el ángel no me oiga.-
- En el hospital veo cómo en momentos críticos y de urgencia, personas que son frías y calculadoras en su trabajo e incluso en su vida, son incapaces de hacer un juicio objetivo sobre sí mismos.
- Mira cariño.- le digo sujetando con delicadeza su cara con mis manos.- por muy importantes que nos creamos, todos. Y digo absolutamente todos somos humanos. Y eso implica errar y ser subjetivos, o incluso bloquearnos.
- Tienes razón Kent, somos muy requetelimitaditos en todos los aspectos e incapaces de dar soluciones validas en momentos de crisis. Así nunca cerramos ninguna cuestión importante.
- Cuando me refiero a temas importantes que afectan a la sociedad, a la familia, a las economías y a la religión a la vez, traigo a mi memoria el caso de la adopción de niños o la fecundación in vitro, hasta incluso los vientres de alquiler y células madre.

- Es cierto.- me da la razón.- en ese momento las creencias y necesidades se enfrentan. Aparecen los fundamentalistas religiosos y los científicos mal intencionados que prefieren ganar dinero con esas cosas. Siempre pagan justos por pecadores. ¿Adoptarías niños?

- Personalmente nunca los adoptaría, pero favorecería las leyes para aquellos que los quieran adoptar.- respondo.

- ¿Estudiarías la posibilidad de recurrir a la fecundación artificial?.- me pregunta.

- Si, naturalmente y máxime teniendo cuatro especialidades en reproducción.- respondo.- recuerda que además de policía, soy veterinario y biólogo. ¡Kate¡ que argumento le expondrías a alguien que le ayudase a explicar por qué todavía no tienes hijos.

- ¡Ufff¡ eso debería ser la persona quien lo justificase.- me responde.- habrían causas familiares, ideológicas, económicas y fisiológicas por medio. Cada uno tendría sus explicaciones, de modo que no le podría ayudar más allá de lo que te acabo de decir.

- Ok, entonces te lo pregunto de otra manera ¿Qué argumentos hay a favor de tener hijos?.- le pregunto.

- ¡Madre mía con tus preguntitas¡.- responde.- ¡A ver¡ por un lado estarían las creencias, ideologías, culturas y religiones. Por otro lado las económicas de herencias, las sociales y similares y en tercer lugar estarían las intrínsecas a las personas como la necesidad de ser madre, la de transmitir genes y apellidos del padre y ¡en fin¡ cosas así serían las que lo justificasen.

- Y ¿Cuáles habría en contra?.- le pregunto.

- ¡Jooo¡.- protesta.- como médico te contestaría que todas aquellas que dieran lugar a fallecimientos prematuros, transmisión de patologías y malformaciones, así como las que pusieran en riesgo a la madre y hasta el mismísimo matrimonio, diría yo. La verdad es que no se me ocurren más. ¡Bueno¡ añadiría aquellas circunstancias en las que los padres sean menores o incapaces física y mentalmente de criar adecuadamente a los hijos.

- ¿Te das cuenta que corazón, cerebro, sociedad, cultura, ideologías y religión no coinciden y compiten en estos casos?.- le digo.- es otro de los motivos en los que sufrimos porque la toma de decisiones es harto compleja si queremos contentarlos a todos.

Me refresco un poco. Bebo agua y le ofrezco a Kate. Pienso que las grandes verdades se dicen bromeando. ¡Qué cierto es ello¡. Siempre he procurado hacerlo y me han tachado de cínico. Al crítico analfabeto que me lo ha dicho, le he contestado que hablaba de mi personalidad y no de lo que yo decía, por tanto estaba errado en ambas ocasiones. La primera porque yo decía una verdad que él desconocía y criticaba sin juicio para ello. La segunda porque los fundamentos de la personalidad provienen de la herencia, con lo que podría estar equivocado al tacharme de cínico, del mismo modo que acertado, por lo que continuaba cultivando su mediocre mente diciéndole que los factores orgánicos sólo proporcionan el núcleo del desarrollo individual. La forma en que el individuo, es decir ¡yo¡ (en este caso), desarrolle este patrón innato de capacidades, dependerá de la acción de muchos factores ambientales. Llegado a este punto en el que empiezo a callar al "mente fría" opositor, siempre hago una pausa y le pregunto ¿Podrá ser mejor volar y respirar en el aire que nadar y respirar en el agua? La carita del torpe es para que Lope de Vega le dedicara una obra de teatro. Ante su silencio continúo abonando su masa gris disertando sobre la personalidad, diciéndole que los aspectos sociales de la personalidad tienen como fundamento las relaciones entre padres e hijos y son modificados por la experiencia posterior.

Claro que con esta experiencia, quizás él avance, pero para mí supone un retraso en mi progreso que lo tomo como obra de misericordia y espero que el ángel me lo tenga en cuenta. Sigo aclarándole que las buenas relaciones paterno-filiales son las que proporcionan la mejor oportunidad para el establecimiento de buenas relaciones interpersonales. Los primeros años son muy importantes, puesto que el patrón de la conducta futura se establece, en su mayor parte, antes de los seis años de edad. Me duele el hecho de recibir este adjetivo calificativo de personas muy cercanas a mí, por el simple hecho de hacerme daño. Sin darse cuenta de que el daño no me lo hacen con su intento de ofensa como motivación de la conciencia, sino por el dolor que supone la frustración de haber invertido en ellos muchos años de dinero, esfuerzos y enseñanzas con tan penosos resultados de ignorancia. Supongo que hay herencias genéticas, relaciones familiares y de amistad que no se traspasan ni por osmosis y son como el "inconsciente", puesto que no nos damos cuenta de su existencia. En este momento soy yo el que hace una pausa y pongo la cara de pena para que otro autor como Quevedo me dedique sus versos de…"era un hombre a una nariz pegado…" dedicados en origen a Góngora. Me pregunto ¿Se hizo el hombre para la ciencia o se hizo la ciencia para el hombre? Entonces es de aplicación aquello del Id y el Ego freudiano como estructura de la personalidad. El Id, como depósito de la energía instintiva bruta, el Ego, como el yo que trata de enfrentarse de modo concreto al mundo, y el Superego, que rige al Ego y al Id, para guiarlos hacia los ideales. Sigo con mis interrogantes y añado en voz alta ¿Y qué es: derecho a la vida o derecho al alma? «El que quiera salvar su vida, la perderá», dice el Evangelio; pero no dice… el que quiera salvar su alma, (el alma inmortal). En este momento el que me acusaba de cínico hace mutis por el foro, porque ya no sabe qué calificativo aplicarme, y menos, de qué estoy hablando, pues su mente de mercadillo con neuronas de segunda mano no distinguiría siquiera otras teorías de la personalidad, aún encarnando conceptos freudianos, que destacan el afán de superioridad o voluntad de poder (Adler), la ansiedad (Horney), la autorrealización (Jung, Maslow), las necesidades (Murray), los tipos físicos (Kretschmer, Sheldon), la introversión y extroversión, o los tipos dominante y sumiso (Jung, Allport). ¡Como para entender qué es el cinismo¡ ¿no? Yo me alejo en dirección contraria al opositor analizando las diferencias entre ambos a pesar de tener genes similares y me pregunto ¿Y en gracia a qué vivimos? ¿Para qué?, ¿y para qué somos? ¿Con qué derecho? ¿Y con qué derecho somos? ¿Dónde se localiza el cinismo, la integridad y la personalidad? ¿En el cuerpo o en el alma? Supongo que en nuestras profundidades inconscientes es donde se encuentran las mayores posibilidades de encontrarlos. Muchos de nosotros vamos por la vida sin darnos cuenta de su existencia, y menos sin usarlos, pero es el caso, con todo, que, si se aplica el estímulo apropiado, se produce una autorevelación que conduce a una autorrealización, que jamás se puede compartir con el de al lado porque lo menos que te puede llamar es cínico. ¿Cuáles son las analogías que el hombre tiene con sus semejantes? Personalmente creo que todos los puntos de unión estriban en la zona material, corporal y tangible, mientras que las diferencias estriban en lo inmaterial, espiritual e intangible. En esto basan los japoneses su existencia y la economía del siglo XXI que va a derivar y contagiar al mundo occidental. ¿Cuáles son los mejores frutos que podemos obtener de todo esto? Los mejores frutos serán los de experiencia religiosa que a su vez se obtienen de otros frutos ¿Cuáles? Pues de las mejores cosas que la historia pueda mostrarnos. Desconozco, aunque confío y creo que el hombre está hecho a imagen y semejanza de Dios. Pero muchas veces me aterra que sea así, pues ¡Ufff¡ Porque visto y estudiado el ser humano, su anatomía, fisiología, conducta y resultados con su entorno y consigo mismo… ¡Vaya tela¡ A veces envidio a las abejas y a las ortigas. Los seres vivos se mueven por impulsos, que motivan y conducen, alterando y formando la personalidad, la cual, a su vez, está influenciada por el subconsciente y su lenguaje onírico, para que aprenda y adquiera experiencia en el consciente, de tal manera que todo junto y revuelto nos de cómo resultado un superviviente que está predestinado a llegar a Dios con supuesta libre elección, pero al que nadie le ha preguntado qué, cómo, cuándo, ni dónde, y que a su vez se le ponen obstáculos para que pruebe que quiere llegar a Él, debiendo interaccionar con las decisiones de cientos de miles de millones de personas que toman decisiones en cada momento, alterando el entorno con ellas y sobre las cuales esta persona no puede influir… puesto que los impulsos y motivos no siempre se satisfacen y además desencadenan conflictos. Las situaciones que implican conflicto constituyen un aspecto inevitable de la vida. ¿En qué forma moldean la personalidad? Porque una cosa es moldearla y otra cómo y cuál es el resultado ¿no? ¡Vaya tela¡… ¡lo que digo¡ que a veces envidio a las abejas y a las ortigas. Me percato de que tengo una nota de Kate. Me asusto porque no la veo en la habitación. Me desespero y pienso que se ha ido mientras estaba embebido en mis pensamientos. De repente aparece como tal cosa y le abronco molesto.

- Discúlpame por todos los problemas que te haya podido causar y mis impertinencias durante el tiempo que hemos estado en esta habitación.- me dice Kate.
- No tengo nada que perdonar, del mismo modo que solo te pido disculpas por no estar alegre contigo, y con nadie. Es harto difícil que llegues a comprender la situación porque a pesar de tanta experiencia que acumulas, es diferente por completo a la mía. Perdona que te lo diga así, pero un hombre de mis años necesita soluciones y respuestas, además de otro tipo

de tratamiento acorde a la edad. No que le traten como un niño de ocho años al que se le enseña la foto de un perrito y ya se alegra, o le den palmaditas en la espalda para que se levante. Esa es la sensación que tengo cada vez que hablo contigo. Seguramente será impresión mía y no sea la realidad, pero es lo que recibo de ti. Tampoco necesito que me mandes notas como si no hubiera hecho los deberes o fuese uno de tus empleados que se escaquean. Me dicen que buscan gente más joven. Tampoco espero que esto lo entiendas ahora, pero puede que en un tiempo lo entiendas perfectamente, como le está pasando a otras personas que también actuaban de la misma manera hasta que les toca. Por desgracia para mi, vivimos en un país en donde lo cutre prima y la experiencia se desprecia. Donde la edad se penaliza y los éxitos también. En mi empresa personal he dado beneficios hasta este año. No debo nada a nadie y he pagado a hacienda los dieciocho impuestos a los que estoy obligado. Pero ni puedo alquilar, ni vender, ni trabajar. Los dos primeros por los inútiles, estúpidos y subnormales de los políticos y los que les votaron. El tercero por las cuestiones anteriores, porque a pesar de ser accionista de un grupo empresarial no puedo trabajar allí por temas familiares y porque los que se llamaban amigos, se vendieron por un plato de lentejas con un anterior jefe, además de demostrar su inutilidad en avanzar. Y sobre todo ¡porque estoy muerto como tú¡. Te quejas de que el hospital donde trabajas no tiene buenos profesionales y yo además de que este país hace tiempo se llenó de mediocres. A fecha de hoy (en mi faceta de consultor) sigo recibiendo bastantes mails con proyectos a estudiar, con empresas a protocolizar y ejecutivos que les viene grande el puesto y no distinguen una cuenta de resultados de los objetivos, o tienen que ratificar sus informes conmigo porque su autoconfianza es deplorable o necesitan un psicólogo gratuito, porque en ningún caso pagan siquiera un café. Kate, sinceramente, te agradezco infinito las intenciones, pero por favor no me trates más como un crio. Me visto por los pies desde que tenía 15 años. Me he hecho cargo de mi casa y de otras desde los 16 años. Tengo conocimientos para aburrir y sigo siendo tonto ayudando a quien me lo pide, aunque no pague, pero por favor… Nunca me mandas notas y cuando he visto la tuya me he asustado porque creí que me ibas a dar una mala noticia tuya, de nosotros o ¡qué sé yo¡. Si además me dices que por qué te devuelvo la nota, con ese tono de despreocupación que has puesto, pues sinceramente ha habido un malentendido entre los dos. Disculpa mi actitud, pero me he preocupado y asustado.

- ¡Entendido¡.- me contesta.- Tranquilo, si algo grave hubiese sucedido, seguramente no te lo hubiera dicho. Llamaba con la intención de animarte. ¿Debo en ese caso mostrar preocupación?. Te había dejado un mensaje con el motivo de mi llamada. Por eso me sorprendió que me llamases y por eso te contesté lo que te dije. No obstante. Gracias por tu sinceridad. Siento que lo hayas percibido de esta manera, pero al final lo que cuenta es sólo eso y no lo puedo cambiar. Como ya te he dicho, no tengo la solución, ni una varita mágica para ayudarte, ni siquiera puedo hacerlo conmigo misma, solo autoconvencerme e intentar que las cosas cambien y buscar ese cambio. No te creas que no ha sido por no desearlo en muchas ocasiones. A veces, sólo me gustaría dormir para ausentarme e incluso no pensar, conseguir desconectar en algún momento y avanzar más rápido. No voy a justificar, ni a dar explicaciones, porque además creo que ni las necesitas, ni las quieres escuchar, sólo decirte que nunca he pretendido tratarte como un tonto o como un crío, solo lamento que no me lo hayas dicho antes, sobre todo para evitar que te hubieras sentido así y en mi caso para evitar sentirme tan ridícula como me siento ahora. Pese a lo que puedas pensar y que me has trasladado amablemente, se cómo te sientes, mucho más de lo que llegues a imaginar y por eso he intentado poner una nota de humor a esta situación, porque es necesario verlo desde una perspectiva distinta. Hay una lección que aprendí hace mucho tiempo y es que uno no puede estar lamentándose continuamente, ni mostrar desesperación, ni puedes echarle la culpa de todo lo que le sucede al resto. Yo lo hice en una ocasión y me equivoqué, sólo logré amargarme más, sentir una tristeza y vacío enorme y una soledad que me comía por dentro. Sé lo que piensas.... pero si sigues lamentándote, sigues triste y solo... La diferencia es que lo guardo para mí e intento que nadie se percate. Intento ser amable y ayudar en lo que puedo. Bueno, de nuevo perdón. Tranquilo, ahora sé lo que te molesta e intentaré no hacerlo nunca más.- me responde y se aleja a la parte que le corresponde de la habitación. Se tumba en la cama boca abajo y allí permanece quieta.

Me da pena porque parece un perrillo abandonado, con falta de atención y cuidado. Ambos estamos alejados del lugar que conocemos, al que estamos acostumbrados. Los dos debemos renunciar a seguir viviendo, a seguir haciendo las rutinas de siempre y a no terminar las cosas que habíamos iniciado. Todos los que llegamos aquí teníamos pensadas ideas, o cosas que hacer. Todos descuidamos nuestro paso al examen porque no vemos el día en que llegue y el día a día nos embebe de tareas torpes e inútiles que contentan a los demás sin llenarnos a nosotros y menos a Dios. Descuidos y negligencias en las obligaciones nos apartan de Dios, de la sociedad o de los amigos, terminamos desamparados si además nos abandonamos en la salud y el aspecto físico, que solo es admisible cuando no redunde en perjuicio de terceros. Abandonamos animales, casas, cosas, plantas, familiares, amigos, niños, ancianos, padres, madres, hijos, o ciudades por dejadez y descuido, del mismo modo que conscientes, porque nos pesan o nos bloquean el avance en la vida. En esta habitación nos damos cuenta de que lo que no amamos en vida, lo amamos cuando lo perdemos.

- Siempre he preferido tener a mi lado gente creyente en Dios (aunque le llamasen como fuese), antes que gente que solo tiene ídolos. Cuando la gente no cree en Dios ¿en qué cree?.- pregunto al aire.

- En sí mismos y se convierten en egoístas. O en el dinero y se transforman en más egoístas aún.- me responde.-

- Tú Kate, cambiaste de religión pasando de musulmana a cristiana, demostrando con ello mucha valentía al arriesgar la vida. ¿Cómo encontraste la fé?

- Supongo que el ejemplo de la madre Teresa de Calcuta y el ejemplo del Papa Juan Pablo II fueron decisivos en ello, junto con el hecho de que los talibanes arrasaran todo vestigio de cultura y manipulasen el Corán para someternos más aún.- responde.- y tu Kent ¿De qué tienes dudas actualmente?

- Entonces no te pregunto ¿Por qué te decidiste por esta religión y no por otra?.- zanjo de esta manera la cuestión previa.- Dudo de las personas y del ser humano.- respondo.

- Sabes a lo que me refiero.- me reprocha Kate.

- Si tuviera que describir todos y cada uno de los momentos en que he tenido dudas, o decidirme por alguna situación en la que se tambaleara mi fé, te aseguro que rellenaría media vida. ¡Cariño¡, a lo largo de estas charlas he dejado constancia de mis dudas. No creo necesario repetirlas ahora a riesgo de que entre el ángel y nos pille en mitad de esa retahíla ¿no?.- reprocho justificándome.- sería preferible que nos pillara rezando ¿no crees?

- ¿Con que frecuencia rezas y en qué situaciones?.- me pregunta.

- Rezo todos y cada uno de los días, esté donde esté y la situación que sea.- contesto.- claro que si tengo miedo o estoy en peligro mantengo una charla reivindicativa con el "Jefe".- digo señalando con el dedo hacia arriba.

Pongo atención al último lenguaje que se aplica en este año. Me río con lo lejos que quedaron las expresiones de niño, como "mola mazo... guay... Chachi..." y similares. Hoy debería expresarme en una jerga similar a que en este momento estoy haciendo un relaxing cup y crowdfunding con bitcoins, para que tu twerking no haga fracking y me escracheen por el Selfie con la phablet. Hace unos meses, casi nadie sabía qué eran estas expresiones y muy pocos habían oído siquiera pronunciarlas. La gente consideraba una "boda roja" a un enlace entre comunistas y no la sanguinaria boda de la tercera temporada de Juego de tronos de la serie basada en los libros de George R.R. Martín. Se conocían los raptos y secuestros pero se desconocía lo que era un "secuestro virtual". Una modalidad de extorsión basada en el miedo infundido a las víctimas a través del teléfono. Los secuestradores se hacen pasar en un primer momento por autoridades. Los que lo sufren se creen que están en peligro y sus familias también y que todo depende de que sigan las instrucciones y no cuelguen el teléfono en ningún momento. "El teléfono es tu vida" es la frase que se suele usar. Hemos aprendido que un shutdown es una aplicación estatal que lleva a la práctica la interrupción de la mayoría de sus actividades consideradas como "no esenciales" -desde el cierre de museos públicos a la cancelación de algunos servicios- al carecer de presupuesto para financiarlo. ¡En fin¡ para que el lector que no conozca estos términos y pueda reírse conmigo, le comento que un Bitcoin es una moneda virtual que ni se ve ni se toca pero que se revaloriza más que el oro (de 10 euros a 500 solo en este año) aunque nadie quiera cobrar su sueldo en ella. Se extiende por internet y también en las tiendas físicas. Su nombre es lógico: bit (binary digit, un dígito del sistema de numeración binario) más coin (moneda, en inglés). Creada en 2008, nadie tiene poder ni control sobre ella, ni gobiernos, ni bancos centrales ni su mismo creador. La gente compra y vende con bitcoins por internet al margen de Haciendas. Un crowdfunding, (financiación colectiva o micromecenazgo), es un fenómeno importado de EE UU que consiste en obtener la financiación de un proyecto a través de aportaciones colectivas por Internet en un plazo limitado, a cambio de obsequios, descuentos, experiencias... Por crowdfunding se ha financiado el museo para recaudar el millón de euros que le cuesta restaurar la célebre estatua de La Victoria de Samotracia. Un Escrache es una nueva forma de protesta en España la copiaron de Argentina, consistente en seguir, perseguir y cercar a alguien importante en su casa y en el trabajo mientras se le insulta y acusa. Un Fracking o fractura hidráulica consiste en inyectar agua y arena tratada químicamente a muchísima presión para despegar el hidrocarburo instalado tras siglos de sedimentación en los poros de las rocas y conseguir que el crudo fluya a la superficie. Dicho de otra manera, es apalancar la bolsa de petróleo para que salga antes sin contar con los desastres ecológicos y fallas tectónicas circundantes. "Relaxing cup... ... of café con leche in Plaza Mayor". Fue la famosa frase con la que la alcaldesa de Madrid enseñó al COI (Comité Olímpico Internacional) que la ciudad española era la mejor opción para acoger los Juegos Olímpicos. Naturalmente no les concedieron a los madrileños la sede olímpica. Una Phablet es la fusión de las palabras phone (teléfono) y tablet (tableta). Hacerse un selfie, es hacerse un autorretrato para colgar en las redes sociales (Autofotografiarse) Ya ha sido designada como la palabra inglesa del año para el Oxford Dictionary. Discúlpeme el lector/a pues el twerking no se puede explicar. Este neologismo lo ha escrito la cantante Hanna Montana (Miley Cyrus). Básicamente consiste en agacharse (vestidos) ante un hombre, dejando su trasero a la altura perfecta de una insinuante cohabitación. Acto seguido continúan diez segundos de sensual movimiento de batidora de caderas. Este movimiento de caderas, sin restriegue y sin semejante agachamiento, existe desde hace más de cien años en Sudamérica y más de mil años en los países árabes.

- Te encuentras bien.- me pregunta Kate preocupada.-
- ¿Que cómo estoy? Pues Estoy muy cansado, harto de ordenancionismo, prohibiciones, malentendidos, desprecios, abandonos, impuestos, burocracias corrupciones y crisis. De ir cada día hacia atrás y que constantemente atenten contra mi inteligencia, mi bolsillo, mi corazón y mi persona. Además de visitar hospitales y de entierros, parece como si las rebajas hubieran llegado al cielo o todos nos hubiéramos puesto de acuerdo en venir a aquí. Estoy cansado de pelear con fantasmas, "qué me dices…" y malas personas. Estoy cansado de tener que aguantar vejaciones por intentar ser buena persona sin que nunca pueda conseguirlo. Estoy harto de que Dios siempre castigue a los mismos y favorezca a los de siempre. ¿Qué tal vas tú? A mi hija y a Dios les diría que también estoy cansado de suplicar, de pedir perdón y de pedir ayuda. He intentado acercarme a ellos de todas las maneras que sé y no ha sido posible. Les he pedido perdón por lo que les haya podido hacer y tampoco me perdonan. Me han mandado a la mierda y tampoco me contestan cuando les pregunto algo. Dicen que es lo que ellos quieren y hay que acatarlo porque "son ellos". Bueno pues creo que después de toda una vida así, es el momento de decirte adiós y que no voy a molestarte más. He ido a tantas misas que ya ni recuerdo el número. He cumplido los mandamientos, las leyes civiles, militares y las que me han puesto por delante. He pagado impuestos para tener derecho a cinco vidas y no tengo nada. He pagado diezmos y practicado la caridad para cumplir con la iglesia que me echó de su lado y nunca me ayudó tampoco y con

mis semejantes más necesitados sin que tampoco ninguno me diera siquiera las gracias. Estoy cansado Kate. ¡Sí¡, estoy muy cansado ¿Cuántos rosarios son necesarios rezar para que te escuche? Por último deciros que sois, mi Dios y mi hija. Que os quiero mucho y os deseo que seáis felices aunque sea sin mí. Como siempre respetaré vuestra decisión aunque ni la comparta, ni la entienda. Si algún día hiciera un perfil psicológico de Dios como lo haría a cualquier hombre de la tierra, tendría serios problemas en certificar la salud del Creador. Pues alguien que quiere que solo le adoren a Él, que impone sus normas o castiga eternamente, que tiene una obsesión compulsiva con determinadas cuestiones, que deja un sacrificio humano para el perdón de los hombres, siendo la víctima su propio hijo cuando dispone de otros medios. Que impone pruebas constantes de amor como un hombre puede solicitar a su mujer o viceversa para que constantemente le demuestre su amor incondicional. Que crea a los hombres pero abre a los jinetes del Apocalipsis para que mueran, enfermen, paleen y sufran. Que dice que perdona todo pero el pecado original no y castiga no solo a los que lo incumplieron sino a todos los descendientes. Que impone no cometer actos impuros pero tiene un hijo con una niña de quince años, etc., etc., etc. Este análisis psicopatológico de Dios me saldría todo el vademécum de patologías posibles… Egocéntrico, psicópata, obsesivo compulsivo, sociópata, histeria, neurosis, TDAH, Silogomanía, paternidad tardía y hasta posible esquizofrenia… etc. ¡Basta¡ ¡Basta¡ me digo a mi mismo. Estoy cayendo muy bajo. Lo justifico por el agotamiento y la incomunicación con Dios y con mi hija. Por tanto estrés acumulado de si nos vamos a salvar a o condenar. ¿Quién soy yo para juzgar, criticar o pensar así, cuando es lo único a lo que he recurrido cada vez que lo necesitaba? ¡Dios, perdóname¡. Estoy muy cansado de buscaros a los dos y que me rechacéis. ¡Mirad¡, me voy a tumbar en la cama. Estoy muy cansado…

- ¿Estás harto de todo y de todos?.- me pregunta.
- ¿Qué es para ti el "todo", Kate?.- es solamente un término concreto y abstracto al mismo tiempo. Es una paradoja más, inventada por el hombre para cuando no es capaz de describir algo. Indica la totalidad de ese algo sin excluir ninguna parte, ni ninguno de los elementos que lo integran.
- El todo es lo máximo. Es el grado máximo de intensificación, pero también es una característica o una cualidad.- me dice dándome la razón.-
- Con total y absoluta seguridad sé de todas, todas, que me has avergonzado, pero así y todo somos amigos.- me dice jugando con la palabra.
- Lo sé.- le contesto.- Mira cariño.- le digo complaciente.- Nos jugamos el todo por el todo. Arriesgamos hasta el máximo, sin ningún tipo de ponderación ni miramiento, para conseguir un fin determinado que nos guste y complazca. Así y todo. A pesar de eso, y aún siendo así, debemos estar listos para actuar.
- Somos buenos amigos, pero, con todo, no puedo permitirte tanta crítica.- me dice.- No puedes estar en todo, siempre hay detalles que a uno se le escapan. Debes concentrarte en la tarea que tenemos por delante de pasaɾ este examen.- me comenta siguiendo con el juego lingüístico.
- Si lo superamos los dos, te enviaré flores por nuestro aniversario.- le digo chistoso.-
- Ya no queda "nada" para que "todo" termine.- certifica ella.
- ¡Buena paradoja¡ Que definiría perfectamente al alfa y omega que es Dios.- le aplaudo.- ¿Qué es exactamente lo que te irrita al pensar que podría existir un Dios por encima de éste?
- Lo único que me irritaría es pensar que he sido una idiota adorando a un semidiós.- responde Kate.
- Tranquila, que si has adorado a Dios, es al absoluto y si nos hubiéramos confundido y hubiera otro por encima, nuestras

oraciones habrían ido a éste y no al primero.- le tranquilizo.- porque creemos en un solo Dios verdadero y absoluto. ¿Has perdido la fe alguna vez?

- El tener fé es un don que se le concede a muy pocos.- me responde.- con solo un grano de ella ya es mucho.- me responde.-

- Reconozco que nunca tuve esa fe que se escribe y describe en los libros hasta que un cierto día tuve un semisueño en donde un foco de luz me iluminó.- le digo.

- ¡Venga sigue¡.- me anima Kate impaciente de saber cómo sigue el semisueño.

- Ok, te cuento que la habitación se iluminó con una especie de foco que se paró en mi cara. No quemaba ni nada por el estilo, pero obtuve contestación a todas mis dudas e interrogantes. Escribí sendos libros y tras ello se esfumaron las respuestas, regresando las dudas que tengo hasta hoy.

- Fue una experiencia impresionante. Eres afortunado pues pocas personas lo han vivido.- me dice.- eres un elegido.

- ¿Elegido? ¿Para qué?.- le pregunto con cierta angustia.- me pasé la vida buscando para qué estaba aquí.

- Quizás para escribir esos libros.- me anima al tiempo que responde.- no obstante, noto en tus comentarios un cierto rechazo a la gente religiosa ¿Qué prejuicios tienes contra la gente religiosa?

- Esa es una buena pregunta.- respondo.- la verdad es que estás en lo cierto. Jamás tuve ayuda de ellos más que de mi consiliario Jose Antonio, que gracias a él sigo en la religión. Cuando tuve que enfrentarme al demonio salieron corriendo de mi lado. Cuando me divorciaron fui condenado al apartado de rechazados para ocupar cargos en las cofradías, para comulgar y hasta me impidieron entrar en alguna iglesia. Tampoco me presentaban a otras personas porque estaba en pecado mortal y el resto de la vida se pasó coaccionándome a pedir la nulidad matrimonial antes de dirigirme la palabra. Claro que previo pago de seis mil euros que no tengo y pasarse la vida pidiéndome aportaciones y colaboraciones en dinero. Para eso si que no importaba que estuviera divorciado.

En cientos de ocasiones he recurrido a una muletilla que uso con frecuencia cuando pretenden echarme la culpa de algo que no tengo y les digo "Soy responsable de lo que digo, no de lo que entiendes, ni de lo que te imaginas que he dicho". Y para hacerme entender mejor de mis pensamientos del "ahora", digo, que el futuro no es mañana, ni luego, sino que el futuro es "ahora". Los humanos nos cargamos especies, razas, ecosistemas y hasta el planeta sin importarnos el mañana, cuando en realidad ese mañana es "ahora". Los países industrializados emiten CO_2 y sus efectos los sufrimos todo el planeta. A ellos solo les importan los beneficios del "ahora", sin darse cuenta de que con este porvenir que ya es presente se agravan más las injusticias del pasado. Me llama poderosamente la atención el hecho de que al mismo tiempo que se han celebrado las tres últimas Cumbres del Clima, tuvieran lugar terremotos, erupciones volcánicas, Tsunamis y huracanes. A mí me recuerdan a las manifestaciones que los grupos antiglobalización hacen a las puertas de las Cumbres del G20. Es como si el planeta se manifestase protestando ante esa Cumbre del Clima. Por ejemplo, en la 9ª de Varsovia, el tifón Haiyan devastaba Filipinas, dejando más de cuatro mil muertos y cientos de miles de personas sin hogar. Claro que la dichosa cumbre, se quedo en "fosa" real y en "fosa" de resultados que paliasen el efecto invernadero que hace que cada año suba 0'5 ºC la temperatura media del planeta. ¡Eso sí¡ los asistentes a la dichosa Cumbrecita ofrecieron sus condolencias a las familias ¡qué detalle¡ pero lo cierto es que estas calamidades se han vuelto más frecuentes que nunca en los últimos tiempos, y que confirman predicciones. El conflicto es el sino de cada uno de nosotros. Sus causas principales son obstáculos en el medio, defectos personales e incompatibilidad de motivos. Las maneras de reaccionar al conflicto serán, bien mediante el tipo de respuesta compensador y agresivo, o bien, mediante mecanismos de escape o apatía. ¿Por qué? Sencillamente porque los mecanismos compensadores representan un ataque efectivo contra los conflictos. Y al ser deseables, lo son también desde el punto de vista de la salud mental. En cambio, los mecanismos de evasión utilizan un método negativo. Personalmente que por mucho que intente entender la conducta humana (supuestamente tan chachi) veo que en todo comportamiento hay un factor de cobardía, es decir, cierta dosis de "escaparse", que por otro lado se considera como habitual y por ende como normal. ¿No tenemos sentido común, factor de responsabilidad y cerebro, alma y sabiduría? Entonces es cuando me paso por la piedra a filósofos, lo mismo que a religiosos, políticos e ideólogos. Comprendo que datos reales, tales como que el ascenso medio del nivel del mar puede medirse en escalas pequeñas y repartidas a lo largo del tiempo, sirvan para que no le demos importancia y lo dejemos para mañana, aunque lo de hoy sea el mañana del ayer. Es fácil relajar las estadísticas y prolongarlas de lustro en lustro ¡Qué más da¡ ¿no? ¿Para qué preocuparnos si lo importante es que nos reelijan en las siguientes elecciones? Por otra parte, todo el pescado ya está vendido (como dicen en mi pueblo) en manos de los lobbies que financian esas campañas políticas. Tampoco importa que Nueva York se congele a -30 ºC cada año, ni a -40 ºC dentro de diez años ¿verdad? ¡Total¡ a medio plazo serán efectos catastróficos imparables y los fenómenos climáticos extremos se volverán cada vez menos excepcionales alcanzando intensidades desconocidas. Entonces aparecerán los clamores al cielo, las revoluciones, los saqueos y la frustración de los supervivientes que no tendrán ni agua, ni sol, ni, plantas, ni animales. Me gustaría poder estudiar el comportamiento de esos supervivientes, teniendo presente que la frustración es causa de graves desviaciones de la personalidad. ¡Ufff, qué maravilla de estudio¡ ¿no? (irónico) Me imagino esas modificaciones mezclándose con la tensión de la supervivencia, mientras otros intentan esforzarse en esos momentos de tirantez para poner un cierto orden. Lo cierto y verdadero es que la vida es un proceso de adaptación continua. Desilusiones y fracasos los sufrimos todos. La persona sana, sabiendo de antemano que habrá de enfrentarse a situaciones de esta clase, desarrolla una actitud de que "algo puede hacerse". Este enfoque positivo constituye una buena garantía contra el peligro de verse uno abrumado por las crisis, pero si le dejan, naturalmente y no se lo comen antes. Este escenario que planteo futurible, por desgracia, es el "ahora" de millones de desplazados por las inundaciones en China, para los habitantes de las pequeñas naciones-islas del Pacífico y para los filipinos. No necesito esperar para estudiar el comportamiento en esos momentos, puedo hacer una "cata" ahora mismo y ver de qué manera se agravan todavía más las injusticias y las desigualdades del pasado. La única igualdad será que los ricos lo serán más y los pobres también lo serán más. Me pregunto ¿si en un caos global, los diamantes, el dinero, el oro, las maderas exóticas, los metales estratégicos o el petróleo durarán mucho tiempo como riqueza? A fin de cuentas, certifico que cualquier decisión anticipada con la que nos enfrentaremos a los problemas a medida que estos vayan surgiendo, contribuye a la utilización constructiva de la energía creada por las tensiones, en vez de permitir que se disipe en una actitud vana o negativa. Dicho de otra manera, no es la situación la que crea la frustración, sino la reacción del individuo a ella. En última instancia, en efecto, las adaptaciones, ya sean buenas o malas, son el resultado de decisiones personales. Luego siempre tenemos un pasado y un presente, pues el futuro no es mañana, ni siquiera hoy, sino "ahora". Nos pasamos el día quejándonos por ser desgraciados, hasta que llega el momento de ver los telediarios o leer los periódicos, entonces, tenemos la sensación de que las grandes desgracias les pasan siempre a los mismos. Entretanto, los mandamases siguen enterrando residuos radiactivos, vertiendo petróleo al mar, talando sin control y jamás de los jamases se les pone siquiera ni una multa de aparcamiento. La tierra es un planeta redondo que cada día gira más lentamente que el anterior, de modo que ¡tranquilos¡ la carita negra del futuro nos llegará a todos. A mí me parece que ya no, porque estoy en esta habitación, pero no les envidio a los que sigan allí abajo.

- Oyéndote reflexionar me he alegrado por tener los hijos que he tenido.- me dice Kate.
- Discúlpame, no te sigo.- le respondo mientras salgo de mi concentración en un vano intento de seguir su diálogo.
- Lo digo porque acabo de recordar la carta que una paciente del hospital me dio para que se la enviara a su hija.
- Éso debe ser algo habitual ¿no?
- Lo es. Pero esta carta no tanto. Decía así: "Hola Fátima: Como ves tú siempre ganas y no tardo más de unas horas en aguantar sin mandarte un mensaje. Sé que no te importo lo más mínimo y que no me quieres pues ya lo has dejado patente, pero quiero que sepas que llevo diez años rota y destrozada por tu ausencia y este año hundida por tu silencio. La situación tampoco ayuda y la soledad es horrorosa. He intentado hacerme la fuerte mientras estaba la abuela, pero ahora sin ti y sin ella, esta casa se me cae encima. No creo que te interese tampoco esta casa, ni nada de lo que yo haya tocado; por lo que voy a intentar venderlo todo aunque dudo que se pueda vender por la crisis mundial que hay. Te quiero, te he querido y te querré con locura. No sé qué actitud mía nos ha separado de esa manera para que

me odies tanto, o peor aún, para que te sea tan indiferente. Has sido el motor de mi vida estos años y ahora estoy vacía. He intentado rehacer mi vida pero no funciona tampoco porque te echo muchísimo de menos. Esperaba que estas navidades ablandasen tu corazón pero vi que no. Esperaré el milagro de que nos reconciliemos, de que me perdones y enseñes cómo ser algo en tu vida o el milagro de la llamada de Dios. He fracasado y triste me iré. Impotente también. Espero que esta carta sea solo para ti y no como siempre sea censurada previamente por tu padre y tías".- hace una pausa y continúa tras un minuto de reflexión.- debe ser muy triste morir sola en casa sin que nadie te acompañe, ni vele, ni se haga cargo de tu cuerpo.- Kate se echa a llorar.-

Cierro los ojos porque he compartido la experiencia, las sensaciones y dolores de esa paciente y sé lo que se siente. Nos pasamos la vida buscando razones que nos justifiquen, que nos hagan comprender, conocer y pensar, que nos permita formar ideas, conceptos, representaciones de la realidad, hipótesis, teorías, e imágenes del más allá relacionándolas todas en conjunto y por separado en nuestra mente. Está claro que la razón es una facultad propia de los hombres, pero también lo está el hecho de que esa misma razón sea contraria a los sentimientos en incontables ocasiones. ¿Por qué buscar el motivo o la causa de algo? Si no sé cuál es la razón que me impulsa a comportarme de ese modo alguien me preguntará ¿qué razón tienes para actuar así? Yo me encogeré de hombros, le miraré cabizbajo y diré ¡No lo sé¡. Buscamos los argumentos, las explicaciones que nos justifiquen para darnos la razón como quien da el testigo de la verdad. Cantidad de veces me he dirigido al mismísimo Dios para decirle: "todavía no me has dado ninguna razón para que te haga caso; no puedes condenarme sin escuchar mis razones". Me justifico alegando mis razonamientos diciendo que la razón en matemáticas es el cociente de dos números o de dos cantidades comparables entre sí. También es una progresión geométrica. La razón es el número por el que hay que multiplicar cada término para obtener el siguiente; en una proporción, la razón es cada una de las dos fracciones que la forman. ¿Cuál es entonces la razón de nacer, de morir, de sufrir, del dolor, o de obedecer? Atiendo a razones. Admito lo que es razonable. Reconozco que lo que dicen otras personas puede ser cierto. Entro en razón y lo admito. Me costó mucho entrar en razón y que me diera cuenta de mi error al negar la existencia de Dios durante mucho tiempo. Casi me vuelvo loco cuando estoy sin Él y pierdo la razón. ¿Qué es la razón? Me sigo preguntando. ¡Otra paradoja¡ me respondo a mí mismo. Es un término adimensional que puede relacionar magnitudes físicas. ¿Quién es capaz de entender este enigma? La razón llega al extremo de lo absurdo que sin ser concreta, inteligible o mensurable es capaz de justificar la manera de actuar de un gobierno en determinadas situaciones. ¿Es que acaso el ser humano no tiene capacidad de discurrir per sé, por la cual puede alcanzar conocimiento de lo universal y llegar al campo de las ideas? Parece ser que no. Que necesitamos de argumentos y demostraciones para que nos crean y creerlo. Hay que meter en razón a los demás para que vean sus errores. Hay que dar la razón como tontos a los otros si no quieres que te vapuleen. Debemos ponernos en razón hasta llegar a términos equitativos que aporten equilibrio a la sociedad. Dios nos tomará razón en esta vida futura de lo que hayamos hecho en vida y así inscribirnos como habitantes celestiales. ¿Son razones suficientes o necesitamos de homotecias para entenderlo?

Viene a mi memoria el amor de mi vida, el amor imposible al que dediqué treinta años de espera. Si la tuviese delante en este momento le diría "Tu recuerdo me ha costado otra relación, pero solo era otro sucedáneo". Su recuerdo, tu recuerdo, nuestros recuerdos. Su vida, mi vida, nuestra vida es equivalente a una patología mental en la que se mezclan las obsesiones, con las necesidades fisiológicas, las atracciones y los amores en los sentimientos más profundos. Reconozco que tuve que aplicar los métodos de prevención de las enfermedades mentales para prevenir su irrupción en mi cerebro y preservar la poca estabilidad emocional que aquella relación me dejó tras su ruptura. Tiré de muchas materias, disciplinas y estudios para poder tener un mínimo de higiene mental postraumática, con respecto a las enfermedades emocionales. Tuve que comprender la conducta humana de esos enfermos, la de los animales y comparando ambas, comprender lo que se puede denominar una conducta normal, que no es lo mismo que equilibrada. Tuve que enumerar, descubrir y diagnosticarme a mí mismo todos esos síntomas de conducta desviada. Pocos me ayudaron y menos me podían ayudar. Practiqué el remedio de la sustitución con cientos de sucedáneos a cual más parecido a ella. No abandoné las curas de progreso de las enfermedades emocionales que aprendí en la Facultad. Intenté el olvido por sustitución de actividad mental en otras materias, distrayéndome veinte horas al día, y de todo, solo conseguí perder muchas oportunidades de ser feliz con gente que me podía querer de verdad, agotar mi mente y ser pragmáticamente improductivo en el resto de cosas, a pesar de que mucha gente cuente mis hazañas por sacos. A pesar de todo, los tres meses que estuvimos juntos compensaron el haber nacido. Me imagino el esfuerzo y las pérdidas en todos los niveles que ocasiona el juntar a miles de neuróticos, patológicos mentales y obsesivos, desarrollando a su vez descendencias con conductas neuróticas a pesar de no tener esa enfermedad. Personalmente creo que la persona madura es aquella que ha encontrado su yo auténtico. Comparo las conductas humanas con las de los animales y siempre ganan estos últimos. Por ejemplo, viene a mi memoria cómo las hormigas piensan. ¡Si¡ ¡piensan¡ a pesar de los docentes de tebeo, adoctrinadores de pacotilla y fanáticos religiosos que lo niegan. Y además, ¡piensan dos veces antes de tomar una decisión¡ me he pasado la vida viviendo en el campo, en alta mar y en la ciudad. He adquirido experiencias de lo que veo, oigo, aprendo y yerro. Pues del mismo modo he comprobado la conducta de las hormigas en las que la experiencia es un factor importante. Las he visto cambiar de preferencias a la hora de elegir y hasta cambiar de prioridades. Las he visto detenerse, llamarse, reunirse, debatir antes de tomar una decisión y no he visto discusiones, ni altercados, más al contrario, han habido decisiones y reuniones rápidas y eficaces ¡igualito que nosotros con lo listos que nos creemos¡ ¿no?. Si alguien no me cree, y cree más a lo publicado, pues que lea el estudio publicado en BiologyLetters, un equipo de expertos en ciencias de la vida de la Universidad Estatal de Arizona señala que: *"la principal diferencia con los humanos es que lo hacen de forma colectiva. Para demostrarlo, los investigadores construyeron dos nidos, uno con accesos de distinto tamaño y otro en el que se había manipulado la cantidad de luz a la que los insectos estaban expuestos. En todo caso, las hormigas del experimento, pertenecientes a la especie Temnothoraxrugotulus, no tenían a su disposición un hábitat perfecto. Estas prefieren entradas pequeñas y una iluminación reducida— de modo que debían primar unas cosas sobre otras. En este punto, los científicos encontraron que los insectos que habían de elegir el nido en función del tamaño de las entradas daban más importancia a este aspecto que a la iluminación, y a la inversa: los que tenían que hacerlo en función de la iluminación destacaban sobre todo esta cuestión. Eso sí, todos los himenópteros de cada grupo actuaron del mismo modo, como si cada uno fuera una neurona de un solo cerebro"*. ¿Cómo se ponen de acuerdo? ¿Qué protocolo usan? ¿Quién actúa como secretario y como vocal? ¿Cómo alcanzan ese consenso sin discutir ni acalorarse? ¡Eso no tengo ni idea¡ pero les envidio sanamente. Es una de las preguntas que le haré a Dios ¿En qué pensabas cuando decidiste que el hombre era el rey de la creación? ¿Te arrepientes ahora?

- Kate.- le llamo y se acerca más aún.- tengo otra pregunta que no me atrevo a hacer en voz alta por si el ángel me castiga de por vida.
- Dios no pide que le amemos, sino que nos dejemos amar. En su expiración, su alma no se perdió, sino que nos inundó con ella. ¿Ya estás otra vez con tus críticas, dudas o pensamientos raros?
- No lo puedo evitar, mi cerebro avanza más deprisa que yo y además si Dios me dio este cerebro sería por algo y para algo. No creo que me castigue por pensar, porque no lo hago con malicia, sino por dudas que se me acumulan.
- Ok, ¿Cuál es ahora esa duda?.- Me responde resignada.-
- Sigo dándole vueltas al tema de hacer un perfil psicológico de Dios.
- ¡Ufff¡ ¿Otra vez?.- me responde levantándose y alejándose lo suficiente para demostrarme su repulsa al asunto, pero lo suficiente para estar en la conversación.
- A fin de cuentas eres médico y este tema tampoco lo puedes evitar. He dedicado mi vida a la observación de la conducta de las plantas, de los animales y de los humanos.- le replico.- la pregunta es si Dios ¿podría ser calificado de psicópata si fuese un humano?
- Ok. Entro en el juego y te respondo a mi manera.- me dice mientras se sienta enfrente de mi.- Hay una frase que dice: "No son todos los que están, ni están todos los que son". Es decir, que ni todos los que están certificados como tales lo son, ni todos los que no tienen el certificado están sanos. Hay

descubrimientos de estudios neuronales de la corteza media y de sinapsis neuronales que explican cómo estos dos puntos del cerebro son diferentes en los psicópatas que en el resto de sanos. Los psicos reconocen el bien del mal, pero sin sentimientos ni profundidades emocionales. Me explico. Por un lado, no tienen miedo y por otro, sienten un subidón al matar, torturar o acosar. Tampoco tienen remordimientos, ni emociones hacia las víctimas. Eso no se corresponde con Dios.

- Psicópatas hay en todas partes y más donde menos te lo esperas.- le respondo.- si hiciésemos este perfil de psicopatía antes de votar a los políticos, nos ahorraríamos muchos quebraderos de cabeza.- le respondo.-

- Viven bajo sus propias reglas, y solo sienten culpa cuando rompen con su código. Para los psicópatas las personas somos cosas, objetos que sirven para satisfacer sus propios intereses. No sienten empatía por el prójimo ni remordimiento por sus actos. Se adaptan, son más inteligentes que la media, no tienen reparos en mentir, manipular o lastimar para conseguir lo que tienen en mente.- sigue Kate.-

- Aquí empezamos a entrar en terreno resbaladizo, pues no sabemos si Dios disfruta poniéndonos pruebas, trayéndonos las enfermedades, torturándonos con tumores, o incluso cuando nos mata.- le digo sacando mucha acidez interna que aún conservo.-

- Tienes razón no lo sabemos.- me dice.- lo que sí sabemos es que nos perdona, nos ama, nos ha creado y nos da la vida eterna. Eso no lo hacen los psicópatas. Una psicopatía implica un trastorno antisocial de la personalidad y Dios quiso hacerse hombre y habitar entre nosotros. Tampoco es una conducta propia de los psicópatas.

- Hombre, hacer el sacrificio de su hijo ¿no lo es? Cuando se tienen todos los medios a su alcance para perdonarnos los pecados, ¿no es un modo de tortura continua, asesinato?.- le ataco con más ira.- yo soy policía y te puedo decir que a diferencia de un reo normal, para un psico, no existe posibilidad de corregir su conducta por lo que la rehabilitación se basa en fomentar una forma de vida que les reporte beneficios y evite penas.

- Mira Kent, tienes razón y si aplicamos mucha ira, dejaríamos a Dios en un manicomio.- me responde condescendiente para poder seguir la conversación sin que nos enfrentemos.- te voy a enumerar una serie de ítems que constituyen el popular método PCL (Psychopathy Checklist) desarrollado por Robert Hare, doctor en Psicología y profesor de la Universidad de Columbia Británica en Canadá. Se puntúa cada atributo de cero a dos, y para el correcto diagnóstico se suma una entrevista semiestructurada y el análisis del historial del paciente. Según Hare, el uno por ciento de la población es psicópata.

- Antes de que continúes, creo que conozco esa lista.- le corto.- En la policía la usamos para prevenir futuros psicópatas. Según el psiquiatra forense John Mac. Donald hay una triada que podría evidenciar una futura personalidad psicopática: el maltrato animal, la piromanía y la enuresis -la persistencia de hacerse pis sin control pasado el tope de los cuatro o cinco años de edad-.

- Se puso de moda por las pelis del cine como Hannibal Lecter, o Dexter. Muchos sufren manipulación de psicos en la realidad sin ser conscientes.- me dice Kate.- ¡bueno, al grano¡, las claves son veinte: 1. Tienen gran oratoria y encanto. Son simpáticos y conquistadores en primera instancia. 2. Poseen una autoestima exagerada. Se creen mejores que el resto. 3. Mienten patológicamente. Engañan sobre todo para conseguir beneficios o justificar sus conductas. 4. Se comportan manipuladoramente. Y, si son lo suficientemente inteligentes, los demás no notarán estas conductas psicopáticas. 5. No sienten remordimiento o culpa. Jamás se sienten en deuda. 6. Afectivamente son frívolos y superficiales. No conciben emociones, aunque pueden simularlas llegado el caso. 7. Les falta empatía. Son indiferentes. Y hasta pueden manifestar crueldad. 8. Tienen una incapacidad patológica para asumir su responsabilidad en los hechos. No aceptan sus errores. Por ello raramente solicitan una asistencia psicológica, ya que para ellos el problema siempre lo tienen los otros. 9. Necesitan constantemente estímulos. Caen con facilidad en el aburrimiento. 10. Les gusta un estilo de vida parasitario. 11. Actúan descontroladamente. 12. Carecen de metas realistas a largo plazo. Viven como nómadas, sin dirección. 13. Se comportan impulsivamente. Con recurrentes actos no premeditados. Sumada una falta de reflexión sobre las consecuencias de sus acciones. 14. Son irresponsables. 15. Tienden a delinquir durante la juventud. 16. Muestran problemas de conducta desde la niñez. 17. Padecieron la revocación de su libertad condicional. 18. Cuentan con versatilidad para la acción criminal. Tienen predilección por las estafas y los delitos que requieran de la manipulación del otro. 19. Tienden a una vida sexual promiscua. Con varias relaciones breves y mantenidas simultáneamente. Les gusta compartir abiertamente sus proezas sexuales y conquistas. 20. Acumulan muchos matrimonios de corta duración. No se comprometen a largo plazo, por la informalidad con la que se plantean el vínculo. ¿Ok?.- me pregunta Kate.- ¿Cuántas cumple Dios y cuantas cumples tú?

- ¡Ufff¡ eso ha sido un tiro en toda la línea de flotación.- me duelo con ella por su forma de zanjar el asunto.- Efectivamente, yo cumplo más.- hago una pausa para reponerme de la andanada. Me alío con ella.- Ok, te comento que en la policía se sigue la tabla del Dr. Michael Stone que consiste en puntuar a los psicos del uno al veintidós pero a posteriori.

- También lo conozco.- me responde.- "el índice de maldad" que va desde el nivel 1 hasta el 22, para catalogar a quienes asesinan y sus motivaciones para hacerlo. Hay algo que no sé si sabes, pero en esos estudios del cerebro, se descubrió que el cerebro femenino y el masculino es diferente físicamente, factor importante por el cual el 93% de los asesinos seriales son hombres, mientras que solo un 7% son mujeres, mismas que generalmente cometen crímenes de forma impulsiva y contra personas cercanas a su círculo familiar.

- ¡Vaya tela¡.- le respondo.- deja que te la enumere para que también podamos puntuarnos nosotros y las diferencias entre Dios y el Demonio.

- Ok.- me complace Kate.- No tenemos más que hacer que meternos con los que nos van a juzgar (en sentido irónico). ¡Desde luego¡ ¿Y nos llamamos inteligentes?

- También podemos enseñar a los que nos sigan en esta habitación ¿no te parece?.- sin dejarla responder más que con un ligero levantamiento de hombros por su parte, continuo la redacción de la tabla.- 1. Aquellos que matan en defensa propia y no muestran tendencias psicóticas. 2. Amantes celosos que, pensando de forma egocéntrica o inmadura cometen el crimen. No son psicóticos. 3. Dispuestos a ser compañeros de asesinos, personalidad aberrante, probablemente impulsivos con rasgos antisociales. 4. Mata en defensa propia, pero ha realizado algo para provocar a la victima para que lo ataque. 5. Persona traumatizada y desesperada que asesina a familiares o a otras personas que abusan de otros. 6. Asesinos impetuosos pero que no presentan rasgos psicóticos. 7. Altamente narcisista con cierta tendencia psicótica que asesina a gente cercana de él (los celos son un motivo común en este caso). 8. Personas que no presentan psicopatías pero que asesinan cuando no pueden controlar su rabia ante alguna situación. 9. Amantes celosos con tendencia psicóticas. 10. Asesinan a personas que "estorban" para alguna acción, por ejemplo, testigos (egocéntricos pero no psicóticos). 11. Asesinos psicóticos que asesinan a personas que "estorban" por ejemplo, una madre que asesina a sus hijos para comenzar una relación amorosa o salir de viaje. 12. Personas hambrientas de poder que asesinan cuando son "acorralados". 13. Asesinos con personalidad llena de rabia que asesinan cuando se ven presionados. 14. Personas centradas, rudas y con fuertes rasgos psicopáticos. 15. Psicópatas a sangre fría que cometen varios homicidios. 16. Psicópatas que comenten múltiples actos viciosos. 17. Asesinos seriales con perversiones sexuales marcadas y que torturan en el proceso (la causa principal es cuando asesinan después de cometer una violación para ocultar la evidencia) la tortura no es un factor de gran peso para ellos. 18. Asesinos que torturan, pero el asesinato es su principal fin. 19. Psicópatas que son motivados por el terrorismo, subyugación, intimidación y violación. 20. Asesinos que torturan, la tortura es su principal motivo y tienen personalidad psicótica. 21. Psicópatas motivados principalmente por torturar en extremo, pero que no cometen asesinatos. 22. Asesinos psicópatas y torturadores, la tortura es su principal motivo. Generalmente son los más crueles.

- Para zanjar este tema y dejar a los que nos sigan en esta habitación, como tú dices, algunos ejemplos de esos psicópatas ¿podrías enumerar algunos de ellos?.- me pide Kate con razón porque un ejemplo vale más que mil palabras.-

- Naturalmente.- le respondo encantado de que haya entendido mi finalidad, de que hayamos ganado los buenos y que mi desahogo haya sido paliado por ella.- te los voy a colocar cada uno en su lugar de la tabla del uno al veintidós y así no habrá dudas. En el uno podríamos estar todos de modo que no lo nombro. 2. Samuel Collins. 3. Leslie Van Houten. 5. Martha Ann Johnson. 6. Robert John Bardo, Coy Wayne Wesbrook, Billy Wayne Sinclair, Daniel Nieto. 7. Marybeth Tinning, Clara L. Harris, Mark David Chapman, Diana Dial, Michael Owen Perry, Armin Meiwes. 8. Charles Whitman, Cho Seung-hui. 9. Ron Luff, Betty Broderick. 10. Susan Smith, Rod Ferrell. 11.

Ismael Cisneros. 12. Joseph Salcedo, Ervil LeBaron. 13   Ed Gein, Herbert Mullin, Martin Bryant, Yusef Rahman, Natasha Pulliam, Karla Faye Tucker. 14. John List, Richard Farley, Diane Downs, la red de envenenadores de Filadelfia. 15. Andrew Cunanan, Charles Manson, Charles Starkweather, Archie McCafferty, Susan Atkins, Tex Watson, Patricia Krenwinkel, Colin Ferguson, Michael McDermott, Dorothea Puente. 16. Gwendolyn Graham y Cathy Wood, Karla Homolka, Myra Hindley, Cathy Wood, Gerald Atkins, Eric Beishline, los asesinos de James McVey, Terry Driver, Theodore Kaczynski, Shōkō Asahara, Michael Swango. 17. Ted Bundy, Aileen Wuornos, Arthur Shawcross, David Berkowitz, Richard Chase. 18. Nathan Bar-Jonah, Gary Ridgway, Jerry Brudos. 19. William Heirens, Keith Jesperson. 20. Joseph Kallinger. 22. Tommy Lynn Sells, John Wayne Gacy, Dennis Rader, Theresa Knorr, Charles Ng, Leonard Lake, Paul Bernardo, Ian Brady, Gary Heidnik, Jeffrey Dahmer, David Parker Ray, Westley Allan Dodd, George Hodel, Jeff Lundgren, Jim Jones, Edmund Kemper, H. H. Holmes, Adolfo Constanzo, John Edward Robinson, Andrei Chikatilo, Judy Neelley, Richard Kuklinski.

-    ¿Te imaginas que no estén en el infierno y nos los crucemos en el limbo?.- me desafía sonriente.-

-    ¿Después de haberme metido con ellos?.- le digo.- preferiría quedarme en esta habitación.- Supongo que estarán preguntando ¿Cuándo vendrás a vernos? Y yo les responderé. Todavía no ha venido el "Carpintero", a lo mejor iré el mes que viene.

-    ¡Ja, ja, ja¡ no tienes morro ni nada.- me dice Kate.- todo llegará a cumplirse y pasaremos de una situación buena a otra peor o al revés, ¡ya lo veremos¡.

-    Esta situación viene causada por la falta de fé.- le digo.- Dice José Joaquín de Mora «Estas voces son sinónimas cuando se da a la segunda toda la extensión de la primera, como cuando se dice: ha venido o ha llegado el correo; pero llegar se distingue de venir: Primero, en que significa el último término o la consumación de la venida: vengo de Francia, y llegué el domingo. Segundo, en que venir significa una acción que termina en el punto en que está el que habla, mientras que la acción expresada por llegar puede terminar en un punto distante, como: cuando César llegó a Roma; el buque llegó a Londres.»

- Vengo a coincidir contigo. La enfermedad viene causada por un virus, del mismo modo que la enfermedad del alma la produce el pecado.- responde.

"Espera de mi lo que recibo de ti". ¿Tiene sentido? ¿Es un misterio el sentido? Y si lo es, entonces ¿Qué misterios oculta el propio sentido común? Para unos es el sexto de los sentidos, para otros la corazonada, el presagio, la intuición, la prudencia, el instinto y para los últimos, la unión de genética y experiencia. El caso es que para todos es la certeza de que algo va a ocurrir. Filósofos, religiosos, sociólogos y demás "...ólogos" se pasan la vida estudiando el sentido común como algo raro e inexplicable ¿Incongruencia por ser común y raro al mismo tiempo? ¿Si es común por qué hay que entenderlo? ¿Por qué está formado en lo más profundo del subconsciente? Lo que más me preocupa es observar cómo este sentido innato y desarrollado en la naturaleza, se va perdiendo inversamente proporcional a su evolución. Muchos pensamos, mientras que otros sólo actúan por impulso y ambos erramos del mismo modo que acertamos. Los que pensamos evolucionamos, inventamos y creamos métodos para ayudarnos en el trabajo, pero conseguimos acorralar el instinto. Está demostrado que los astrólogos aciertan el 10% de sus predicciones y miles de personas les siguen. No lo comprendo, pues alguien con un dedo de frente ya tiene más posibilidades de acierto. Me sorprende la capacidad que tienen los futurólogos de errar tan a menudo, ya que se supone que se guían por su instinto; pero lo que ya me parte de risa es ver los instintos de los miles de personas que se fían de ellos a pesar de las estadísticas. ¡De traca, este ser humano en el que se empeñaron que fuese¡ ¿Existe una especie de sexto sentido inverso? Debe ser porque últimamente las revistas científicas no paran de bombardear con la idea de que existen formas de conocer "sin pensar", es decir, la facultad de comprender las cosas instantáneamente, sin necesidad de razonamiento. Dicho de otra manera, mediante el instinto. Lo único correcto en todo este asunto es que todas las personas enfermas o sanas, están afectadas tanto física como mentalmente. Las tensiones que imponen al cuerpo emociones desagradables, como la angustia y el miedo, pueden producir síntomas de enfermedad. Porque los aspectos físicos, intelectuales y emocionales de la vida están entretejidos, independientemente de lo que suceda. Esto tiene para el individuo un valor afectivo, y cada uno de nosotros es lo que es por la forma en que "siente". Otra cosa que ya me parte de risa (más si cabe) es ver cómo se llenan las televisiones e internet de personas que presumen de capacidades intuitivas que, dicho de una manera poco hiriente, les llegan por conductos fisiológicos poco habituales, son capaces de saber por dónde van a ir las tendencias culturales o cualquier otra cosa. Si aciertan más del 10% entonces, masas de científicos los estudian como posesos para comprender "el sentido común". Les valoran en sus capacidades de aprender más rápidamente que el resto en cosas tan chorras como lavarnos los dientes, andar y conducir. ¡De traca¡ si analizo a los pensadores científicos que forman parte del otro extremo y por tanto, alejados de los intuitivos, observo que su vida pasa por coger un pensamiento y darle vueltas ponderando situaciones, resultados causa/efecto, sacando fórmulas de conducta repetitiva sin buscar una respuesta consciente. Siempre existen extremos y en ellos ponemos a los místicos contemplativos o ideólogos que cogen un solo pensamiento (Dios, o ética) y dedican a ello toda su vida para concluir diciendo que Santo Tomas tenía razón. ¡Vaya tela¡ Personalmente me fío más de un tipo de orden y control, que de los que necesitan mucha vida y datos; o de los que no dedican ni un segundo a pensar ni datar. ¡Ufff¡ entre autosuficientes-iluminados y cautelosos-indecisos, ¡vaya tela de rey de la creación que estamos hechos¡ Al final, la gente hace común su sentido y terminan siguiéndolo de dos maneras (lo que no deja de ser otra incongruencia) Los primeros son en los que el "Grupo" sigue al pensamiento reflexivo con gente menos atrevida, que intenta no equivocarse; y los segundos son aquellos en los que el "individuo" aislado sigue a otros individuos más audaces, que buscan acertar a menudo. Lo peor es cuando se mezclan mentes débiles con sustancias, entonces se combinan tantas incongruencias por metro cuadrado que la afición a las drogas o al alcohol se convierte en sintomática de un trastorno de conducta subyacente, que a su vez, complica y obscurece el problema básico de la enfermedad psicosomática y entonces siguen a gurús de pacotilla, tales como el sagaz especialista en el mercado de valores o la clarividente astróloga, que tras un gatillazo mental, produce eyaculaciones precoces neuronales que alucinan a todos. Es como admirar a los leones porque montan a las leonas cien veces al día, en coitos de duración similares a los conejos (diez segundos) ¡Vaya mieeeerda de rey de la Creación que admira al rey de la selva porque copula como un conejo¡ Conocer al ser humano como persona es saber ver las situaciones desde su punto de vista, pero nunca como el rey de la creación. Por ejemplo, una enfermera ejerce sobre la conducta del paciente una influencia considerable, e importa mucho que esta influencia sea constructiva. El general del ejército federal estadounidense John Sedgwick (1813-1864), que presumía de su olfato guerrero dijo en sus últimas palabras refiriéndose a las líneas enemigas: "No podrían acertarle ni a un elefante a esta dist...". ¡Cachis¡ el soldado enemigo no sabía que el general movía a sus soldados por "intuición" ¡cachisss¡.

- ¿Te das cuenta de la cantidad de gente que muere de manera inesperada? Si tuviera una segunda oportunidad de vivir, pediría indulgencia plenaria al menos una vez al mes y así no tendría que estar tan preocupada cuando llegase este momento.- me dice Kate resuelta.-
- ¡Oye¡ es una buena idea si no fuese porque para conseguir la indulgencia plenaria se tiene que esperar cuatro años para que declaren a un lugar como peregrinación con indulgencia plenaria.- le contesto.
- Estás muy equivocado.- me reprocha mi ignorancia.-
- ¿Por qué?.- le pregunto interrogante.
- Para ganar una indulgencia plenaria, además de querer evitar cualquier pecado mortal o venial, hace falta rezar o hacer la obra que incorpora la indulgencia cumpliendo tres condiciones: Confesión sacramental, comunión Eucarística y oración por las intenciones del Papa.
- Ok, pero además debes peregrinar a ese sitio que declaren indulgente.- le insisto.
- ¡No¡ Con una sola confesión sacramental pueden ganarse varias indulgencias plenarias; en cambio, con una solo comunión eucarística y una sola oración por las intenciones del Papa sólo se gana una indulgencia plenaria.- me incita Kate.- Las tres condiciones pueden cumplirse quince días antes o quince después de rezar o hacer la obra que incorpora la indulgencia, pero es conveniente que la comunión y la oración por las intenciones del Papa se realicen el mismo día.
- ¡Vaya¡ ¿entonces no hay que peregrinar?.- le pregunto con interés.

- Puedes hacerlo y cumplir las tres premisas o las que pongan particulares del lugar. La condición de orar por las intenciones del Papa se cumple si se reza a su intención un solo Padrenuestro y un Avemaría; pero se concede a cada fiel la facultad de orar con cualquier fórmula, según su piedad y devoción.

- Por esa regla de tres, en lugar de esperar una vez al mes, se podría hacer a diario y así mejor ¿no?

- La indulgencia plenaria únicamente puede ganarse una vez al día, pero el fiel cristiano puede alcanzar indulgencia plenaria in artículo mortis, aunque el mismo día haya ganado otra indulgencia plenaria.- me explica. Puedes ganarla además si rezas un Rosario ante el altísimo y lo haces por las intenciones del Papa. También en un Vía Crucis con igual condición, o en una procesión de Semana santa con penitencia. Lo más habitual es esperar a las bendiciones Urbi et Orbi del Papa o del arzobispo el día de la Ascensión o de la Inmaculada Concepción, que lo anticipa él mismo. En cambio, la indulgencia parcial puede ganarse varias veces al día, a no ser que expresamente se establezca lo contrario, como en el caso de los funerales de los sacerdotes que si lo solicitan al Papa, se les concede también la plenaria a todos los asistentes.

- ¡Vaya morro¡ así se garantizan la asistencia ¿no?.- le replico.

- ¡Anda que no tienes morro tú¡.- me regaña.- por último te comento que la peregrinación a la que haces referencia es la obra indicada para obtener la indulgencia plenaria aneja a una iglesia y oratorio que consiste en la visita piadosa de este lugar, rezando el Padrenuestro y el Credo, a no ser que en algún caso especial se establezcan otras condiciones. ¡Chiquillo, no seas tan vanidoso y sé más humilde de vez en cuando¡

- Una pregunta que no te hice el otro día para que no me ridiculizaras pero quiero hacerte es ¿Se puede pedir indulgencia plenaria por el demonio? ¿Sería lógico? ¿Qué ocurriría y que cambios habría si todos le perdonásemos?

- La pregunta es buenísima y no sé por qué dices que te ridiculizaría. Perdonar al propio demonio es la mejor forma de combatirle.- me contesta.- Las indulgencias son para los que necesitan pagar la pena, pero la culpa esta redimida. Es decir, para aquellos que ya están salvados pero tienen que "saldar" (para que lo entiendas) lo que no ha "pagado". Es lo que la teología llama purgatorio. Pero para los que se han condenado porque así lo han querido hasta el final, no hay redención y por lo tanto, no hay indulgencia ni podemos pedir por ellos. El caso más claro y rotundo es el demonio cuya condena ha sido definitiva. ¿Te he contestado bien? Otra vez pregunta, porque la gente ni se lo plantea. Haciendo preguntas es como todos aprendemos y.... Estamos entre familia, ¿no? ¿Acaso es vanidad?

- La vanidad solo sirve para mostrar riqueza, lujo o poder y que se carece de valores morales.- le digo.-

- La vanidad es el sentimiento de superioridad frente a los demás que provoca un trato despectivo y desconsiderado.- me responde Kate.- ¿Para qué sirve?

- Para cuando la persona que tiene excesivos orgullo y afán de ser admirado.- le digo.- Demuestran carencias, complejos y solo sirve para ostentar. Dice José López de la Huerta «La vanidad puede recaer indistintamente sobre un mérito real o imaginario. La presunción recae siempre sobre un mérito que sólo existe en la imaginación del presumido. Un músico excelente tiene tal vez vanidad de su habilidad. Un mal jinete tiene presunción de su destreza. Una mujer hermosa puede tener vanidad, pero una fea sólo puede tener presunción.» ¿Qué nivel de energía tienes ahora?.- le pregunto.

- Supongo que al estar en esta habitación toda la materia de que disponía se ha transformado y por tanto soy cien por cien energía.- me responde.
- Tampoco sentimos dolores, ni necesitamos gafas o muletas y por ello estoy de acuerdo con tu contestación.- ¿Cuándo fue la última vez que lloraste?
- ¿Por qué?
- Porque en el tiempo que hemos estado aquí han habido momentos con todo tipo de emociones, pero no recuerdo por qué lloré la última vez que estuve en la tierra. – le digo.
- Si no recuerdo mal.- me dice Kate.- cuando te conocí en esta habitación estabas recordando la última noche antes de que nos disparara cómo pedías morirte.
- Es cierto.- le ratifico apesadumbrado.- vale pues entonces contéstame ¿Cuándo fue la última vez que te partiste de risa?
- Fue contigo.- sentencia ella.- por cierto hay algo que siempre nos da vueltas y más vueltas en la cabeza. Por ejemplo a mí el tema de que nos eduquen para sufrir me trae de cabeza. ¿Qué pregunta te planteas una y otra vez en la vida?
- Siempre me pregunto para qué he venido a la tierra, por qué he nacido y por qué dentro de los humanos y no dentro de las ortigas.- contesto ayudándome de gestos de interrogación con mi cuerpo.
- ¿Qué respuesta le das ahora mismo?.
- Aún no tengo respuestas.- zanjo.

"Extraño tu sonrisa, pero extraño más la mía". Le diría al amor de mi vida. Recuerdo mi época de practicar el Ho'oponopono. Hay muchas maneras de utilizar esta técnica: siempre que la responsabilidad, el amor y el perdón sean protagonistas estamos realizando Ho'oponopono. Todo comenzaba como en la misa, pero en pagano, declarando en voz alta o baja, que vas a realizar un proceso de Ho'oponopono. Estableciendo cuál es el problema o situación sobre la que quieres trabajar. Pidiendo la colaboración de la mente subconsciente y de la mente supraconsciente. Investigando tu relación con ese problema o situación con este tipo de preguntas: ¿Qué hay en mí que puede causar o estar relacionado con esta situación o problema? ¿Qué memorias están relacionadas? ¿Qué patrones y conductas repito? ¿Cómo me comporto en el problema o situación? ¿Cómo lo resuelvo? ¿Qué pienso del asunto? ¿Cómo me siento acerca del asunto? ¿Hay rabia, miedo, culpa… relacionados? ¿Qué puedo hacer para mejorar la situación? Arrepentirse, repararlo, buscar el perdón, dar amor y encontrar el equilibrio. Es decir, el común denominador de cualquier religión, secta o idea espiritual que se precie. Luego siguen varios pasos. Comenzábamos por la respiración (Ha), luego hacemos un diálogo entre mentes, en las que el monitor te va guiando y diciendo: Toma consciencia de que la mente consciente aceptó (o creó) una memoria almacenada en la mente subconsciente, y que está memoria es la fuente creadora de una situación pasada, presente o futura. La mente consciente no puede nunca conocer plenamente estas memorias. Pide a la mente subconsciente, con amor y humildad, que eleve la petición de limpiar a la Divinidad Interna, con la carga de energía vital construida con la respiración. Ahora sabes que la mente supraconsciente ha sido invitada, que participa en el proceso, que evalúa las memorias, que puede enviarte inspiraciones. Permanece abierto al cambio, al flujo de energía sanadora, al borrado de memorias y a la inspiración. Habla con las cosas y las partes del cuerpo. Agradéceles su participación en tu vida. Especialmente si también sufren para dar respuesta a tus memorias. Considera que las personas son seres de luz perfectos que están dispuestos a sufrir, generar sufrimiento y hacer cosas incorrectas y a veces absurdas, sólo porque unas memorias (tuyas) tienen que transformarse en tu realidad. Pide perdón a las cosas y personas por los guiones que has creado para ellos. Expresa tu deseo de cambiar tus patrones y la convicción de que es posible. Escucha otra vez la inspiración. Pide que se produzca el aprendizaje para la transformación de estas memorias. Libera para poder quedar liberado. Renuncia a las memorias para que el mundo, las personas y las cosas puedan mostrarte su perfección. Y constantemente repetimos un mantra (la oración de Morrnah) que en inglés es más bonito y musical que en español, pero que traducido es "Lo siento, pido perdón, te amo, gracias". Finalmente Confía en que la divinidad interna traerá lo mejor para ti (especialmente si sigues trabajando y borrando). Escucha la inspiración, o escucha por si surge alguna perspectiva nueva sobre la situación. Da por cerrada la práctica por hoy, declarándolo en voz alta o baja, con un sentimiento de perdón, amor y agradecimiento.

- Estas tocando la idolatría, en lugar de Dios.- me reprocha.- ¡no tienes remedio¡
- Me limito a poner en contacto una cosa con otra. A hacer una alquimia que roce las cosas que tienen poca distancia porque Dios está en todas partes y adopta cualquier forma. No altero, ni modifico el estado divino. Trato el asunto con respeto. Hablo de Él con profundidad y no de pasada. He llegado el momento de la verdad y nos ha tocado el momento de la obligación; de la responsabilidad. Ya no importa lo que hayamos hecho, dicho o rectificado. Ahora nos corresponde ver si Dios nos ha tocado con su luz o es el demonio el que nos abraza con su oscuridad.
- Me peino. Me compongo el cabello. Me hago un tocado para estar guapa ante Él.- dice Kate siempre coqueta como buena mujer.
- Hemos tropezado demasiadas veces en la vida. Hemos dado con la quilla en el suelo en otras tantas. Ha llegado el momento de conocer si la experiencia de vivir tuvo sentido o

no.- le digo.- Palpo sus manos con las mías. Estamos en contacto los dos parta apoyarnos el uno al otro como la copa del árbol toca las plumas de los pájaros que en él buscan cobijo y protección.
- Dios nos creó y le pertenecemos.- responde.- no nos va a dejar de lado.

Pienso que si hablan mal de ti, algo estás haciendo bien. Esto podían pensar tanto los defensores, como los detractores de la Cábala y el Hermetismo. Está claro que ésta, será otra de las preguntas que trate con Dios y despeje mis dudas. Siempre veo coincidencias y desavenencias de teorías y simbologías. Cuando hay concordancia hay diálogo; cuando disonancia, discusión. Los símbolos desencadenan un diálogo fecundo, o al menos así deduzco de los resultados y de sus usos milenarios. Esos diálogos han favorecido la fusión, la absorción y la reedición de culturas a través de sus lenguajes, tales como son la egipcia, caldea, persa, hebrea, pitagórica, platónica, neoplatónica, romana, cristiana y árabe; todo ello es confirmado por los nombres que van apareciendo a lo largo de la Oración sobre la Dignidad del Hombre: Hermes, Asclepio, David, Moisés, Timeo, Adán, Hebreos, Pitagóricos, Enoch, Empédocles, Mahoma, Apóstol Pablo, Dionisio Areopagita, Osiris, Heráclito, Homero, Platón (Fedro, Alcibíades, Carta VII, Cármides), Angeles, Musas, Apolo, Sócrates, Zoroastro, Abraham, Aristóteles, Cicerón, Tomás de Aquino, Duns Scoto, Alberto Magno, Averroes, Avempace, Al Farabí, Avicena, Simplicio, Temistio, Ammonio, Teofrasto, Porfirio, Plotino, Hermias, Damascio, Olimpiodoro, Séneca, Mercurio Trismegisto, Boecio, Aglaofemo, Filolao, Zalmoxis, Abaris el Hiperbóreo, Bacon, Apolonio, Esdrás, Hilario, Orígenes, Zorobabel, Pitágoras, San Agustín, Orfeo, Jámblico, Shakespeare, Paracelso, Christian Rosenkreutz, Salomón de Caus, Khunrath, John Dee, Robert

Fludd, Michael Maier, Mateo Merian, o R. Guénon. y aún otros símbolos o ideas, como sephiroth, musas, ángeles o números, que se comportan como el pegamento entre lo Supremo y el hombre. Todo ello no deja de ser una paradoja tras otra, que nos da una idea de lo que está a nuestro alrededor y en el Más Allá. Tiemblo de miedo de poder equivocarme y estar ofendiendo a Dios, o quizás le halague mi pensamiento. En todo caso como todo está hecho para unos, o todo está por hacer para otros; la obra conclusa está inconclusa y por tanto se puede modificar ¿no?. El unificador de este pensamiento cabalístico fue Raimundo Lulio (contemporáneo a la redacción del Libro del Zohar). Escribió el Ars Magna, que viene a ser una especie de compendio del saber universal de la época y verdadera Teocosmogonía, en la que proponía estar con ángeles, compartiendo el tiempo y el espacio con ideas, uniendo las culturas latina, cristiana, judía e islámica. ¡Algo facilito¡ ¿no? El Ars Magna une los principios triunitarios desde el punto de vista cristiano con el judío e islámico. Compuesto según los números, es decir, según lo esencial de las cosas, pues las cosas son en definitiva simples numeritos. Pero esos numeritos se representan por estructuras geométricas (el círculo, el triángulo y el cuadrado). ¿Sencillo, no? Pues sigo. Para entenderlo cito, el circulo es el 10, es decir el de la Unidad y verdadero Principio de todas las cosas y las Nueve Dignidades o atributos mismos de Dios: Bondad, Eternidad, Poder, Sabiduría, Voluntad, Virtud, Verdad y Gloria, cuyos nombres fueron establecidos por la tradición neoplatónica y cristiana de San Agustín y de Dionisio Areopagita (vaya mofa con el nombrecito). Atributos estrechamente relacionados con las 9 sephiroth o numeraciones puras de la Cábala, manifestaciones del sagrado nombre de Dios. En el Ars Brevis, se determinan atributos y personas con letras de la B a la K, como si fueran siglas (muy usados por la masonería). La primera letra es claramente la inexpresable, pero yo me explico... es decir, la síntesis de tres círculos concéntricos referidos de mayor a menor al ámbito de lo supraceleste, de lo celeste y al de lo terrestre respectivamente. A partir de lo cual es elaborado un Ars Combinandi cuyo ejercicio permitirá reconocer en la mente humana todo el mundo cognoscible, disponiéndose a ser conocida o visitada por el espíritu. ¿Hay orden o todo es porque se tienen ganas de complicaciones? Aunque parezca mentira, todo tiene un orden. Un triangulo es igual a tres, que coinciden con las principales fuerzas. El cuadrado tiene cuatro lados y corresponde por tanto al cuatro y por ende a los cuatro elementos de la materia. Y así sucesivamente con sus interrelaciones y combinaciones. Como vemos, se trata de dar explicación a lo creado como resultado de la combinación de lo material con lo espiritual (cielo + tierra) y sus respectivos flujos. ¿Se puede analizar el conjunto universal? ¡Claroi, del mismo modo que se puede analizar la persona puntual. De este modo explica Llull, en su Libro de la Contemplación diciendo: "La primera recuerda lo que la segunda entiende y lo que la tercera quiere. La segunda entiende lo que la primera recuerda y lo que la tercera quiere. La tercera quiere lo que la primera recuerda y la segunda entiende." Como curiosidad diré que del Ars Magna se inspiraron muchos códigos de conducta humana que han mandado en el mundo, ejemplo fehaciente y clarificador es el Libro de la Orden de Caballería que dice. "La primera parte trata del principio de la caballería. La segunda, del oficio del caballero. La tercera, del examen que debe hacerse al escudero cuando quiere entrar en la orden de caballería. La cuarta, del modo como debe ser armado el caballero. La quinta, de lo que significan las armas del caballero. La sexta de las costumbres que son propias del caballero. La séptima, del honor que se debe al caballero". El Ars Magna no inspiró, (por lógica temporal), pero si explicó la unión y las relaciones de los estudios de F. Mithridates por un lado, Pablo y

Elías por otro y Pico della Mirandola por el tercero, que mediante combinaciones y permutaciones entre los números y las letras consonantes desarrollaron "la Díada platónica, la Tríada cristiana y la Tétrada pitagórica". Curiosamente, la masonería usa y se guía también por estos estudios. Pero resulta que niegan a Dios, sustituyéndolo por el Gran Arquitecto y sin embargo la hermenéutica cristiana de la Cábala, confirma la Fe cristiana en la Divinidad del Cristo. ¿Tendremos todos, razón? Personalmente creo que todos confirmamos la existencia de Dios de una manera simple viendo una flor, y de una manera tan compleja como es la Cábala, que dice: "Per litteram Scin, que mediat in nomine Jhesu, significatur nobis cabalistice, quod tum perfecte quieuit tanquam in sua perfeccione mundus, cum Iod coniunctus est cum Vau, quod actum est in Cristo, qui fuit verus dei filius et homo". Traducido para los neófitos: "Por la letra Shin, que está en medio del nombre de Jesús, se nos significa cabalísticamente que entonces reposó tan perfectamente como el mundo en su perfección, cuando la Iod se unió a la Vau, lo que se hizo en Cristo, que fue verdadero hijo de Dios y verdadero hombre". También nos dice en otra de las 72 conclusiones que los tres grandes nombres cuaternarios que están entre los secretos de los cabalistas deben atribuirse a las tres personas de la Trinidad. Y que por la letra Shin que está en medio del nombre de Jesús en hebreo, se significa al verdadero Hijo de Dios hecho hombre por el Espíritu Santo, I H S V H… Idem est nox apud Orpheum et Ensoph in Cabala. Es decir: "Lo mismo es la noche en Orfeo que Ensoph en la Cábala". Y: Sicut hymni Dauid operi Cabale mirabiliter deseruiunt, ita hymni Orphei opere vere licite et naturalis Magie. Que traducido dice: "Como los himnos de David sirven maravillosamente para la obra de la Cábala, así los himnos de Orfeo son verdaderamente útiles para una Magia lícita y natural". Ahonda la cuestión el hecho de que existan dos tratamientos diferentes y opuestos de la Cábala. Me explico. Se puede usar el "sendero de los nombres" al que se refiere como ya desarrollado por Abulafia y Llull, en el Ars Combinandi; y otra el "sendero de las numeraciones puras", (las sephiroth). Para entenderlo, sin ser exactamente éso, diré que sería el equivalente a la magia blanca y a la magia negra (recalco que sin serlo, pero para hacerme entender mejor). Cuando se han explicado la creación y la existencia de fuerzas terrestres y celestes, junto con la existencia de Dios, sería bueno dar unas pautas de conducta al hombre. A fin de cuentas me he pasado la vida estudiando los comportamientos y la Cábala; y quería llegar a este momento. ¿Quién dio estas pautas conductuales? Poimandrés. Mostró Trismegistos el comportamiento que debe llevar, diciéndole que "deberá conocerse a sí mismo, ya que quien se conoce a sí mismo va hacia sí mismo; es decir, hacia su propia naturaleza, que es luz y vida. Lo mismo que el Dios Padre de quien nace el Hombre". Finalmente zanjo la cuestión de si la religión y la ciencia son cosas diferentes y contrarias, aportando el dato de que en estos estudios hermetico-cabalísticos que llevo estudiando ocho años, se unen las cuatro religiones principales, (entendiendo la ciencia masónica como la cuarta religión) se coincide en decir "*el alma intelectiva única para todos los hombres", reflejo de la "mens divina", y que es vínculo de los mundos celeste y terrestre por medio de la magia establecida entre las ciencias de la Astrología y de la Alquimia.*" (Inspirado en los escritos de Jose Maria Dolcet "Hermetismo y Cábala "Cristiana"). Me relajo porque mis epítomes son una alquimia, mis fórmulas y deducciones también lo son. Yo mismo soy una alquimia forjada en religión y estudios, de modo que creo que esta parte del examen final la pasaré y el ángel no me suspenderá. Me río recordando la declaración de amor que le hice a Kate, pues viene a ser una síntesis de lo que acabo de recordar de la hermenéutica y de la cábala que a cualquiera que lo lea le aclarará todo este resumen.

Le dije: "Me comprometo a ser tu cavapoochon, si tu eres mi ashera". Claro que ella tuvo que apoyarse en internet para entender todo lo que ocultaba y encriptaban esas pocas palabras. Así es la cábala, la alquimia, la ciencia y la religión juntas y mi estudio ¿no?.

¡Vaya¡ el tipo de blanco que esperamos no ha venido. Estamos cansados. Ella se retira a sus soledades mientras la observo alejarse. Me acuesto y leo Eclesiastés (Qohelet-Kohelet) cuando dice: "*Y acuérdate de tu Criador en los días de tu juventud, antes que vengan los malos días, y lleguen los años, de los cuales digas, No tengo en ellos contentamiento; Antes que se oscurezca el sol, y la luz, y la luna y las estrellas, y las nubes se tornen tras la lluvia: Cuando temblarán los guardas de la casa, y se encorvarán los hombres fuertes, y cesarán las muelas, porque han disminuido, y se oscurecerán los que miran por las ventanas; Y las puertas de afuera se cerrarán, por la bajeza de la voz de la muela; y levantaráse a la voz del ave, y todas las hijas de canción serán humilladas; Cuando también temerán de lo alto, y los tropezones en el camino; y florecerá el almendro, y se agravará la langosta, y perderáse el apetito: porque el hombre va a la casa de su siglo, y los endechadores andarán en derredor por la plaza: Antes que la cadena de plata se quiebre, y se rompa el cuenco de oro, y el cántaro se quiebre junto a la fuente, y la rueda sea rota sobre el pozo; Y el polvo se torne a la tierra, como era, y el espíritu se vuelva a Dios que lo dio. Vanidad de vanidades, dijo el Predicador, todo vanidad. Y cuanto más sabio fue el Predicador, tanto más enseñó sabiduría al pueblo; é hizo escuchar, é hizo escudriñar, y compuso muchos proverbios. Procuró el Predicador hallar palabras agradables, y escritura recta, palabras de verdad. Las palabras de los sabios son como aguijones; y como clavos hincados, las de los maestros de las congregaciones, dadas por un Pastor.*

*Ahora, hijo mío, a más de esto, sé avisado. **No hay fin de hacer muchos libros; y el mucho estudio aflicción es de la carne**. El fin de todo el discurso oído es este: Teme a Dios, y guarda sus mandamientos; porque esto es el todo del hombre. Porque Dios traerá toda obra a juicio, el cual se hará sobre toda cosa oculta, buena o mala".*

Me duermo con lo que decía Unamuno: *"¿Y se comprende, por otra parte, que se quiera ganar la otra vida, la eterna, renunciando a esta, a la temporal? Si algo es la otra vida, ha de ser continuación de esta, y sólo como continuación, más o menos depurada de ella, la imagina nuestro anhelo, y si así es, cual sea esta vida del tiempo, será la de la eternidad. «Este mundo y el otro son como dos mujeres de un solo marido, que si agradas a la una, mueves a la otra a envidia», dice un pensador árabe citado por Windelband (Das Heilige, en el vol. 11 de Praeludien); Más ¿no tendrá alguna justificación la moral eremítica, la cartujana, la de la Tebaida? ¿No se podrá, acaso, decir que es menester se conserven esos tipos de excepción para que sirvan de eterno modelo a los otros?"*

- Ten confianza y fíate de Dios.- me dice Kate.- estoy convencida de que todos pasamos por este periodo intermedio y preparatorio para el examen final en el que esperamos que el ángel, o el ser transparente nos haga el examen del repaso de nuestras vidas. Unos lo harán en esta habitación como tú y yo. Otros en un campo o en un río, en una montaña o en una playa, según les corresponda. El caso es que todos repasarán su vida antes de transitar al otro lado, pero todos habrán encontrado el amor y les darán una segunda oportunidad si saben decir ¡gracias y perdón¡.
- Estoy convencido de que la confianza no se pide, se gana. Y una de las maneras que he encontrado en mi vida de

ganarme la confianza de la gente ha sido con dos palabras. ¿Cuáles? La primera es "perdón", y la segunda "gracias" que además aprovecho a modo de testamento. Es curioso comprobar las pocas veces que se dicen de corazón y la cantidad de ellas que se pronuncian por protocolo, comparado con la cantidad de beneficios que te aportan cuando se profieren de verdad. Suelen ser armas muy poderosas, tanto es así, que se encuentran en cualquier lengua, cultura o religión. ¿Por algo será, no? En muchas ocasiones, disminuimos la efectividad con falsas modestias respondiendo a esas dos palabras cosas como "no tiene importancia..." "No es nada..." ¿Cómo que no tiene importancia y no es nada? ¡Es muy importante y es todo¡ aprovecho para decirles a mis amigos, amores, familiares y también a los que me abandonaron, no quisieron o despreciaron ¡Perdón y gracias¡ porque todos hicieron que yo sea hoy lo que soy, gracias a ellos ¡gracias¡ pero ellos lo son también porque intervine un instante en sus vidas y por eso les pido ¡perdón¡ (El árbol de huellas) Me acuerdo de los momentos con ellos, cuando me enseñaban y cuando yo era el profesor. Cuando les obedecía y cuando yo daba las órdenes. Cuando paseábamos cogidos de la mano y cuando nos empujábamos. Cuando nos dedicábamos el tiempo a curarnos y de cuando lo hacíamos para herirnos. ¡Gracias y perdón¡ podría estar recordando todos y cada uno de esos momentos, pero creo que en eso consiste esta habitación en la que Kate y yo estamos. ¡Gracias y perdón a todos¡ por los ratos en los que nos intercambiábamos nuestras respectivas visiones de la vida, nuestros respectivos pensamientos, ideas y cuando los defendíamos ora juntos, ora enfrentados. ¡Gracias y perdón a todos¡ por la generosidad y los egoísmos, por la solidaridad y las tacañerías, por las risas y los llantos. Por el color rosa del amor y el negro de la vida. Por las caricias y las asperezas. Porque ambos términos implican flujos hacia dentro y hacia fuera. De psicología directa y de psicología inversa.

¡Gracias y perdón a todos¡ por las veces en que hemos intentado compensar los favores y las agresiones mediante dinero y bienes materiales. El dinero no es más que un elemento que hemos creado como medio de simplificarnos la vida y en realidad nos esclaviza y complica. El dinero es un gran apagador de perdones y compensador de agradecimientos. ¿A qué saben, huelen o saben el perdón y las gracias? No son fotografíales ni grabables, pero duran eternamente. Nos pasamos la vida pretendiendo que todo dure para siempre, sin darnos cuenta que el pasado ya no existe más que en nosotros y tampoco existe el futuro, que solo tenemos un presente que está condicionado por el pasado y condiciona el futuro. Es lo mismo que decía Philippe Delerm "La felicidad es tener alguien a quien perder". O aquello otro que rezaba "Podemos llorar porque ya no estás aquí, o estar alegres por lo que has vivido". "podemos cerrar los ojos y esperar tu vuelta, o abrirlos para ver las huellas que dejaste" "Podemos tener el corazón vacio por no tenerte, o tenerlo lleno del amor que dejaste". ¡Gracias y perdón a todos¡ porque siempre queda perfume en las manos al que regala una rosa. Estas dos palabras son las únicas que no dependen de la "suerte", sino de nosotros.

-    ¡Ufff¡ me ha gustado y tú sabes que está bien haber compartido nuestras respectivas vidas en este repaso final. A medida que escuchaba las frases, te estaba auscultando. Eres tú, tu conciencia y tu pensamiento, tus inquietudes y tus preguntas encadenadas tal y como te bullen en tu mente. Da igual que tengan respuesta o no, porque eres tan sincero que dan ganas de seguir repasando. Por otro lado, aunque tratas muchos temas, todos de gran profundidad, y aunque no hayas entrado a dar más datos de cada uno de ellos, son el reflejo de tus inquietudes, de tu pensamiento constante, hablando en voz alta intentando hacerte entender e intentando entender el mundo que te rodea. Además, hay algo que me ha encantado, es que has conseguido reflejar tu pensamiento diferente, esa capacidad tuya de ver los temas desde otra perspectiva, pero sin llegar a ser prepotente y admitiendo con humildad que a veces te sientes incomprendido al final. Me refiero por ejemplo a la pregunta de ¿Qué es existir? Estoy de acuerdo contigo que no es algo meramente fisiológico, hay algo más que trasciende y que está fuera de nosotros, como apuntas antes y después. También refleja una carga de reflexión más serena que en otras ocasiones, no resulta atormentada, sino más bien un fiel reflejo de tu espíritu, siempre llena de inquietudes y hambre de conocimiento. Creo que es un tono muy adecuado para el momento de reflexión y existencial al que te enfrentas. Me ha encantado, gracias por compartirlo conmigo.- me dice Kate.

¿Oigo el sonido de una alarma? ¡Sí¡. Me parece conocida y la identifico con mi despertador. Casi despierto me despido pensando si habré tenido un mal sueño. Si todo esto habrá sido una pesadilla. ¡No lo sé¡, pero el tipo transparente parecía muy real. El caso es que la angustia y el miedo, tanto en el mundo consciente, como en el onírico, crean emociones que predisponen a cada individuo. ¿Por qué? ¡muy simple¡, porque estamos sometidos a un entretejido de aspectos físicos, intelectuales y emocionales, que pueden desencadenar en enfermedad. Paradójicamente, todo este embrollo tiene un valor afectivo para este individuo, que además personaliza y lo hace suyo. Cuando vemos a mentes débiles caer una y otra vez en dependencias, vemos que subyace en ellos un trastorno de conducta. Esto es obvio, pero cuando ocurre, nos complica de sobremanera la posibilidad de estudio y de separar la verdadera enfermedad psicosomática. Pues bien, esto mismo ocurre cuando intentamos la interpretación de los sueños, que cualquier sintomatología subyacente, no detectada, complica y obscurece esta lectura. De ahí la importancia de insistir en el conocimiento previo del paciente, de conocer las situaciones desde su punto de vista y no desde el nuestro. La base del ser humano es la memoria. Se necesita para sobrevivir, relacionarse, no perderse, etc. Los sueños y el dormir, son las piezas claves para asentar los conocimientos obtenidos durante la jornada y los sueños son la fuente canalizadora de la información para el aprendizaje, que modifican la conducta y cogiendo experiencia, madura. Ahora bien ¿Dónde está la memoria? La mayoría contestaría que en el cerebro. ¡Vale¡ y ¿Allí, dónde? Ya la mayoría se callaría. Pues bien, todo radica en los microARN. ¿Qué son? Son reguladores génicos, que desempeñan la función de conformación de la memoria. Cuando faltan, se sabe perfectamente que no hay, porque los síntomas llenan los libros de Neuropsiquiatría. Cuando estos elementos trabajan a 1100%, vemos resultados que denominamos genios. ¿Por qué? Simplemente porque trabajan sin limitadores. Eric Kandel, de la Universidad Columbia de Nueva York, descubrió en el caracol marino Aplysio colifórnico que: "*"El almacenamiento a largo plazo de nuevos estímulos llevaba consigo un crecimiento permanente y una neoformación de sinapsis neuronales. Ante un estímulo repetido, una sinapsis de ese tipo reacciona de forma diferente a como lo hace la primera vez, como si se «acordara»"*". ¿Qué necesitan para funcionar y producir genios en serie? Tres cositas de nada. Primero, proteínas estructurales que estabilicen las sinapsis. Segundo, Enzimas y proteínas receptoras que actúan como amplificadores para que la señal llegue mejor. Y tercero, proteínas sinápticas para que no haya interferencias. Todo este asunto de los microARN, descubiertos en un nematodo (Caenorhabditis elegans) por Victor Ambros, de la Universidad Harvard, parece fantástico, si no fuera porque se ha demostrado que cuanto mejor funcionan y más cerca de la genialidad están estas sinapsis, tanto más dificultades de concentración padecen los sujetos y más cerca de la generación de cáncer también. ¿Y luego decimos que el ser humano no es complejo? ¿Qué diferencia hay con el ARN mensajero? Pues que el mensajero tiene varios miles de nucleótidos ensamblados, mientras que el microARN solamente unos veinte, (que se sepa). En especial destacan dos, el miR-134 y miR-138 que impiden el crecimiento de nuevas sustancias en la sinapsis. Personalmente creo que ese escudo lo forman un entramado más complejo de solamente dos elementos, (pero no lo puedo demostrar). Me quedo con Kunes, de la Universidad Harvard, que ratificó en la mosca Drosophila melanogaster la función que ejercen los microARN en la docilidad sináptica. Kandel hizo lo propio con el caracol marino Aplysia. Y Li-Huei Tsai, del Instituto de Tecnología de Massachusetts en Cambridge, comprobó que mucho o poco MiR134 hacía crecer o disminuir la memoria de ratones pasado cierto tiempo. Al final. Me pregunto, si los sueños ¿Hacen aumentar o disminuir estos microARNs?, si ¿Mejoran la síntesis de estas proteínas sinápticas y estructurales? o si simplemente ¿Se aprovechan de todo para que memoricemos el mensaje onírico? Porque si alguna de las respuestas fueran positivas, estaríamos ante un proyecto transgénico a la vista y ¡Ufff…¡ y yo habría estado soñando todo este tiempo.

- ¡No¡, ¡no¡, ¡no, por favor¡, ¡Dios!... ¡No!, ¡por favor!...- Digo acalorado al despertarme de verdad.
- ¡Hey! ¿Qué te pasa amor? ¿Tienes una pesadilla? – Me dice Kate abrazándome y acostada a mi lado en la misma cama.

¡Dios mío¡, ¡Kate es mi esposa en realidad¡ y está despertándome de ese horrible sueño.

- ¡No¡ no fue una pesadilla mi amor. – le contesto devolviéndole el abrazo y el beso.- Fue otra oportunidad para disfrutar de ti, de mi hija, amigos, naturaleza y familia. De todo lo que Dios creó. ¿Sabes?, estando muerto ya nada puedes hacer, y estando vivo puedes disfrutar de todo.

- Fíate y confía en Dios a pesar de tu entendimiento, inteligencia y prudencia. De tus dudas e inseguridades. – me contesta, dándome un beso y volviendo a arroparse para dormirse de nuevo abrazada a mi.- ¡Descansa¡

- ¡Descansa tú también¡ - me despido de este "árbol de huellas", imitándola y arropándome, dando gracias a Dios por haber tenido una nueva oportunidad, haya sido verdad o solo un sueño, con las palabras que mi maestro D. Francisco Caparrós, añadía a cualquier transacción comercial de las suyas, diciendo: "Findings and Determinations: In view of the foregoing circumstances it appears to be in the best interest of the U.S. government to make award of the above services (or supplies) to… in the amount of $ firm… Alludes compare the government estimate results in a saving of $... in favor of the U.S. government." Y que yo ahora modifico en estas circunstancias y en mi provecho, diciéndole a Dios: "Conclusiones y Determinaciones: En vista de las circunstancias anteriores, parece ser en el mejor interés del Gobierno del Cielo, para hacer entrega de los servicios anteriores (o insumos) de este árbol de huellas a... Dios, por la cantidad de ¿? en firme... (muchos pecados a perdonar). Alude comparar los resultados de la estimación del gobierno (celestial) en un ahorro de ¿?... (a estimar por el ángel) a favor del Gobierno del Cielo."

¡A ver si así apruebo el examen¡ ¿no?

Fin

FRASES Y CITAS

Chesterton, Gilbert Keith: "El pesimismo no consiste en estar cansado del mal, sino en estar cansado del bien."

Lope de Vega y Carpio, Félix: "No quiso la lengua castellana que de casado a cansado hubiese más de una letra de diferencia."

Renard, Jules: "La pereza no es más que el hábito de descansar antes de estar cansado."

Zorrilla de San Martín, Juan: "Nada pesa tanto como el corazón cuando está cansado."

Patton, George: "Si va a ganar alguna batalla, tiene que hacer una cosa. Tiene que hacer que la mente mande al cuerpo. Nunca deje que el cuerpo diga a la mente qué hacer... el cuerpo nunca está cansado si la mente no está cansada."

Pessoa, Fernando: "Entre la vida y yo hay un cristal tenue. Por más claramente que vea y comprenda la vida, no puedo tocarla."

Osho: "La vida no es una tecnología, ni una ciencia. La vida es un arte, has de sentirla. Es como el caminar por una cuerda floja"

Christie, Agatha: "Aprendí que no se puede dar marcha atrás, que la esencia de la vida es ir hacia adelante. La vida, en realidad, es una calle de sentido único."

Lacordaire, Herni Dominique: "Nuestra vida presente es el crisol del cual saldrá nuestra vida futura"

Calderón de la Barca, Pedro: "¿Qué es la vida? Un frenesí. ¿Qué es la vida? Una ilusión, una sombra, una ficción; y el mayor bien es pequeño; que toda la vida es sueño, y los sueños, sueños son."

Lincoln, Abraham: "Al final, lo que importa no son los años de vida, sino la vida de los años."

Rojas Marcos, Luis: "Internet es positivo porque nos une, nos conecta. Incluso a las personas mayores. El estar conectado nos prolonga la vida y no solamente añade años a la vida, sino vida a los años."

Malraux, André: "He aprendido que una vida no vale nada, pero también que nada vale una vida."

Mafalda (de Quino): "¿No será acaso que ésta vida moderna está teniendo más de moderna que de vida?"

Lloyd Wright, Frank: "Cuanto más vivo, más maravillosa se vuelve la vida."

Humboldt, Karl Wilhelm Von: "En el fondo son las relaciones con las personas lo que da sentido a la vida."

Góngora y Argote, Luis de: "La vida es ciervo herido que las flechas le dan alas."

Byron, Lord: "La vida es demasiado corta para dedicarse al ajedrez."

Aristóteles: "Lo mejor es salir de la vida como de una fiesta, ni sediento ni bebido"

Plinio el Viejo: "Lo mejor que la naturaleza ha dado al hombre es la brevedad de su vida."

Bardot, Brigitte: "He tenido éxito en la vida. Ahora, intento hacer de mi vida un éxito."

Russell, Bertrand: "Para llevar una vida feliz es esencial una cierta capacidad de tolerancia al aburrimiento. La vida de los grandes hombres sólo ha sido emocionante durante unos pocos minutos trascendentales. Una generación que no soporta el aburrimiento será una generaci"

Stendhal (Beyle, Henri): "La soledad es necesaria para gozar de nuestro propio corazón y para amar, pero para triunfar en la vida es preciso dar algo de nuestra vida al mayor número de gentes."

Mafalda (de Quino): "Trabajar para ganarse la vida está bien, ¿pero por qué esa vida que uno se gana trabajando tiene que desperdiciarla trabajando para ganarse la visa?"

Juan Pablo II: "La familia está llamada a ser templo, o sea, casa de oración: una oración sencilla, llena de esfuerzo y ternura. Una oración que se hace vida, para que toda la vida se convierta en oración."

Wholey, Dennis: "Esperar que la vida te trate bien porque seas buena persona es como esperar que un toro no te ataque porque seas vegetariano"

Campoamor, Ramón de: "La vida es dulce o amarga; es corta o larga. ¿Qué importa? El que la goza la halla corta, y el que la sufre la halla larga."

Juan Pablo II: "Por eso América: si quieres la paz, trabaja por la justicia. Si quieres la justicia defiende la vida. Si quieres la vida, abraza la verdad, la verdad revelada por Dios."

Cieri Estrada Doménico: "La vida no es miel sobre hojuelas, pero tiene miel y tiene hojuelas."

Khayyam, Omar: "Entre la fe y la incredulidad, un soplo. Entre la certeza y la duda, un soplo. Entre la certeza y la duda, un soplo. Alégrate en este soplo presente donde vives, pues la vida misma está en el soplo que pasa."

Kerouac, Jack: "Vive tu memoria y asómbrate"

Martí, José: "Antes morir de pie que vivir de rodillas"

Dehmel, Richard: "El deseo es vida; su consecución, muerte."

Yutang, Lin: "La sabiduría de la vida consiste en eliminar lo que no sea esencial"

Bakunin, Mijail: "La uniformidad es la muerte; la diversidad es la vida."

Kerouac, Jack: "Lo que sientas encontrará por si solo su estilo"

Gila, Manuel: "Los mayores tienen un futuro, que es su pasado"
Porchia, Antonio: "Saber morir cuesta la vida"

Conde, Alfredo: "Ser escritor es robarle vida a la muerte."

Martí, José: "Vale más un minuto de pie que una vida de rodillas."

Humboldt, Karl Wilhelm Von: "Cuanto menos se lleve a cabo, más corta parece la vida."

Rilke, Rainer Maria: "En la vida no hay clases para principiantes; en seguida exigen de uno lo más difícil."

Lacreitelle, Jacques H. de la: "La radio marca los minutos de la vida; el diario, las horas; el libro; los días."

Pasternak, Boris: "La totalidad de la vida es simbólica porque todo en ella tiene significado"

Lennon, John: "La vida es aquello que te va sucediendo mientras te empeñas en hacer otros planes."

Miller, Arthur: "La vida es como una nuez; no puede cascarse entre almohadones de plumas."

Williams, Tennessee: "La vida es una obra bastante buena, salvo el tercer acto, el último."

Charlie Brown: "La vida está llena de posibilidades pero tu nunca obtienes la tuya"

Lawrence, David Herbert: "La vida interior necesita una casa confortable y una buena cocina."
García Márquez, Gabriel: "La vida no es sino una continua sucesión de oportunidades para sobrevivir."

Orwell, George: "Lo característico de la vida actual no son la inseguridad y la crueldad, sino el desasosiego y la pobreza."

Coelho, Paulo: "No todo en la vida es de un color o de otro. Miren sino el arco iris. "

Bachelard, Gastón: "Nuestra vida está tan llena que actúa cuando no hacemos nada."

Wilder Billy: "Recuerda que eres tan bueno como lo mejor que hayas hecho en tu vida."

Pérez Galdos, Benito: "Yo no tengo la culpa de que la vida se nutra de la virtud y del pecado, de lo hermoso y de lo feo."

Bohigas, Oriol: "La vida es dos pasos adelante y uno atrás."

Einstein, Albert: "La vida es hermosa, vivirla no es una casualidad."

Curie, Marie: "La vida no merece que uno se preocupe tanto."

Ochoa, Severo: "Me he dedicado a investigar la vida y no sé por qué ni para qué."

Groucho (Marx, Julius): "El secreto de la vida es la honestidad y el juego limpio, si puedes simular eso, lo has conseguido."

Ignacio Manuel Altamirano «Envidia, envidia me tienen. Envidia me tienen envidia. Envidia, envidia en mí. Envidia, envidia, envidia en mí. La envidia mata».

Ignacio Manuel Altamirano «El mayor castigo que puede imponerse a la envidia es el desprecio. Hacerle caso es permitirle saborear un síntoma de victoria».

Ignacio Manuel Altamirano «La envidia como la ictericia se conoce en el color de los ojos y en el de la piel».

Ignacio Manuel Altamirano «La envidia es al mérito lo que la cobardía al valor».

Ignacio Manuel Altamirano «La envidia es el cáncer del talento. No tener envidia es un privilegio de salud que debe agradecerse a los dioses más que la salud física».

Ignacio Manuel Altamirano «La envidia es proteiforme. Sus manifestaciones más comunes son la crítica amarga, la sátira, la diatriba, la injuria, la calumnia, la insinuación pérfida, la compasión fingida, pero su forma más peligrosa es la adulación servil».

Ignacio Manuel Altamirano «La envidia es un buitre que se alimenta de sus propias entrañas».

Ignacio Manuel Altamirano «La envidia es una furia que se disfraza casi siempre de vieja devota».

Ignacio Manuel Altamirano «La envidia es una sombra que oscurece el semblante y entristece el espíritu».

Ignacio Manuel Altamirano «La envidia hace sufrir al envidioso más que a los censurados la censura».

Ignacio Manuel Altamirano «La envidia es la impotencia irritada por el mérito».

Ignacio Manuel Altamirano «La envidia no tiene nunca ni la franqueza de la risa, ni el arrebato de la cólera; no tiene más que sonrisas frías y lágrimas ocultas».

Ignacio Manuel Altamirano «La voz de la envidia es el pregón de la inferioridad del envidioso».

"La envidia es el gusano roedor del mérito y de la gloria". Francis Bacon

El universo no es hostil, pero tampoco es amigable, sencillamente es indiferente (J. H. Holmes).

No es mucho lo que podemos hacer como individuos para cambiar el modo en que actúa el universo. No son posibles los grandes cambios en el destino de la humanidad hasta que tenga lugar un gran cambio en la constitución fundamental de su modo de pensar (J. S. Mill)

"Nadie es realmente digno de envidia". Schopenhauer.

"La envidia en los hombres muestra cuán desdichados se sienten, y su constante atención a lo que hacen o dejan de hacer los demás, muestran cuanto se aburren". Schopenhauer.

"El sabio no envidia la sabiduría de otro". Erpenio.

"Es tan fea la envidia que siempre anda por el mundo disfrazada, y nunca más odiosa que cuando pretende disfrazarse de justicia". Jacinto Benavente.

"El rico no gozaría nada si le faltase la envidia de los demás". A. Panzini.

"La envidia y los celos no son vicios ni virtudes, sino penas". Jeremy Bentham.

"La envidia es una declaración de inferioridad". Napoleón Bonaparte.

"La envidia que parla y que grita es siempre inhábil; se debe temer bastante en cambio la que calla". Rivarol.

"Una demostración de envidia es un insulto a uno mismo". Yevgeny Yevtuschenko.

"La envidia va tan flaca y amarilla porque muerde y no come". Quevedo.

"A menudo se hace ostentación de las pasiones, aunque sean las más criminales; pero la envidia es una pasión cobarde y vergonzosa, que nadie se atreve nunca a admitir". Rochefoucauld.

«A la sombra del mérito se ve crecer la envidia». Leandro Fernández de Moratín.

«El silencio del envidioso está lleno de ruidos» Khalil Gibran.

«El peor presente para una persona que tiene envidia es un palacio… con una vista de uno mejor» Leonid S. Sukhorukov.

«El tema de la envidia es muy español. Los españoles siempre están pensando en la envidia. Para decir que algo es bueno dicen: "Es envidiable"» Jorge Luis Borges.

«Es envidia la que provoca placer por las desgracias de los amigos». Platón.

«Esta es mi soledad, a donde no alcanza la envidia, sí, mi orgullo, tan simple como desnudarme ante el sol» Luis Alberto Costales.

«La envidia es el adversario de los más afortunados» Epicteto.

«La envidia es mil veces más terrible que el hambre, porque es hambre espiritual» Miguel de Unamuno. «La fuerza de tu envidia es la rapidez de mi progreso» Anónimo.

«La envidia de la virtud hizo a Caín criminal. ¡Gloria a Caín! Hoy el vicio es lo que se envidia más». Antonio Machado.

«Napoleón envidiaba a César, César envidiaba a Alejandro y Alejandro, me atrevería a decir, envidiaba a Hércules, que nunca existió». Bertrand Russell.

La muerte no nos roba los seres amados. Al contrario, nos los guarda y nos los inmortaliza en el recuerdo. La vida sí que nos los roba muchas veces y definitivamente. François Mauriac (1905-1970) Escritor francés.

Así como una jornada bien empleada produce un dulce sueño, así una vida bien usada causa una dulce muerte. Leonardo Da Vinci (1452-1519) Pintor, escultor e inventor italiano.

Duerme con el pensamiento de la muerte y levántate con el pensamiento de que la vida es corta. Proverbio

La muerte es algo que no debemos temer porque, mientras somos, la muerte no es y cuando la muerte es, nosotros no somos. Antonio Machado (1875-1939) Poeta y prosista español.

A menudo el sepulcro encierra, sin saberlo, dos corazones en un mismo ataúd. Alphonse de Lamartine (1790-1869) Historiador, político y poeta francés.

La muerte es una vida vivida. La vida es una muerte que viene. Jorge Luis Borges (1899-1986) Escritor argentino.

La muerte es una quimera: porque mientras yo existo, no existe la muerte; y cuando existe la muerte, ya no existo yo. Epicuro de Samos (341 AC-270 AC) Filósofo griego.

No basta con pensar en la muerte, sino que se debe tenerla siempre delante. Entonces la vida se hace más solemne, más importante, más fecunda y alegre. Stefan Zweig (1881-1942) Escritor austriaco.

Cuántas muertes más serán necesarias para darnos cuenta de que ya han sido demasiadas. Bob Dylan (1941-?) Cantautor, compositor y músico estadounidense.

Al palpar la cercanía de la muerte, vuelves los ojos a tu interior y no encuentras más que banalidad, porque los vivos, comparados con los muertos, resultamos insoportablemente banales. Miguel Delibes (1920-2010) Escritor español.

Daría todo lo que sé, por la mitad de lo que ignoro. René Descartes (1596-1650) Filósofo y matemático francés.

La verdadera sabiduría está en reconocer la propia ignorancia. Sócrates (470 AC-399 AC) Filósofo griego.

La mayor sabiduría que existe es conocerse a uno mismo. Galileo Galilei (1564-1642) Físico y astrónomo italiano.

Todo hombre es tonto de remate al menos durante cinco minutos al día. La sabiduría consiste en no rebasar el límite. Elbert Hubbard (1856-1915) Ensayista estadounidense.

Hay dos maneras de difundir la luz... ser la lámpara que la emite, o el espejo que la refleja. Lin Yutang (1895-1976) Escritor y filólogo chino.

La sabiduría es un adorno en la prosperidad y un refugio en la adversidad. Aristóteles (384 AC-322 AC) Filósofo griego.

Para llegar a ser sabio, es preciso querer experimentar ciertas vivencias, es decir, meterse en sus fauces. Eso es, ciertamente, muy peligroso; más de un sabio ha sido devorado al hacerlo. Friedrich Nietzsche (1844-1900) Filosofo alemán.

Si me ofreciesen la sabiduría con la condición de guardarla para mí sin comunicarla a nadie, no la querría. Lucio Anneo Séneca (2 AC-65) Filósofo latino.

La sabiduría nos llega cuando ya no nos sirve de nada. Gabriel García Márquez (1927-?) Escritor colombiano.

Yo sólo sé que no sé nada. Sócrates (470 AC-399 AC) Filósofo griego.

La verdad se corrompe tanto con la mentira como con el silencio. Marco Tulio Cicerón (106 AC-43 AC) Escritor, orador y político romano.

El que busca la verdad corre el riesgo de encontrarla. Manuel Vicent (1936-?) Escritor español.

Como todos los soñadores, confundí el desencanto con la verdad. Jean Paul Sartre (1905-1980) Filósofo y escritor francés.

No basta decir solamente la verdad, más conviene mostrar la causa de la falsedad. Aristóteles (384 AC-322 AC) Filósofo griego.

La peor verdad sólo cuesta un gran disgusto. La mejor mentira cuesta muchos disgustos pequeños y al final, un disgusto grande. Jacinto Benavente (1866-1954) Dramaturgo español.

La verdad triunfa por sí misma, la mentira necesita siempre complicidad. Epicteto de Frigia (50-135) Filósofo grecolatino.

La verdad adelgaza y no quiebra, y siempre anda sobre la mentira como el aceite sobre el agua. Miguel de Cervantes Saavedra (1547-1616) Escritor español.

La verdad es lo que es, y sigue siendo verdad aunque se piense al revés. Antonio Machado (1875-1939) Poeta y prosista español.

El lenguaje de la verdad debe ser, sin duda alguna, simple y sin artificios. Lucio Anneo Séneca (2 AC-65) Filósofo latino.

La verdad es una antorcha que luce entre la niebla, sin disiparla. Claude Adrien Helvétius (1715-1771) Filósofo francés

Cuando mejor es uno, tanto más difícilmente llega a sospechar de la maldad de los otros. Marco Tulio Cicerón (106 AC-43 AC) Escritor, orador y político romano.

La probabilidad de hacer mal se encuentra cien veces al día; la de hacer bien una vez al año. Refrán

Ningún hombre conoce lo malo que es hasta que no ha tratado de esforzarse por ser bueno. Sólo podrás conocer la fuerza de un viento tratando de caminar contra él, no dejándote llevar. Clive Staples Lewis (1898-1963) Escritor británico.

El mal no es lo que entra en la boca del hombre, sino lo que sale de ella. Jesucristo (4 AC-30) Fundador del cristianismo.

El mundo no está en peligro por las malas personas sino por aquellas que permiten la maldad. Albert Einstein (1879-1955) Científico alemán nacionalizado estadounidense.

Aunque estés solo, no debes decir ni hacer nada malo. Aprende a avergonzarte más ante ti que ante los demás. Demócrito de Abdera (460 AC-370 AC) Filósofo griego.

Para que triunfe el mal, sólo es necesario que los buenos no hagan nada. Edmund Burke (1729-1797) Político y escritor irlandés.

Es extraña la ligereza con que los malvados creen que todo les saldrá bien. Víctor Hugo (1802-1885) Novelista francés.

¿Es usted un demonio? Soy un hombre. Y por lo tanto tengo dentro de mí todos los demonios. Gilbert Keith Chesterton (1874-1936) Escritor británico.

Las almas ruines sólo se dejan conquistar con presentes. Sócrates (470 AC-399 AC) Filósofo griego.

Cuando la vida te presente razones para llorar, demuéstrale que tienes mil y una razones para reír. Anónimo

La vida es muy peligrosa. No por las personas que hacen el mal, sino por las que se sientan a ver lo que pasa. Albert Einstein (1879-1955) Científico alemán nacionalizado estadounidense.

Al final, lo que importa no son los años de vida, sino la vida de los años. Abraham Lincoln (1808-1865) Político estadounidense.

Vivir no es sólo existir, sino existir y crear, saber gozar y sufrir y no dormir sin soñar.
Descansar, es empezar a morir. Gregorio Marañón (1887-1960) Médico y escritor español.

La vida es aquello que te va sucediendo mientras te empeñas en hacer otros planes. John Lennon (1940-1980) Cantante y compositor británico.

A veces podemos pasarnos años sin vivir en absoluto, y de pronto toda nuestra vida se concentra en un solo instante. Oscar Wilde (1854-1900) Dramaturgo y novelista irlandés.

Estar preparado es importante, saber esperar lo es aún más, pero aprovechar el momento adecuado es la clave de la vida. Arthur Schnitzler (1862-1931) Dramaturgo austríaco.

Aprendí que no se puede dar marcha atrás, que la esencia de la vida es ir hacia adelante.
La vida, en realidad, es una calle de sentido único. Agatha Christie (1891-1976) Novelista inglesa.

La vida no se ha hecho para comprenderla, sino para vivirla. Jorge Santayana (1863-1952) Filósofo y escritor español.

La mayor rémora de la vida es la espera del mañana y la pérdida del día de hoy. Lucio Anneo Séneca (2 AC-65) Filósofo latino.

EPITAFIOS

"Si no viví más, fue porque no me dio tiempo" Marqués de Sade.

"Disculpe que no me levante" Groucho Marx.

«Estoy aquí en el último escalón de mi vida. Marlene 1901-1992» Marlene Dietrich.

En la tumba de Arquímedes se dice que había como único epitafio un cilindro circunscrito a una esfera.

"Es mi voluntad que mi cuerpo sea enterrado en mi amado pueblo de Monte Grande del Valle de Elqui". "Lo que el alma hace por su cuerpo, es lo que el hombre hace por su pueblo." Gabriela Mistral.

"Aquí yase El Pensador Mexicano quien hizo lo que pudo por su patria". José Joaquín Fernández de Lizardi.

"Rosa, oh contradicción pura, placer, ser el sueño de nadie bajo tantos párpados". Rainer María Rilke. El escritor austriaco, murió de una leucemia en Diciembre de 1926. El empeoramiento de su estado físico se produjo a raíz de haberse pinchado con la espina de una rosa mientras cuidaba el jardín del castillo Muzot, en Suiza.

«Don Gonzalo Torrente Ballester. 1910-1999. Insigne escritor e hijo predilecto del pueblo de Ferrol. Descanse en paz». Gonzalo Torrente Ballester.

"Arrebató el rayo a los cielos y el cetro a los reyes". Benjamin Franklin.

«No es que yo fuera superior. Es que los demás eran inferiores». Orson Welles.

"Aquí yace alguien cuyo nombre se escribió en el agua." John Keats (para sí mismo).

"Aquí yace Molière el rey de los actores. En estos momentos hace de muerto y de verdad que lo hace bien." de Molière para sí mismo.

"Aquí yace el poeta Vicente Huidobro. Abrid su tumba debajo de su tumba se ve el mar." Vicente Huidobro.

"Aquí reposan los restos de un ser que poseyó la belleza sin la vanidad, la fuerza sin la insolencia, el valor sin la ferocidad y todas las virtudes de un hombre sin sus vicios." de Lord Byron para su perro "Botswain".

"Quien resiste gana". Camilo José Cela.

"Si queréis los mayores elogios, moríos". Enrique Jardiel Poncela.

"Aquí yace el cuerpo de Jonathan Swift, D., deán de esta catedral, en un lugar en que la ardiente indignación no puede ya lacerar su corazón. Ve, viajero, e intenta imitar a un hombre que fue un irreductible defensor de la libertad". Escrito por él mismo y en latín.

"En memoria de Alberto Durero. Todo lo que en él había de mortal está enterrado bajo este túmulo". Alberto Durero.

"Un libro debería ser como un hacha ante el mar congelado que tenemos dentro". Sylvia Plath.

"Yace aquí Juan Nepomuceno, confesor de la Reina, ilustre por sus milagros, quien, por haber guardado el sigilo sacramental fue cruelmente martirizado y arrojado desde el puente de Praga al río Moldava, por orden de Wenceslao IV, el año 1393". Juan Nepomuceno (Su lengua se conserva incorrupta).

"Esta es la tumba de Rafael, en cuya vida la Madre Naturaleza temió ser vencida por él y a, cuya muerte, ella también murió. Del cardenal Bembo a Rafael.

"Lo hizo a la manera difícil" Bette Davis.

"Estuve borracho muchos años, después me morí". Francis Scott Fitzgerald

"Aquí yace un hombre que vivo dejó su nombre", Rodrigo Manrique.

" A Yo Francisco que fundé el gran liceo de las Musas yazco ahora en un pequeño sarcófago. Uní púrpura y sayal, casco y bonete. Fui hermano, general, gobernador, cardenal y padre y no por mi ánimo se juntaron corona y capucha cuando España me obedeció como regente". Cardenal Cisneros.

"Volveré y seré millones" Eva Perón.

"Esto es lo que le pasa a los chicos malos". Alfred Hitchcock (Nadie se atrevió a ponerlo.)

"Padre de la Universidad de Virginia". Thomas Jefferson, Presidente de los Estados Unidos.

"Eso es todo, amigos". Mel Blanc (el actor que le prestaba su voz a Bugs Bunny).

BIBLIOGRAFÍA

Diccionario Manual de la Lengua Española Vox. © 2007 Larousse Editorial, S.L.

Diccionario Enciclopédico Vox 1. © 2009 Larousse Editorial, S.L.

Diccionario Manual de Sinónimos y Antónimos de la Lengua Española Vox. © 2007 Larousse Editorial, S.L.

K Dictionaries Ltd 2013

Enciclopedia Espasa Calpe.

Enciclopedia Historia Universal Salvat.

Enciclopedia Historia de Grecia de Malet.

Enciclopedia Historia Universal Everest.

Enciclopedia interactiva Encarta.

Enciclopedia interactiva Universales.

Enciclopedia interactiva Protagonistas de la Historia.

Enciclopedia interactiva Británica.

Biblia Colunga.

Corán.

Diccionario de la Real Academia Española

www. refranero castellano. com

Miguel de Unamuno "Del sentimiento trágico de la vida"

"Teoría de los sentimientos" de Carlos Castilla del Pino - Tusquets Editores – ISBN 84-8310-708-2

VV. AA., Educar con inteligencia emocional, Plaza & Janés, Barcelona, 2000.

VV. AA., Programa para el desarrollo de la autoestima, Comunidad de Madrid, Madrid, 2000.

VV. AA., Historias de Fish, Ediciones Urano, Barcelona, 2002.

Watzlawick, P., El arte de amargarse la vida, Herder, Barcelona, 1990.

M. Jesús Álava Reyes "La inutilidad del sufrimiento" Ed. La Esfera de los Libros ISBN: 978-84-9734-251-3

Parrott, W. G., & Smith, R. H. (1993). Distinguishing the experiences of envy and jealousy. Journal of Personality and Social Psychology

Piñuel y Zabala, Iñaki, Mobbing. Cómo sobrevivir al acoso psicológico en el trabajo, Santander. Sal Terrae, 2001

Diccionario universal de mitología

Monclús, Enrique González:«Celos, celos patológicos y delirio celotípico» en *Revista de Psiquiatría de La Facultad de Medicina de Barcelona*, 2005; Vol. 32.

Buss, 1993 *Diferencias sexuales en los celos* En Universitas Psychologica Bogotá Colombia 2 (2) 101-107 julio-diciembre 2003.

Van Sommers, Peter Los celos. Reconocerlos Comprenderlos Asumirlos Editorial Paidós, 1989.

Crocker. William H. *Canela Apanyekrá/Relaciones entre los sexos* junio, 2002 en Povos indígenas do Brasil/Pueblos indígenas en Brasil.

Judith Stacey Unhitched: Love, Marriage, and Family Values from West Hollywood to Western China New York University Press 2001 ISBN 978-0-8147-8382-5

Clanton,Gordon; Smith, Lynn G. (1977). *Jealousy*. New Jersey: Prentice-Hall. ISBN 0-13-509356-2.

Mandino, Og., El secreto más grande del mundo, Diana, México, D.E, 1989.

—, La universidad del éxito, Grijalbo, Barcelona, 2002.

Marks, 1., Miedos, fobias y rituales, Martínez Roca, Barcelona, 1991.

Merril, 5., Vivir con alegría, Obelisco, Barcelona, 2002.

Ribeiro, L., Inteligencia aplicada, Planeta, Barcelona, 2003.

Rojas, E., Remedios para el desamor, Temas de Hoy, Madrid, 2002.

Tye, J., Nunca temas, nunca renuncies, Plural, Barcelona, 2000.

Vallés, A., La inteligencia emocional de los niños. Cómo desarrollarla, EOS, Madrid, 2000.

Mathes, Eugene (1991). «A Cognitive Theory of Jealousy». *The Psychology of Jealousy and Envy*. New York: Guilford Press. ISBN 0-89862-555-6.

Corazones.org

Vatican.va (*Catecismo de la Iglesia Católica*, n.º 1866, artículo 8, «El pecado», V: La proliferación del pecado).

«Sobre los ocho vicios malvados», artículo de Evagrio Póntico en el sitio web Mercaba.org.

Buenaventura de Fidanza (1218-1274): *Breviloquium* (III, IX).

Tomás de Aquino (1225-1274): obra desconocida, I-II, 84, 4.

«Quien no recicle basura irá al infierno», en el periódico *El Mundo*, 11 de marzo de 2008.

«Los mandamientos pasan de diez», en el periódico *El País*, 11 de marzo de 2008.

Desde una perspectiva laica, incluso crítica con la Iglesia, el filósofo Rafael Argullo «Hybris», *El País*, 26 de abril de 2008)

José Luis Cano Gil, en www. psicodinamicajlc. com

Eclesiastes (Qohelet-Kohelet)

El Microcosmos Lul-liá. R. D. F. Spring Mill. Editorial Moll, Palma de Mallorca 1961.

El Libro de la Orden de Caballería. Ramón Llull. Alianza
Fernandez-Ballesteros, R., Vivir con vitalidad. Y cuando ocurre
lo inevitable, Pirámide, Madrid, 2002.

Frojan Parga, M. X., Consultoría conductual, Pirámide,
Madrid, 1998.

Goleman, D., La inteligencia emocional, Kairós, Barcelona,
2002.

—, La práctica de la inteligencia emocional, Kairós,
Barcelona, 2002. -

Gonzalez, J. L., y LOPEZ, L.A., Sentirse bien está en tus
manos, Sal Terrae, Santander, 1999.

Keyes, K. Jr., y BURKAN, B. Cómo hacer que tu vida
funcione, Obelisco, Barcelona, 1994.

Lair, J., No soy gran cosa, pero soy todo lo que tengo,
Vergara/Diana, Buenos Aires, 1990.

Editorial, Madrid/Enciclopedia Catalana, Barcelona 1986.

El Libro del ascenso y descenso del entendimiento. R. Llull.
Ed. Orbis, Barcelona 1985.

La Kabbala Cristiana del Renacimiento. F. Secret. Ed.
Taurus, Madrid 1979.

Hermes Trismegisto. Muñoz Moya y Montraveta editores,
Sevilla 1984.

Giordano Bruno y la Tradición Hermética. Frances Yates.
Ariel, Barcelona 1983.

Conclusiones Mágicas y Cabalísticas. Pico de la Mirándola.
Ed. Obelisco, Barcelona 1982.

Oratio de hominis dignitate. Giovanni Pico de la Mirandola.
Edizioni Studio Tesi, 1994. Incluye texto en latín.

El Iluminismo Rosacruz y La Filosofía Oculta en la Época
Isabelina. Frances Yates. Vols. 209 y 232, Col. Popular del
Fondo de Cultura Económica, México 1981, 1982.

Obras Completas. Paracelso. Edicomunicación, Barcelona
1989.

Fama Fraternitatis. Confessio. Fraternidad de la Rosa Cruz. Muñoz Moya y Montraveta editores, Sevilla 1988.

Las Bodas Químicas de Cristián Rosacruz. V. Andreae. Muñoz Moya y Montraveta editores, Sevilla 1988.

Robert Fludd. Claves para una Teología del Universo. Joscelyn Godwin. Ed. Swan, Madrid 1987.

Mito y Realidad. Mircea Eliade. Ed. Labor, Barcelona 1993.

Postman, Leo, editor: Psychology in the making, Nueva York, 1962, Alfred A. Knopf, Inc.

Watson, R. 1.: The great psychologists, Philadelphia, 1963, J. B. Lippincott Co.

Lewis, D. 1.: Scientific principies of psychology, Englewood

Chopra, D., y SIMON, D., Rejuvenecer y vivir más, Vergara, Barcelona, 2002.

Dyer, W. W, Manual de terapia racional emotiva, Desclée de Brouwer, Bilbao, 1981.

— Tus zonas erróneas, Grijalbo, Barcelona, 1992.

—, Tus zonas mágicas, Grijalbo, Barcelona, 1994.

—, Cómo controlar la ansiedad antes de que le controle a usted, Paidós, Barcelona, 2000.

Ellis, A., Ser feliz y vencer las preocupaciones, Ediciones Obelisco, Barcelona, 2003.

Fensteim, H., y BAER, J., No diga Sí cuando quiera decir No,Grijalbo, Barcelona, 1989.

Ciiffs, N. J., 1963, Prentice-Hall, Inc.

Bugental, J. F. T.: Humanistic psychology, Amer. Psychol. 18:563-567, 1963.

Orlando, Ida: Dynamie nurse-patient relationship, Nueva York, 1961, G. P. Pulnam's Sons.

Tussing, Lyle: Study and succeed, Nueva York, 1962, John Wiley & Sons, Inc.

Museo de Ciencia e Industria: The miracle of growth, Chicago, 1950, University of Illinois Press.

Bettleheim, Bruno: Dialogues with mothers, 1962, Glencoe Free Press, sucursal de Crowell, Collier, Macmillan, N. Y.

Blake, Florence: The child, his parents and the nurse, Philadelphia, 1954, J. B. Lippincott Co.

Landis, Judson y Landis, Mary: Building your life, 3a. ed., Nueva York, 1964, Prentice-Hall, Inc.

Neugarten, Bernice: Middle age and aging: a reader in social psychology, Chicago, 1968, University of Chicago Press.

Williams, Richard y otros: Processes of aging, Nueva York, 1963, Atherton Press, vols. 1 y 2.

Kastenbaum, Robert: New thoughts on oid age, Nueva York, 1964, Springer Publishing Co.

Murray, E. J.: Motivation and emotion, Englewood Cliffs, N. J., 1964, Prentice-Hall Inc.

Aktinson, J. W.: An introduction to motivation, Princeton, N. J., 1964, D. Van Nostrand Co., Inc.

Abramhamsen, David: The road to emotional maturity, Englewood Cliffs, N. J., 1958, Prentice-Hall, Inc.

Wyburn, G. M.: Human senses and perception, Toronto, 1964, University of Toronto Press.

Bernstein, D. A., y Borkovec, T. D., Entrenamiento en relajación progresiva, Desclée de Brouwer, Bilbao, 1983.

Borysenko, J., Paz interior para gente ocupada, Urano, Barcelona, 2002.

Brothers, J., Cómo alcanzar sus objetivos con éxito, Grijalbo, Barcelona, 1992.

Buela-Casal, G., et al, Psicología preventiva, Pirámide, Madrid, 1997.

Carlson, R., Tú «sí» puedes ser feliz, Arkano Books, Madrid, 1999.

Vernon, Jack: Inside the black room: studies of sensory deprivation, Nueva York, 1964, Clarkson N. Potter, Inc.

Robinson, F. P.: Effective study, Nueva York, 1961, Harper & Row, Publishers.

Schramm, Wilber, director: New teaching aids, Washington, D. C., 1962, United States Government Printing Office.

Robinson, F. P.: Effective reading, Nueva York, 1962, Harper & Row, Publishers.

Carroll, J. B.: Language and thought, Englewood Cliffs, N. J., 1964, Prentice-Hall, Inc.

Jenkins, James y Paterson, D.: Studies in individual differences, Nueva York, 1961, Appleton-CenturyCrofts.

Flanagan, John y col.: Project talent, Pittsburgh, 1964, University of Pittsburgh Press.

Rogers, Carl: A therapist's view of personal goals, Pendie Hill Pamphlet 108, Lebanon, Pa., 1964, Sowers Printing Co.

Kaplan, Louis: Foundations of human behavior, Nueva York, 1965, Harper & Row, Publishers.

Rothwell, Naomi y Doniger, J.: The psychiatric half-way house: a case study, Springfield, 1966, Charles C Thomas, Publisher.

Felix, R. H.: Mental illness; progress and prospects, Nueva York, 1967, Columbia University Press,

Hays, L. S. y Larse, Kenneth: Interacting with patients, Nueva York, 1963, The MacMillan Co.

El Microcosmos Lul-liá. R. D. F. Spring Mill. Editorial Moll, Palma de Mallorca 1961.

El Libro de la Orden de Caballería. Ramón Llull. Alianza
Aaron, T. Beck, Con el amor no basta, Paidós, Barcelona,1998.

Álava Reyes, M. J., El No también ayuda a crecer, La Esfera de ios Libros, Madrid, 2004.

Aldecoa, J., et al., La educación de nuestros hijos, Temas de Hoy, Madrid, 2001.

Auger, L., Vencer los miedos, Sal Terrae, Santander, 1995.

— Ayudarse a sí mismo, Sal Terrae, Santander, 1997.

—, Ayudarse a sí mismo aún más, Sal Terrae, Santander, 1998.

Bernard, M. E., y Ellis, A., Aplicaciones clínicas de la terapia racional emotiva, Desclée de Brouwer, Bilbao, 1990.

Editorial, Madrid/Enciclopedia Catalana, Barcelona 1986.

El Libro del ascenso y descenso del entendimiento. R. Llull. Ed. Orbis, Barcelona 1985.

La Kabbala Cristiana del Renacimiento. F. Secret. Ed. Taurus, Madrid 1979.

Hermes Trismegisto. Muñoz Moya y Montraveta editores, Sevilla 1984.

Giordano Bruno y la Tradición Hermética. Frances Yates. Ariel, Barcelona 1983.

Conclusiones Mágicas y Cabalísticas. Pico de la Mirándola. Ed. Obelisco, Barcelona 1982.

Oratio de hominis dignitate. Giovanni Pico de la Mirandola. Edizioni Studio Tesi, 1994. Incluye texto en latín.

El Iluminismo Rosacruz y La Filosofía Oculta en la Epoca Isabelina. Frances Yates. Vols. 209 y 232, Col. Popular del Fondo de Cultura Económica, México 1981, 1982.

Obras Completas. Paracelso. Edicomunicación, Barcelona 1989.

Fama Fraternitatis. Confessio. Fraternidad de la Rosa Cruz. Muñoz Moya y Montraveta editores, Sevilla 1988.

Las Bodas Químicas de Cristián Rosacruz. V. Andreae. Muñoz Moya y Montraveta editores, Sevilla 1988.

Robert Fludd. Claves para una Teología del Universo. Joscelyn Godwin. Ed. Swan, Madrid 1987.

Mito y Realidad. Mircea Eliade. Ed. Labor, Barcelona 1993

Nota aclaratoria primera: Las frases, comentarios y palabras expresadas en este libro, son ficticias de los personajes, y no de los autores.

Nota aclaratoria segunda: A fin de facilitar la lectura, proporcionando la agilidad necesaria, omitimos en cada punto la cita correspondiente al diccionario y remitimos a la bibliografía adjunta. Las definiciones se han respetado a fin de no confundir y mantener el original educacional.

Eclesiastes (Qohelet-Kohelet) *"Vanidad de vanidades, todo es vanidad"… "Entonces dije yo en mi corazón: Como sucederá al necio me sucederá también a mí: ¿para qué pues he trabajado hasta ahora por hacerme más sabio? Y dije en mi corazón, que también esto era vanidad".*

ÍNDICE

Numquam suadeas mihi vana